世界のことばと文化シリーズ

英語世界の ことばと文化

矢野安剛 編著
池田雅之

早稲田大学国際言語文化研究所

成文堂

はじめに―国際共通語としての「英語」とどう付き合うか

　今日，世界の人口，約64億のうち約15億人が，英語を日常的に使用しているといわれている。また，あるデータによれば，世界人口のおよそ3分の1が，程度の差こそあれ，何らかのかたちで英語との付き合いがあるといわれている。ところが，母語として英語を使用している人口は，約3億8000万人であるというデータが発表されている。つまり，英語は話者の数では世界第1位の言語ではあるが，母語として使用している人口は，中国語（北京官語）の10億人にははるかに及ばないのである。世界の人口比でいうと，母語としての中国語の話者数は，約16％に及び，英語の場合は，6％である。ちなみに，「日本語」は，母語としての話者人口は約1億2500万人を数え，ポルトガル語とロシア語に次いで，世界第8位にランキングされている。しかし，話者は世界人口の2％にすぎない。

　「英語」は，1500年前にゲルマン語系の弱小言語から成り上がり，イギリス英語からアメリカ英語，アジア英語，ピジン英語へとさまざまに展開・変容を遂げながら，21世紀においては急激な普及率を示した。なぜ「英語」は，世界を制覇するほどまでに，地球を覆いはじめているのであろうか。その秘密の解明は本書に委ねたいと思うが，今日，「英語」ほど世界中の言語と文化をおびやかしている言語もないであろう。

　本書『英語世界のことばと文化』は，現在，世界中に広がりつつあるローカル・バリエーションとしての多様な「英語」のダイナミズムについての報告であるが，これからの日本人が「英語」をどう捉え直し，今後，国際共通語としての「英語」とどう付き合っていくかの指針となるかと思われる。あるいは，日本人が「英語」をとおして，国際社会とどう向き合っていくのかの示唆も，同時に本書から得られるのではないかと思う。

　5世紀にゲルマンの戦士たちによってイングランドにもたらされた原「英語」は，当時，話者人口が15万人にすぎなかった。1600年後の21世紀に

は,「英語」は多種多様な「英語」に分化,変容しつつも,15億人が使用する一大メジャー言語となったのである。21世紀中に世界に現存する約7000言語のうち,9割以上が死滅するのではないかという仮説(これについては,『ヨーロッパ世界のことばと文化』の拙論をご参照いただきたい)がささやかれる中で,他言語を貪欲に取り込んだ「英語」だけは,一人勝ちの道を歩んでいるかに見える。私は「英語」の隆盛と少数言語の消滅との因果関係については,すでに先の本で取り上げたので,ここでは繰り返さない。

　言語学者ディヴィッド・クリスタルは『世界語としての英語』の中で,「ある言語が国際語になるのは,もっぱらひとつの要因による。その言語を話す人々の持つ力,特に軍事力がそれだ」(メルヴィン・ブラッグ『英語の冒険』)と断言している。そして,さらには「英語がアメリカに根づいたことが,現在の英語の繁栄の主たる原因である」と述べているが,まったく同感である。この際,「英語」の持つ文法的な簡略さとか,言語的洗練は,今日の英語の普及ぶりとはまったく関係ない,とまでブラッグは言い切っている。

　読者の方々には,本書から「英語」の出自,生い立ち,その後の繁栄ぶりなどを学んでいただいた上で,それでは「英語」とどう向き合い,どのように学んでいったらよいのかをお考えいただければと思う。つまり,これまでの英語学習法は,〈ネイティヴ・スピーカー信仰〉,いわゆる〈本物の英語指向〉という側面が強すぎて,イギリス英語やアメリカ英語を,教師も学生も模倣することに汲々としてきた感がある。
　そこで,日本人は民族語としてのイギリス語やアメリカ語を鸚鵡返しにまねするという学習法から解放され,異文化間コミュニケーションの手段として,国際共通語である「英語」習得と日本人自身の自己表現のための「英語」学習とを,同時に指向していくべきであると考える。コミュニケーション手段としての国際共通語＝英語とローカル・バリエーションとしての英語(日本式英語)とは,〈国際的な通用性〉を保障する限りにおいて,何ら矛盾はしないと思っている。かといって,私は昨今流行のあいさつや観光案内程度の英会話やディベート方式の英会話をすすめているわけではない。日本

人には国際的な舞台での自己表現（プレゼンテーション）が求められるようになったわけで，そうした国際コミュニケーション手段として，「英語」を使いこなす必要が出てきたことを指摘したいまでである。

　つまり，日本人の英語の学習目的や活用方法も多様化し，かつ高度化しているのである。日本人にとっての英語学習法はかくあるべきだなどと単純に一般化して説くわけにはいかなくなっているのも，事実である。しかしながら，英語のみならず，外国語学習のイロハである「読み」「書き」が忘れられていることも，無視できない。そこで，今日ほど外国語を学ぶ意味を自己に問いかける必要がある時代もないのかもしれない。

　染谷泰正氏は，「英語の国際的普及の諸相」という大変刺激的な論文の中で，「英米の民族語としての『英語』はそれとして尊重し，敬意を払いながら，一方で，英語を国際コミュニケーションの手段として学び，使いこなしていくために，英米の英語を絶対的な基準としない新しい英語観を確立すべく努力してゆくべきであろう」と述べている。

　先きに指摘したように，私は日本人のための日本人による「英語」の学び方を改めて考える時期に至ったことを痛感しているが，染谷氏の考え方は，国際社会における日本というプレゼンスの命運にも関わってくる問題でもあるから，説得力を持っているといえよう。しかし，その前に，私個人は，英語を「読み」「書く」（学問の基本を，日本では「読み，書き，ソロバン」というではないか）という基礎を忘れず，その上で，日本人が国際社会における新たな英語観を構築し，多様な英語の学び方を身に付けるべきだと考えている。英文の深い「読み」（リーディング）と英文の適格な「書く」力（ライティング）の涵養をベースにしながら，時代と共に「英語」との付き合い方，向き合い方を模索していかなければならないと思うのである。

　本書が「英語」と付き合う上で，読者の一助となることを願ってやまない。

2008年3月10日

池田　雅之

目　次

はじめに ………………………………………………池田　雅之

I　英語の誕生と展開

1　ラテン語と英語
　　　　　　　　　　　　　　　　　　　　　　　　　小倉　博行
- ① はじめに……………………………………………………3
- ② ブリタンニアとゲルマン民族の大移動……………………4
- ③ キリスト教とラテン語……………………………………6
- ④ 途切れることのないラテン語の流入……………………10
- ⑤ おわりに…………………………………………………13

2　英語とドイツ語の近くて遠い関係
　　　　　　　　　　　　　　　　　　　　　　　　　飯嶋　一泰
- ① 英語とドイツ語は姉妹語だが……………………………15
- ② 英語からドイツ語への歩み寄り…………………………16
- ③ ドイツ語から英語への歩み寄り…………………………19
- ④ 1990年代以後のドイツ語：Denglisch？…………………22

3　近代英語の誕生
　　　　　――シェイクスピアの英語への道
　　　　　　　　　　　　　　　　　　　　　　　　　冬木ひろみ
- ① 弱小語としての英語の出発………………………………28
- ② 聖書との戦い………………………………………………29
- ③ ティンダルから『欽定訳聖書』へ………………………31
- ④ ルネサンスの時代と英語…………………………………33

5　シェイクスピアの劇の言葉……………………………………35

Ⅱ　欧米における多様な英語のかたち

　4　大統領の言葉から見るアメリカの自由の系譜
　　　　　　　　　　　　　　　　　　　　　　　　西川　秀和
　　　1　はじめに……………………………………………………45
　　　2　自由について………………………………………………45
　　　3　市民的自由と財産の自由…………………………………46
　　　4　自由の拡大と二つの自由の衝突…………………………47
　　　5　金めっき時代の自由とアメリカ的帝国主義……………49
　　　6　新しい自由の提唱と二つの世界大戦……………………51
　　　7　そして現代へ………………………………………………54
　　　8　おわりに……………………………………………………57

　5　言語変革運動
　　　　――ジェンダーとエスニシティによる「英語」の変容
　　　　　　　　　　　　　　　　　　　　　　　勝方＝稲福恵子
　　　1　それはハーバード大学神学部から始まった……………59
　　　2　「言語＝名称目録」説から「言語＝行為」説へ…………61
　　　3　性差別用語撤廃辞典の誕生………………………………64
　　　4　「名付け」から「名乗り」へ：アイデンティティ・ポリティ
　　　　ックス…………………………………………………………66

　6　アメリカ化するメキシコにおける英語教育
　　　　　　　　　　　　　　　　　　　　　　　　畑　　恵子
　　　1　はじめに……………………………………………………70
　　　2　北の巨人の脅威……………………………………………71
　　　3　豊かな北への憧憬…………………………………………73

|4| 教育の普及……………………………………………75
|5| 英語教育の実態と人々の意識………………………76
|6| むすびにかえて………………………………………80

7　フランスの言語政策と「英語熱」
　　　　　　　　　　　　　　　　　　　　大場　静枝
|1| はじめに………………………………………………82
|2| 国際舞台でのフランス語の衰退と英語の台頭……83
|3| フランス国内の英語話者人口………………………84
|4| フランスにおける言語教育事情……………………86
|5| 高まる英語学習熱……………………………………88
|6| 英語脅威論とフランス政府の姿勢…………………90
|7| おわりに………………………………………………93

8　スイスと英語
　　　——連邦と国際化のはざまで
　　　　　　　　　　　　　　　　　　　　小出石敦子
|1| はじめに………………………………………………96
|2| スイスにおける英語需要の高まり…………………97
|3| スイス連邦成立の経緯と言語圏……………………99
|4| スイスの言語政策——連邦のモットー …………101
|5| スイスの諸言語間の関係の現状 …………………102
|6| 英語教育と国語教育をめぐる議論 …………………104
|7| おわりに ……………………………………………107

III 非西欧世界における英語の受容

9 日本における英語の受容
ポール・スノードン

1 英語流入以前の日本の外国語 …………………………… *111*
2 英語のパイオニアたち ……………………………………… *112*
3 幕末期における英語の台頭 ………………………………… *115*
4 近代英語教育の誕生 ………………………………………… *116*
5 辞典出版に見る英語の普及 ………………………………… *118*
6 イギリス英語の受難からアメリカ英語の普及へ ………… *118*
7 英語は日本語のコミュニケーションに不可欠 …………… *119*
8 日本人の英語学習における困難の原因 …………………… *120*
9 英語教育の現状 ……………………………………………… *122*

10 現代の韓国人と英語
――「世界化」の潮流と言語観の変容――

樋口謙一郎

1 はじめに ……………………………………………………… *125*
2 韓国の初等英語教育 ………………………………………… *126*
3 韓国社会の英語熱の実態 …………………………………… *131*
4 英語熱の裏で――国語をめぐる葛藤―― ………………… *136*

11 中国の外国語政策と英語学習事情
砂岡　和子

1 国際化を迎えた英語学習 …………………………………… *141*
2 中国の英語教育 ……………………………………………… *147*
3 中国の言語政策 ……………………………………………… *156*

12 インドの英語

町田　和彦

- 1 インド人と英語 …………………………………………… *162*
- 2 インド国勢調査と母語人口の把握 ……………………… *162*
- 3 インド人の母語 …………………………………………… *164*
- 4 個人と多言語国家 ………………………………………… *165*
- 5 母語と多言語併用 ………………………………………… *167*
- 6 副言語としての英語とヒンディー語 …………………… *169*
- 7 再び神話について ………………………………………… *174*

13 アラビア語圏と英語

阿久津正幸

- 1 はじめに——アラビア語圏とは ………………………… *176*
- 2 氾濫するIT英語 …………………………………………… *177*
- 3 外国語の波及と文化的反応 ……………………………… *180*
- 4 外国語教育の現在 ………………………………………… *184*
- 5 おわりに——英語のもたらす新しい波 ………………… *185*

IV　英語とマイノリティの言語文化

14 「英語」に征服されたアイルランド

橋本　升治

- 1 はじめに …………………………………………………… *195*
- 2 アイルランド語話者圏と英語話者圏 …………………… *197*
- 3 経済成長とイギリス文明の影響 ………………………… *199*
- 4 初等教育法と大飢饉 ……………………………………… *200*
- 5 ダニエル・オコンネルとダグラス・ハイド …………… *202*
- 6 おわりに …………………………………………………… *204*

15　スコットランドの言語事情とグラスゴー方言

杉本　豊久

- 1　はじめに …………………………………………………… 207
- 2　スコットランドの言語事情 ……………………………… 208
- 3　グラスゴー方言 …………………………………………… 222

16　寄宿学校制度の爪痕
―カナダの先住民作家と英語の関係―

藤本　陽子

- 1　はじめに──英語系カナダ(イングリッシュ)と先住民 ……………… 231
- 2　インディアン寄宿学校の記憶 …………………………… 232
- 3　支配の網の目と抜け穴 …………………………………… 234
- 4　共同体への回帰 …………………………………………… 237
- 5　「教え」を語り継ぐために ……………………………… 240
- 6　おわりに …………………………………………………… 242

17　先住民族のことばが公用語になった国ニュージーランド

大庭　由子

- 1　はじめに …………………………………………………… 246
- 2　学校制度の始まり ………………………………………… 247
- 3　ロンギ政権による行政改革 ……………………………… 250
- 4　教育改革 …………………………………………………… 253
- 5　まとめ ……………………………………………………… 257

V　グローバリゼーションと英語のゆくえ

18　世界のピジン・クレオール英語
―言語接触の諸相―

杉本　豊久

- 1　はじめに …………………………………………………… 263

| 2 | 世界の英語系ピジン・クレオール …………………266
| 3 | ジャマイカン・クレオール ……………………267
| 4 | 米国黒人英語 ……………………………………274
| 5 | トク・ピシン ……………………………………279

19　アジア地域の英語
　　　―英語発音の特徴と世界共通語としての英語（ELF）
中野美知子

| 1 | はじめに …………………………………………286
| 2 | 母　音 ……………………………………………289
| 3 | 子　音 ……………………………………………291
| 4 | Supra-segmentals（超文節的特性）……………293

20　中国の「英語ブーム」を考える
劉　　傑

| 1 | 歴史の回顧―ロシア語から英語へ ……………299
| 2 | 格差のなかの英語ブーム ………………………302
| 3 | 英語ブームをめぐる論争 ………………………306

21　アメリカ人と日本人のコミュニケーション
　　　―異なるものから学び，対立を超えた理解へ
花光　里香

| 1 | はじめに …………………………………………309
| 2 | 自己開示 …………………………………………310
| 3 | 説明する文化―謝る文化 ………………………311
| 4 | 触れる文化―触れない文化 ……………………313
| 5 | 雄弁は金―沈黙は金 ……………………………314
| 6 | 権力格差 …………………………………………315
| 7 | 個人主義―集団主義 ……………………………317

|8| 女性らしさ—男性らしさ ……………………………… *319*
|9| 不確実性の回避 ………………………………………… *320*
|10| おわりに ………………………………………………… *322*

22 国際化と英語教育

照屋　佳男

|1| 国際化とグローバリゼーション ……………………… *325*
|2| 読　解　力 ……………………………………………… *326*
|3| マーク・ピーターセンの「日本人の英語」 ………… *330*
|4| 否定の力 ………………………………………………… *334*

23 英語の未来

矢野　安剛

|1| はじめに ………………………………………………… *338*
|2| 広域地域標準語 ………………………………………… *340*
|3| ネイティヴ・スピーカーの変化 ……………………… *342*
|4| 国際語としての英語の未来 …………………………… *343*

あとがき ……………………………………………………**矢野　安剛**

I　英語の誕生と展開

1 ラテン語と英語

小倉博行

1 はじめに

　地球的規模での交通網の発達や，近年はとくにインターネットの普及により，様々な言語的背景を持つ人々と容易に接触できるようになった。コミュニケーションであるから当然のことながら互いに理解しあうことのできる言葉を持つ必要がある。こうした中で英語の重要性がますます高まってきている。とある外国に行くとする。現地の言葉はまったく分からないが，「英語でなんとかなる」場面は意外に多い。英語一辺倒になりがちな今の風潮には大いに疑問を抱く筆者ではあるが，かといって英語が現在の国際社会において果たしている役割を否定することはできない。さらに英語は英語以外の外国語にも大きな影響を与えている。フランスやスペインをはじめとするヨーロッパ諸国の中には，外来語として入り込んでくる英語を食い止めようと，対応する自国語での表現を作りだし，それを使用するよう国民に勧める機関を設けている国もある。つまり彼らにとって英語は脅威と映るほどの存在なのである。こうした国々に比べれば，日本人は英語の使用に寛容かもしれない。「マウスでカーソルをアイコンに合わせてクリックする。」これをカタカナ単語をまったく使わずに言うことはかなり困難なのではないか。
　このように世界中の多くの言語に英語の波が押し寄せているわけだが，その英語もその成立過程でいくつもの言語と接触し，さまざまな影響を被ってきた。本稿では，今から2000年以上も前に古代ローマで使われ，現在の西

洋社会においてもなおひとつの確立した地位を保ち続けているラテン語が英語にもたらしたものを見ていきたい。

２ ブリタンニアとゲルマン民族の大移動

　英語はドイツ語，デンマーク語，オランダ語などと同じくゲルマン語派と呼ばれる言語グループに属し，現在のデンマークがあるユトランド半島に住んでいたジュート人（Jutes），同じくユトランド半島南部に位置するホルシュタイン地方のサクソン人（Saxons），やはりユトランド半島南部はシュレースヴィヒ地方のアングル人（Angles）たちが用いていた言語に起源を持つとされている。4世紀頃にはゲルマン人の一派が新たな居住地を求めて大規模な移動を始め，現在アングロ・サクソン人と呼ばれている上述の3部族は5世紀中頃にブリテン島へと渡った。

　ところで，このブリテンという名称はラテン語ではブリタンニア Britannia と呼ばれ，この島に住んでいたケルト系民族のブリトン人（ラテン語ではブリトネス Britones）の土地という意味である。彼らとローマとの接触は紀元前の時代にまでさかのぼる。英語名ジュリアス・シーザーでも知られるローマの武将ガイウス・ユリウス・カエサル（前100-前44）が紀元前58年から1年ごとに計8回行ったガリア（今のフランスがある地域にほぼ相当する）への遠征のうち，紀元前55年と54年の2回はこのブリテン島の攻略が試みられた。もっともこの時は，ブリトン人の激しい抵抗に見舞われたり，ガリアが不安定な状態にあったこともあり，ローマ軍は最終的には撤退し，支配権を確立するにはいたらなかった。しかし西暦44年，ローマのクラウディウス帝（在位41-54）が大規模な軍団を編成してブリテン島制圧が本格化する。それ以降およそ40年でローマはついにブリテン島のほぼ南半分を手中に収めた。加えて北部方面の防衛を目的に，ハドリアヌス帝（在位117-138）はタイン川河口からソルウェイ湾にかけて，アントニヌス帝（在位138-161）はさらに北に位置する今のエジンバラからグラスゴーにかけて，それぞれ長城を築いた。外部の脅威からの守りも盤石になり，ブリテン島南部におけるローマ化は進んでいった。

こうした経緯を背景としてブリテン島に流入していったラテン語の単語は，今もなおイギリスの地名などに見ることができる。たとえば Winchester, Lancaster, Gloucester などに見られる -chester, -caster, -cester はラテン語で「陣営」を表す castrum である。Win- はウェールズの一地方 Gwent, Lan- はルーン Lune 川, Glou- はケルト語で「すばらしい場所」の意である。後にこの地にやってきたアングロ・サクソン人には，これらの語尾が町を表すものと見えたようで，元来はローマ軍の陣営が配置されていなかった土地にもこの語尾が与えられることさえあった。

ローマの支配下に置かれたブリテン島の地域では，ローマ軍を移動させるための舗装道路がローマ軍の宿営地を結ぶように敷設された。逆におのおのの宿営地から眺めれば，そこを中心にして各方面へと幹線道路が延びているわけで，結果としてこれらの宿営地はじつに交通の利便性の高い場所となる。こうしたことから，ローマの支配が終わり，本来の castrum としての役割を終えた後も，これらの場所は大都市へと発展していったのである。

これに関連して言うと，舗装道路はラテン語で via strata と呼ばれた。via は「道」，strata は「平になった」「舗装した」という意味である。余談だが，前者は「～を経由して」という意味の前置詞として今なお英語の中に生きている。後者については，これを含む地名に，シェークスピアの生誕地として有名な Stratford-upon-Avon がある。Stratford の -ford は「浅瀬」の意の ford で，したがって Stratford-upon-Avon の本来の意味は「（ローマの）舗装道路がエイヴォン川と交わったところにある浅瀬」ということなのである。

また Warwick, Greenwich などの地名に含まれている -wick や -wich は，「集落」「村」を意味するラテン語 vicus である。War- は古英語の waroþ「岸辺」で，この町はイーデン Eden 川のほとりにある。Greenwich に含まれる Green- はもちろん「緑」の意である。我々がしばしば口にするサンドイッチを発明したとされる第4代サンドイッチ伯ジョン・モンタギュー (1718-1792) の領地 Sandwich は sand「砂」と vicus からなっており，「砂地の村」が本来の意味であった。

西暦375年，北アジアに住む遊牧民であるフン族が西へと移動し，ゲルマン民族の西ゴート族と東ゴート族を圧迫する。これがゲルマン人の大移動の

きっかけとなる。ゲルマン人はドナウ川を越え，ローマ帝国の領土内へと歩みを進めた。もちろんローマ帝国は彼らとの攻防に備えるべく，軍勢を大陸に集結させておく必要がある。こうしたことからブリテン島の防備は次第に手薄になり，ローマ帝国そのものの弱体化も重なって最終的にローマ帝国はブリテン島を放棄するようになる。410 年，ホノリウス帝（在位 395-423）はイタリアに攻め込んできたアラリック率いる西ゴート族への対応を迫られた。これによって彼は，ブリテン島の諸都市に対して，もはやローマ軍を頼らずに自衛手段を講じるよう命じることを余儀なくされた。これはローマ軍がブリテン島から完全に撤退することを意味する。こうした状況の中，すでに述べたジュート人，アングル人，サクソン人というゲルマン系民族がユトレヒト半島から海を越え，ブリテン島に到来したのである。

ブリテン島のケルト人は始めこそゲルマン人の攻撃に対して激しい抵抗を繰り返したが，次第にみずからの土地を奪われ，現在のスコットランド，アイルランド，ウェールズ，コーンウォール，そしてフランスのブルターニュ地方へと四散した。ちなみに彼らケルト人は，ジュート人，アングル人，サクソン人をすべてサクソン人と呼んでいた。今のようにブリテン島に定住したゲルマン人をアングロ・サクソン人と呼ぶようになったのは 11 世紀になってからのことである。ブリテン島に定住したアングロ・サクソン人がその領土を広げるにつれ，彼らの話す言葉もこの地に根付き，後に英語と呼ばれるものになっていった。いっぽう大陸では 395 年にローマ帝国が東西に分裂し，そして 476 年には西ローマ帝国が滅亡する。ブリテン島へのローマ的要素の流入が途絶えるのにともなって，そうしたものを伝えるラテン語も運命を共にするはずであった。

3 キリスト教とラテン語

1 世紀頃に生まれ，さまざまな抵抗や迫害に遭いながらも少しずつ古代ローマに広まっていったキリスト教は，315 年にコンスタンティヌス帝（在位 306-337）によって公認され，さらに 380 年にテオドシウス帝（在位 379-395）によって国教として認められた。このキリスト教はローマの支配下に

あったブリテン島でもかなり普及していたと考えられる。アングロ・サクソン人の到来によって一度は異教世界へと逆戻りしたものの，やがてそのアングロ・サクソン人もキリスト教に接触し，キリスト教化する。ローマ教皇グレゴリウス一世（在位 596-604）の命を受けてブリテン島に派遣された聖アウグスティヌス（生年不明-604）は，やがてアングロ・サクソン七王国のひとつであるケントの王エセルベルフト（在位 580 あるいは 590-616）の保護を受けてカンタベリー大司教（在位 597-604）となった。インドに発し，中国を経由して日本に渡ってきた仏教だが，その際に関連する用語の大多数が日本語に翻訳されることなく原語のサンスクリットが用いられたように，ブリテン島にキリスト教が入っても，聖書の言葉や祭式に関連する用語はたいていラテン語がそのまま用いられた。以下は，キリスト教の伝来とともにもたらされたラテン語を起源とする英単語のごく一部である。

英語	ラテン語
abbot「大修道院長」	abbas
angel「天使」	angelus
candle「ろうそく」	candela
disciple「弟子」	discipulus
epistle「使徒書簡」	epistula
martyr「殉教者」	martyr
mass「ミサ」	missa
pope「教皇」	papa
priest「聖職者」	presbyter
psalm「賛美歌」	psalmus
school「学校」	schola

ところで，上に挙げたラテン語のうち candela, discipulus, missa 以外はギリシア語から入ってきた語である。対応するギリシア語と本来の意味はそれぞれ，abbâ「父」（これも元来はアラム語からの借用語である），ággelos「使者」，epistolé「伝言」「手紙」，mártys「証人」，páppās「(幼児語)お父さん」，presbýteros

「年上の」，psalmós「弓弦の響き」，skholé「暇」である。付言すると「暇」が「学校」になるのは，学問は当時，生活に余裕があり暇を享受できた上流階級のものだったためである。ローマ帝国で用いられた旧約聖書は，七十人訳（Septuaginta）と呼ばれるギリシア語訳を底本としたものが長く用いられていた。そして新約聖書はコイネーと呼ばれる口語的ギリシア語で書かれた。これらをラテン語に翻訳する際，専門的な用語については，大多数がラテン語に置き換えられることなくそのまま取り入れられている。キリスト教がブリテン島に伝来したときや，さらには仏教を取り入れたときの日本とまったく同じ状況が，古代ローマでも起きていたのである。また，壮麗な寺院や宮殿を誇る Westminster や，優美なゴシック建築の寺院として知られる York Minster に見られる minster はラテン語 ministerium が語源で，「勤め」というのが原義である。つまり「聖務を果たすこと」なのである。

　8世紀になると北欧からバイキングが到来し，大規模な破壊行為と略奪が行われるようになる。貴金属で作られた祭具などを豊富に所有する修道院はその標的となることを免れることはできず，数多くがバイキングの餌食となった。しかしエセックス王アルフレッド（在位 871-899）は 878 年の戦いで，デーン人と呼ばれるバイキングの一派に決定的な勝利を収め，休戦協定が結ばれる。この時に両者の間で境界線が確定されたばかりでなく，敵の王グスルムがキリスト教徒となった。デーン人の将が帰依したことによって，デーン人一般にとってもキリスト教が自然な存在になったことは想像に難くない。さらにアルフレッドは破壊された修道院や教会の復興に熱心に取り組み，一時は存亡の危機に瀕したキリスト教文化を立て直した。何度となく対立を繰り返しつつも，やがてデーン人もアングロ・サクソン人と融合し，キリスト教が存続することでその教義を伝える言葉，すなわちラテン語や，ラテン語に端を発する単語も生き残ることができたのである。

　キリスト教の伝播がアングロ・サクソン人の用いていた言葉に与えたものはラテン語の単語ばかりではない。彼らはブリテン島に到来する前から，ルーン rune 文字と呼ばれる文字をすでに用いていた。ルーン文字とは古代ゲルマンの時代から使われていた表記体系である。rune とは「魔術」「秘儀」といった意味の語で，呪術などに用いられていたと考えられている。

ᚠ ᚢ ᚦ ᚨ ᚱ ᚺ ᚷ ᚹ　ᚾ ᛁ ᛃ ᛇ ᛈ ᛉ ᛋ
f u þ o r c g w　h n i j ȝ p (x) s

↑ ᛒ ᛖ ᛗ ᛚ ᛜ ᛟ ᛞ　ᚪ ᚫ ᚣ ᛠ ᛣ ᚸ
t b e m l ŋ œ d　a æ y ê a k k̄ ḡ

ルーン文字
（小文字は原則として対応するラテン文字）

（橋本功『英語史入門』より）

ルーン文字の最初の6文字を取ってフサルク futharc あるいはフソルク futhorc と呼ばれる。ちなみにここに含まれる th（英語の think と同じく濁らない th）は実際には þ という文字で表記される。4番目の文字については，アングロ・サクソン人がブリテン島にもたらしたルーン文字では，カタカナでいうところの「オ」の音価を持っているのでアングロ・サクソン・フソルク Anglo-Saxon Futhorc と呼ばれる。

　大陸からの聖職者たちはアングロ・サクソン人にローマ・アルファベットをもたらした。ローマ・アルファベットとは言うまでもなくラテン語を表記するための文字である。もっともローマ・アルファベットでは表記できない音価については，しばらくルーン文字が用いられた。上述の þ や，英語における wind の w が持つ音を表す ƿ などである。しかし前者は th と表記する習慣が一般化し，そして後者は u または v を二つ重ねた w によって表されるようになった。このために w は英語で double "u"，フランス語では double "v" と呼ばれているのである。英語のアルファベットが現在の体系に整うのは1500年ごろのことと考えられている。

　ところでローマ・アルファベットの歴史は実に古い。紀元前15世紀頃の地中海を舞台に活発な交易を行ったフェニキア人の文字を起源とし，この文字がギリシア，そしてローマの先住民族が住んでいたエトルリアへと伝わり，古代ローマに導入された。そしてルーン文字は，ローマ・アルファベットやギリシア文字，さらにはエトルリア文字などの古代イタリア文字を，ゲルマン語の発音体系に合うように調整して1世紀頃に生まれたものと考えら

れている。したがってローマ・アルファベットとルーン文字は血縁関係にある文字体系なのである。ルーン文字を用いていたアングロ・サクソン人も，大陸からローマ・アルファベットを持ちこんだ聖職者たちも，お互いの用いていた文字にそのような結びつきがあったなど，想像だにしなかったであろう。

4 途切れることのないラテン語の流入

キリスト教がヨーロッパの広範囲に根付くのにともない，教会の権威はますます高まった。ガリアやイベリア半島で話されていたラテン語が少しずつ姿を変え，イタリア語，スペイン語，フランス語といったいわゆるロマンス諸語へと移りかわる時代になっても，聖職者をはじめとする知識人たちが互いに用いたのは主に伝統的なラテン語であった。ラテン語を読み書きできる，そしてラテン語でコミュニケーションをとることができるということは教養の証であり，したがってラテン語の地位もまた揺るぎないものになっていった。ラテン語を操ることができれば母国語の違いなど関係なく意思疎通が可能であり，その意味でラテン語は当時の国際語として機能していたといえる。こうした状況は，本来話し言葉としてのラテン語が根付いたわけではないイギリスにおいても同様であり，例えば英語では言い表せない事物については，容易にラテン語の助けを借りることができた。

これに加えて1066年，フランスのノルマンディー公ギヨームによってイギリスが征服されるという，いわゆるノーマン・コンクエストが生じ，大量のフランス語が海を渡った。ギヨームはウィリアムと英語式の名前に変わるが，実際には上流階級で用いられる言葉はもっぱらフランス語になった。このフランス語が，それを耳にする機会のあった下層民たちを経てやがて英語に入り込んだ。上述のようにフランス語はラテン語の変化したものであるから，ラテン語との類似点や共通点がある。このことも英語が，みずからの起源でないラテン語の吸収を促した要因のひとつと言ってもよいであろう。

このようにして当時のイギリスには，民衆が用いる英語・上流階級のフランス語・教養を必要とする場面で用いられるラテン語の3つからなる言語層

が成立し，後者の2つが英語に少しずつ浸透していったのである。渡部（1983 : 214）では「ゲルマン系のものは民衆的（popular）であり，フランス語系のものは文学的（literary）であり，古典語系（ラテン語系）のものは学問的（learned）である」と特徴付け，この時代に生まれたフランス語系の単語とラテン語系の単語を次のように比較している。

	のぼる	たずねる	徳	しっかりした
popular（ゲルマン系）	rise	ask	goodness	fast
literary（フランス系）	mount	question	virtue	firm
learned（ラテン系）	ascend	interrogate	probity	secure
	火	恐れ	聖なる	時
popular（ゲルマン系）	fire	fear	holy	time
literary（フランス系）	flame	terror	sacred	age
learned（ラテン系）	conflagration	trepidation	consecrated	epoch

（渡辺昇一『英語の歴史』より）

　たしかに同じような意味の単語であっても，ゲルマン系はどこか直接的であり，フランス系は優雅，悪く言えば気取った感じがする。ラテン系は書き言葉的であったり，専門的な場面で使いそうな語が並んでいる。
　14世紀になるとイタリアで大規模な文芸復興運動がおこり，瞬く間に西ヨーロッパに広がった。いわゆるルネサンスである。ルネサンスとは renaissance（re-「再」＋naissance「生まれ」）というフランス語で，簡単に言えばギリシア・ローマの古典文化を復興させようという試みである。この動きによって古典文学が盛んに紹介され，もちろんギリシア語とラテン語の高い読解力が要求された。このルネサンスはイタリアに遅れることおよそ200年，16世紀になってようやくイギリスにも伝えられ，この国にも古典語の波が押し寄せた。このころ「インク壺語」ink-horn terms という表現が修辞学を扱った書物に登場する。衒学的に文筆家がわざわざラテン語から作った単語を揶揄した言い方で，文筆家にとって商売道具であるインク壺を象徴してこのように呼ばれた。当時ラテン語は知識人の言葉であったから，そこから作った単語は堅苦しかったり，勿体ぶった印象を与えた。例えば eximious「優れた」，exolete「消滅した」，illecebrous「魅力的な」，ingent「巨大な」は，そ

れぞれラテン語 eximus, exoletus（動詞 exolesco「衰える」「消える」の過去分詞），illecebrosus, ingens から作られた。これらはいずれも今の英語にはもはや存在しない。しかしインク壺語の中には現代の英語にまで生きのびているものがじつに多く，英語の語彙を増やす結果となった。以下はイギリスのルネサンス期に生まれ，今もなお用いられている単語の一部である。こうして入ってきた単語はラテン語ばかりでなくギリシア語から作られたものも少なくない。以下の一覧で「ラ」はラテン語，「ギ」はギリシア語を表す。

alienate	ラ	alienus「他人の」「無関係の」＋-ate（英語の動詞語尾）
anachronic	ギ	ana-「（下から）上に」＋ギ khrónos「時」＋-ic（英語の形容詞語尾）
autograph	ギ	auto-「みずから」＋ギ graphé「書くこと」
chaos	ギ	kháos「混沌」
dexterous	ラ	dexter「右の」＋-ous（英語の形容詞語尾）
denunciate	ラ	de-「〜から」＋ラ nuncium「知らせ」＋-ate
excursion	ラ	ex-「〜から（外へ）」＋ラ cursio「走ること」
emanation	ラ	emano「流れ出る」(e-＝ex-, mano「流れる」)＋ラ-tio（ラテン語の名詞語尾だが，同時に-tion という形で英語の名詞を作る要素でもある）
eradicate	ラ	eradico「根絶やしにする」(e-＝ex-, radic-「根」)＋-ate
external	ラ	externus「外の」＋-al（英語の形容詞語尾）
insane	ラ	insanus「正気でない」
jocular	ラ	joculus「冗談」＋-ar（英語の形容詞語尾）
mediate	ラ	meditor「熟考する」＋-ate
system	ギ	sýstēma「全体」「組織」

ここで，ラテン語と，本稿でしばしば登場するギリシア語との関係についてひとこと触れておこう。ギリシア語といっても，もちろん現代ギリシア語ではなく，古代ギリシア語である。古代ギリシアは，ローマよりもはるかに早くその繁栄を迎えた。やがて地中海地域がローマの支配圏に入ると，ロー

マ人はギリシアに留学したり，自分たちの子供にギリシア人の家庭教師を付けるなど，積極的にギリシアの文化を自国に取り入れた。これにともなって数多くのギリシア語もラテン語に入ったのである。

　19世紀に入ると華々しい技術革新と科学の進歩が実現し，さまざまな発明や発見がなされた。人や物の大量輸送を可能にした蒸気機関車には locomotive という語が採用された。これはラテン語 locus「場所」と motivus「動きの」を合成して作られた単語である。また automobile はすでに挙げたギリシア語の「みずからの」を意味する auto- と「動く」を意味するラテン語 mobilis から作られた mobile からなっている。locomotive も automobile も元来はフランスで作られた単語だが，ラテン語やギリシア語は西洋世界における共通語なので，たとえ英語圏以外の国で生まれたものであっても，容易に英語に入りこむことができるのである。化学の分野ではフランスのキュリー夫妻（夫ピエール・キュリー 1859-1906, 妻マリ・キュリー 1867-1934）が放射性物質の radium を発見した。この語はラテン語 radius「拡散」にちなんでいる。ドイツに生まれスイスに移り住んだ科学者クリスチアン・シェーンバイン（1799頃-1868）によって1840年に ozone が発見された。この名はギリシア語で「臭いがする」という意味の動詞 ózō から取られた。また，19世紀にその仕組みが発明され，20世紀になって実用化された television は「遠く」を表すギリシア語 tēle- にラテン語で「見ること」を意味する visio を組み合わせたものである。20世紀後半にめざましい発達と普及を遂げた高速演算機 computer はラテン語の接頭辞 com-「共に」と，同じくラテン語 puto「判断する」を元に，英語で「〜する人」を表す -er を加えたものである。このように新たに得られた技術や科学的発見に名称が与えられる場合，かならずと言ってよいほどラテン語が，そしてラテン語を仲介してもたらされたギリシア語が，いくら汲んでも枯れることのない泉のような言語資産として今もなお重要な役割を果たしている。

5　おわりに

　以上，ラテン語が英語に対して及ぼしている影響を概観してきた。今から

2,000年以上の昔に端を発する古代ローマのラテン語が今でもいかに大きな力を保っていることが見てとれたのではないだろうか。もちろん英語に干渉した言語はラテン語やギリシア語ばかりではない。かつてブリテン島に住んでいたケルト人や，北の海を舞台に暴れ回ったバイキングが話していた言葉も数多く英語に残っているし，ノルマン人が持ちこんだフランス語は本稿で述べた通りである。また北米大陸に根を下ろした英語は，その地の先住民族たちの言語とも接触することになった。さらにアジア世界と英語とが触れあうと，今度はそうした地域の言語が英語に入り込むようになる。このように英語はさまざまな言語との接触を経て，外的な要素を排除するのではなく必要に応じて迎え入れることで，その強い生命力を獲得していったのだと言うことができるだろう。

参考文献

宇賀治正朋『英語史』開拓社，東京，2000年。
大槻博，大槻きょう子『英語史概説』燃焼社，大阪，2007年。
北村達三『英語を学ぶ人のための英語史』桐原書店，東京，1980年。
ジェリー・ノールズ Gerry Knowles 著，小野茂・小野恭子訳『文化史的にみた英語史』
 （原題 Cultural history of the English language）開文社出版，東京，1999年。
橋本功『英語史入門』慶應義塾大学出版会，東京，2005年。
渡部昇一『英語の歴史』大修館書店，東京，1983年。

2　英語とドイツ語の近くて遠い関係

飯嶋　一泰

1　英語とドイツ語は姉妹語だが…

　英語のルーツは5世紀ごろ大陸からブリテン島に移ったゲルマン系部族であるアングル族・サクソン族・ジュート族の言語にある。サクソン族（＝ザクセン族）の一部は大陸に留まり，彼らのことばから低地ドイツ語（北ドイツのドイツ語）が成立した[1]。つまり，英語と低地ドイツ語は，同一のルーツに発する姉妹語で，この2言語の間柄は日本語と琉球語のように近いと言える。また，英語は高地ドイツ語（中部および南部ドイツとオーストリア・スイスのドイツ語で，同じゲルマン系のフランク族・バイエルン族・アレマン族などの言語に由来し，今日の標準ドイツ語の基盤となった）とも近親関係にある。
　今から1000年以上昔の古英語と古高ドイツ語（古期高地ドイツ語）のテクストを比較してみると，それらが現代の英語とドイツ語よりも互いにはるかに似かよっているのがわかる。次に挙げる「主の祈り」の冒頭（マタイ伝6章9-10節）を比較されたい[2]。

　　古英語：Fæder ūre thū the eart on heofonum, Sī thīn nama gehālgod.
　　　　　　Tōbecume thīn rīce. Gewurthe thīn willa on eorthan swā swā on heofonum.
　　古高独語：Fater unser, thū thār bist in himile, sī giheilagōt thīn namo,
　　　　　　queme thīn rīhhi, sī thīn willo, sō her in himile ist, sō sī her in erdu.
　　日本語訳：天にいます我らの父よ，あなたの名が聖なるものとされますよ

うに。あなたの国が来ますように。あなたの意思が地でも天と同じように成就しますように。

このように古英語期（8-11世紀）には相互理解が可能と思われるような関係にあった英語とドイツ語が，今日では姉妹語とは呼びがたいほど様相を異にしている。それは，両言語が千数百年の歴史の中で，独自の発展を遂げた結果であるが，特に英語の側に大きな変動があったことが決定的要因になっている。すなわち，1066年のノルマン征服以後，支配者のことばである（ノルマン）フランス語が約3世紀にわたってイングランドの公的言語として機能し，中英語期（12-15世紀）におびただしいフランス語系借用語をもたらしたという事実である[3]。また，フランス語との言語接触のみが原因とは言えないが，この時期以後に英語が多くの文法形態（たとえば名詞の性，冠詞・形容詞などの格変化）を失っていったことも，英語とドイツ語の隔たりを大きくしている。

結果として，今日の英語は少なくとも語彙面に関してはゲルマン語というよりもロマンス語（フランス語・イタリア語・スペイン語などラテン語に由来する諸言語）のような外観を呈している。はたして英語語彙の何割をロマンス語系借用語が占めているかは，精確には言えないが，ある調査によると，*The Shorter Oxford English Dictionary* に収録されている約80000語の6割近くがロマンス語・ラテン語系であるという[4]。しかし，基礎語彙，たとえば数詞・親族名称（例：mother, father, daughter, son）・身体部位名（例：hand, foot, heart）などに限って言えば，英語においてもゲルマン語から受け継いだ本来語が主流を占めている。不規則動詞の母音交替による時制変化（sing〜sang〜sung をドイツ語 singen〜sang〜gesungen と比較せよ）などとあわせ，現代英語においてもある程度はゲルマン語的性格（言い換えればドイツ語との共通性）が維持されていると見なせよう[5]。

2 英語からドイツ語への歩み寄り

英語とドイツ語は，歴史の中で遠ざかる方向にばかり発展していったわけではない。相互に影響を受けあうことで，時に歩みよる場面も見られた。こ

れはとりわけ語彙レベルでの借用という形で行なわれた。

　まずは，英語のドイツ語に対する歩み寄り，つまり英語がドイツ語から受けた影響について見ていこう。中世初期にはイングランドとドイツ（および隣接地域）との交流は主に教会レベルに限られており，古英語においてドイツ語の影響はほとんど確認できない。伝承されているテクストに見られる借用語は，大半がラテン語からのものと古北欧語からのものである。わずかな例外としては，古英語の叙事詩「創世記」（Genesis B と呼ばれる9世紀末の作品）に現れるいくつかの古サクソン語（古期低地ドイツ語）からの借用語が挙げられる。たとえば，wǣr「本当の」（<古サクソン語 wār＝ドイツ語 wahr；本来の古英語は sōth），herra「主」（<古サクソン語 herra＝ドイツ語 Herr；本来の古英語は hlāford＝英語 Lord）である。しかし，Genesis B 自体が古サクソン語からの翻訳と考えられ，借用はその場限りのものであった可能性が高い。少なくとも，これらが英語語彙に定着することはなかった。

　中英語の時代になると，イングランドとフランダースや北ドイツとの交流が活発化する。まずはフランダースとの毛織物取引やフランダース人織工のイングランド移住，そして中世後期には北ドイツを拠点とするハンザ同盟との貿易を介して，中世オランダ語や中低ドイツ語（中期低地ドイツ語）から英語に一定数の借用語が移入された（もちろんフランス語からの借用語には比ぶべくもないが）。現代英語にまで継承された例としては，pack「包み，束」（<中低ドイツ語 pak・中世オランダ語 pac），stripe「縞」（<中低ドイツ語・中世オランダ語 stripe），buoy「ブイ」（<中世オランダ語 boeye），dock「ドック」（<中低ドイツ語・中世オランダ語 docke）など通商・航海関係の語を挙げることができる。

　中世末期までは，このようにイングランドと海を挟んで隣接する地域のことばが英語に借用語を提供してきたが，近代に入って高地ドイツ語（以下単に「ドイツ語」と記す）が徐々にその影響力を強めていく。16世紀に英語がドイツ語から借用した代表的な単語は何と言っても Protestant「新教徒」であろう。この語は本来フランス語 protester「抗議する」の現在分詞だが，宗教改革渦中のドイツで名詞化されたものである。16世紀には，他に landgrave「方伯」（<ドイツ語 Landgraf[6]），heller「ヘラー（通貨）」などが借用されて

いるが，定着したものはそれほど多くない。17世紀に入ると，quartz「石英」（<Quarz），cobalt「コバルト」（<Kobalt），zink「亜鉛」のような鉱物名（ドイツの鉱物学や鉱山経営の影響による）や，plunder「略奪する」（<plündern），hamster「ハムスター」などが英語に受け入れられた。18-19世紀には，ドイツにおける学問・科学技術の発展に伴い，おびただしい数のドイツ語系借用語が移入された。その大半は鉱物学・化学・生物学・哲学などの専門用語であるが，noodle「ヌードル」（<Nudel），waltz「ワルツ」（<Walzer）（以上18世紀），poodle「プードル」（<Pudel），dachshund「ダックスフント」，rucksack「リュックサック」，（以上19世紀）など今日の日常英語に不可欠な単語も少なくない。なお，この時期にはhomesickness「ホームシック」（<Heimweh「故郷・病」），airship「飛行船」（<Luftschiff「空・船」）やchain-smoker「チェーンスモーカー」（<Kettenraucher「鎖・喫煙者」）のように，一見すると純粋な英語のように見えるが，実はドイツ語を逐語的に訳した翻訳借用語が多数造られている。また，19世紀から20世紀初頭にかけて多くのドイツ人が北米に移民したため，アメリカ英語特有のドイツ語系借用語が生じたことも指摘しておかなければならない。これらは，pretzel「プレッツェル」（<Brezel），lager beer「ラガービール」（<Lagerbier）のような飲食物名から，kindergarten「幼稚園」やsemester「（二期制の）学期」のように教育に関するものまで広範囲にわたる。面白いのはGesundheit！「お大事に」という表現で，くしゃみをした人に向かって言う言葉（Bless you！に相当）だが，これがドイツ語であるとは意識されずに使われているようだ。"How do you say <Gesundheit!> in German?"と尋ねた人もいるとか[7]。

　20世紀に入ると，英語に対するドイツ語の影響力には翳りが見え始めるが，世紀初頭には前世紀からの流れを受けて，なお相当数の学術用語が移入されている。ニーチェのÜbermensch「超人」の翻訳借用語であるsuperman（バーナード・ショーによる）や，フロイトのlibido「リビドー」，ユングのcomplex「コンプレックス」（<Komplex）などがその代表的な例である（後の2語はもともとラテン語だが，ドイツ語において専門用語化された）。しかし，第一次大戦とともにドイツ語からの借用語は忌避されるようになり，米国ではsauerkraut「ザウアークラウト（塩漬けキャベツ）」をliberty cabbageと言い換

える試みすらなされたという[8]。その後，ナチスの政権掌握から第二次大戦終了までは英米語とドイツ語の言語戦争も続き，この時期にドイツ語から英語に入った借用語といえば，lebensraum「（ドイツ民族の）生存圏」，U-Boat「潜水艦」（<U-Boot），Nazi「ナチ」，blitzkrieg「電撃戦」のような戦局がらみの表現が中心となる。20世紀後半には，戦中のタブーは解除されたものの，ドイツ語およびドイツ文化にもはや19世紀におけるような強い国際的影響力はなく，それに応じて英語に受け入れられたドイツ語系借用語の数も限られる。*American Heritage Dictionary*の3版（1992）に収録されたものでは，wedeln「ウェーデルン」，giant slalom「大回転」（翻訳借用<Riesenslalom）のようなスキー用語，Gewürztraminer「ゲヴュルツトラミネル（アルザス名産ワイン）」，ice wine「アイスワイン」（翻訳借用<Eiswein）のような飲物名，guest worker「外国人労働者」（翻訳借用<Gastarbeiter），flex time「フレックスタイム」（翻訳借用<Gleitzeit）のような社会問題用語などが挙げられる。

中世にはドイツ語から遠ざかった英語であるが，近代以後，特に19世紀をピークとする語彙借用を通してドイツ語に再接近した。英語に入ったドイツ語系借用語は，ある研究によると5000語を超える[9]。しかし，その大半は学術・専門用語であり，ふつうの現代英語においてドイツ語系語彙はあまり目立たない。試しに，TIME誌2007年9月3日号の目次・広告等を除く本文全体（約43ページ）に出現するドイツ語からの借用語・翻訳借用語をカウントしてみたところ，合計で14語，延べ23例しか数えることができなかった[10]。これは，後で述べる現代ドイツ語における英語系借用語の横溢とは対照的な現象と言える。

3 ドイツ語から英語への歩み寄り

次にドイツ語から英語への歩み寄り，すなわちドイツ語が英語から受けた影響について，時代順に跡付けていこう。中世初期における英独交流が主に教会レベルにとどまり，古英語が古高ドイツ語から言語的影響を受けた明らかな形跡がないことは上に述べた。しかし，逆に古高ドイツ語が古英語から

借入したと見なされる表現は，数こそ多くないものの存在し，そのいくつかは現代ドイツ語にまで継承されている。その最も重要な例は der Heilige Geist「聖霊」である。これは，ラテン語の spiritus sanctus に対応する表現であるが，実はラテン語を直接訳したものではなく，古英語の sē hālga gāst（英語 the Holy Ghost）の影響下に生まれた翻訳借用語である。このような語彙借用がなされた背景には，ボニファチウス（672頃-754）をはじめとするアングロサクソン人布教者がドイツ各地に修道院を開基し，キリスト教文化の発展に貢献したという事実がある[11]。

中世盛期から後期にかけては，前章で述べたとおりイングランドと直接交渉を持ったのが北ドイツであったため，中低ドイツ語には中英語から借用されたと思われる単語がいくつか見出される。その代表例が bōt「ボート」（＜中英語 bot＝英語 boat）と lōtsman「水先案内人」（＜中英語 lodes man＝英語 loadsman）で，この2語は現代ドイツ語 Boot, Lotse として継承されている。

英語がドイツ語（とりわけ高地ドイツ語）に本格的に影響を及ぼすのは，その逆方向の影響の場合と同じく，近代に入ってからである。16世紀には Dogge「番犬」（＜dog[12]），Gentleman「紳士」など少数の借用語が例証されているに過ぎないが，17世紀に入ると，Kabine「船室，小室」（＜cabin），Adresse「宛名」（＜address），Rum「ラム酒」，Pudding「プディング」などの他，Tomahawk「トマホーク（戦斧）」，Opossum「フクロネズミ」のような新大陸由来の語彙まで移入されるようになる。18世紀には英語からの語彙借用がさらに盛んになり，具体的な事物を表す名詞にとどまらず，精神生活に関わる抽象的な表現が増えてくる。これには，特にドイツ語圏でもてはやされた英文学作品の翻訳が大きな役割を演じた。たとえば，ミルトンから ätherisch「天上の」（＜etheral）が，スターンから sentimental「感傷的な」が，シェークスピアから fragwürdig「疑わしい」（＜questionable），Heißsporn「向こう見ず」（＜hotspur）などがドイツ語の語彙に加えられた。なお，最後の2例は翻訳借用語であるが，この方式での借用が多いのがこの時期の特徴である。中には，シェークスピアの Zahn der Zeit「（万物を破壊する）時の力」（＜tooth of time）のように単語のレベルを超えた借用成句もある[13]。19世紀に入ると，イングランドを舞台とする産業革命を背景に，多くの工学関連用語が英語か

ら借用された。鉄道関係に限っても，Lokomotive「機関車」（＜locomotive），Tender「炭水車」，Waggon「車輌」，Tunnel「トンネル」などのことばが，それらが表す事物とともにドイツ語圏に受け入れられた。工学以外にも，さまざまな分野で借用語が移入されたが，ここでは Sport「スポーツ」，Training「トレーニング」，Tennis「テニス」などのスポーツ用語，Beefsteak「ビフテキ」，Curry「カレー」，Whisky「ウィスキー」などの飲食物名を挙げるにとどめよう。

　20世紀初頭に入っても引続き英語からの借用は盛んになされ，その意味領域も Pyjama「パジャマ」，Bluff「はったり」，Wolkenkratzer「摩天楼」（翻訳借用＜Skyscraper）など多岐にわたっている。この最後の例はアメリカ英語から入ったものであるが，当時はまだイギリス英語からの借用語が主流で，ドイツの言語純化主義者たちはこれを「英国かぶれ（Engländerei）」として非難した。英語（および他の外国語）排斥の動きは第一次大戦中に勢いを得たものの，戦争が終結すると再び，Pullover「セーター」，Jazz「ジャズ」，Vamp「妖婦」，Lautsprecher「拡声器」（翻訳借用＜loudspeaker）など多数の借用語が流入してくる。なお，この時期になるといよいよアメリカ英語からの影響が増大する（Jazz，Vamp はその例）。その後，ナチスが勢力を拡大し政権を取った1930年代には，英語（外国語）排斥運動がまたもや活発化したが，この言語的排外主義はナチスの「西洋の防衛」というイデオロギーに背反するため，結局1940年には政令によって終焉を余儀なくされた[14]。第二次大戦後，ドイツはドイツ連邦共和国（西ドイツ）とドイツ民主共和国（東ドイツ）に分割される。西ドイツは，米国の庇護のもとに「奇跡の経済復興（Wirtschaftswunder：この語は英語に借用された）」を遂げるが，言語面でも英米語から今まで以上の影響を受けることになる。戦後にドイツ語が英米語から借用した単語は，あらゆる分野にわたって無数に存在し，とても概観できるものではないが，次ページの表に借入時期を10年ごとに区切って，そのごく一部を例示する（便宜上，翻訳借用語は除外し，名詞の例のみ挙げた）。ソ連の衛星国となった東ドイツにおいても，西ドイツほどではないにせよ，多数の（ロシア語からの借用語をはるかに上回る）英米語系借用語が受け入れられた。東ドイツ独自の英語系借用語で特に有名なものとしては，Broiler

1940年代	GI	Hitparade	Hobby	Jeep	Job		Nylon
1950年代	Appeasement	Astronaut	Babysitter	Blue jeans	Fan		Marketing
1960年代	Blackout	Computer	Design	Hippie	Image		Workshop
1970年代	Airbag	Boat-People	Deal	Hardliner	Jogging		Punk
1980年代	Aerobics	Aids	Fastfood	Hacker	High-Tech		Laptop
1990年代	Leggings	Mobbing	Notebook	Outing	Piercing		Sitcom
2000年代	Lohas	Phishing	Podcast	Stalking	Tamiflu		USB-Stick

表 1940年代以後にドイツ語が英語から受け入れた借用語の例
＊年代記載はおもに Carstensen/Busse（2001）による

「ローストチキン」（西ドイツでは Brathähnchen）を挙げることができる。

　ドイツ語と英語の歩み寄り，つまり主に語彙レベルでの相互影響は，近代に入って本格的に始まったが，20世紀初頭に至るまでその貸借関係はおおむね均衡の取れたものであった。ところが，20世紀中ごろから均衡は大きく崩れ，特に第二次大戦後はドイツ語の側が著しい「輸入超過」をするに至った。しかも，その輸出元は英国ではなく米国である。それは，米国が戦後世界の政治経済（そして文化）において圧倒的勢力を有していることを考えれば当然の帰結とも言える。英米語からの借用語があふれているのは，何もドイツ語圏だけではなく，フランスでも日本でも「英語の氾濫」は言語純化主義者たちを嘆かせている。しかし，ドイツ語圏では，1990年代以降，英語系借用語を多用するのが in（おしゃれ）であるという風潮が，それまでよりも格段に強くなっている。この点について，次章で見ていきたい。

4　1990年代以後のドイツ語：Denglisch?

　まず，図版を見ていただきたい。これはドイツ鉄道の駅にある旅客案内所の写真で，Service Point というのはもちろん英語（のつもり）である。ドイツ鉄道がこのような軽々しい用語を使うようになったのは，たぶん1994年の民営化以後であるが，そのころから他の公共機関や官庁でも英語や（和製英語ならぬ）独製英語がブームになっている。いわんや一般企業においてをや，である。話をドイツ鉄道に戻すと，Service Point の他に，BahnCard「鉄

ドイツ鉄道ヴュルツブルク駅の Service Point（2007年8月撮影）

道カード（年会費が必要だが運賃が割引になる）」，City-Ticket「(BahnCard 所有者のための）市内交通無料チケット」，Call a Bike「自転車貸し出しサービス」等企画物に英語（風）のネーミングを付与するのみならず，出札窓口（Schalter）を Counter と改名するなど念が入っている。

　私的・公的な会話でも，ドイツ語に英語系借用語，というよりも英語そのものを織り交ぜて話すのを好む人が多い。極端な場合は次の文のようになりかねない[15]。

> Wer von eight to five Englisch spricht, für den ist das nicht easy, in the end of the day zum Deutschen zu switchen. Denn meist betreiben international Guys and Dolls auch privat networking – über die Grenze von good old Germany hinaus.
>
> 「エイト・トゥ・ファイブで英語を話す人にとって，エンド・オブ・ザ・デイにドイツ語にスイッチするのはイージーではない。というのも，たいていインターナショナルなガイズ・アンド・ドールズはプライベートでもネットワーキングをするから。グッド・オールド・ジャーマニーの国境を越えて。」

これは，もちろん誇張して作った文であり，実際ここまで徹底して英語にかぶれている人は稀だと思われる。とは言え，一部の言語純化主義者は別として，大半の人が日常会話においてますます多くの英語要素を用いるようになっている。その原因としては，上の引用文にもあるように，オフィスで英語を使っている（外国人スタッフとの会話や海外との通信）とか，コンピュータ用語などをいちいちドイツ語に訳していられない，といったことも考えられよう。しかし，一番正直な動機は，格好が良い，国際的な印象（あくまで印象であるが）を与えられる，ということであろう。

　広告における英語の使用はまさに，この点を目的としている。商品の特長を精確に伝えるだけであれば，意味が明解で平易なドイツ語を用いてキャッチコピーを書くのが一番である。しかし，実際にはドイツでも日本でも半ば意味不明の外国語，とりわけ英語が好んで用いられる。それは，キャッチコピーや商品名においては，精確な意味の伝達よりも，雰囲気とかイメージを形づくる方が大事だからである。これは，英語圏における広告にも当てはまることで，フォルクスワーゲン社の米国でのテレビコマーシャルではFahrvergnügen「運転の楽しみ」というドイツ語が使われた[16]。その具体的意味内容は理解されなくても，ドイツ車の高度な性能を想起させる響き（字づら）があれば良いということであろう。

　しかし，最近ではこの傾向にも変化が生じている。Frankfurter Allgemeine紙2004年10月2日号によると，この年にマクドナルド（ドイツ）が前年の"Every time a good time"から"Ich liebe es"「好きです」へ，ルフトハンザが"There's no better way to fly"から"Alles für diesen Moment"「すべてこの時のために」へと，英語からドイツ語への転換を行なっている。これは，英語がドイツ人に理解されないからというよりも，英語のキャッチがあまりに増えすぎてインパクトが減じたからであろう。同じような傾向は最近の若者言葉にも見られる。ある研究によると，1990年代後半から若者たちの英語ばなれ（ドイツ語を話す際の）が観察されるという。それは，英語まじりのドイツ語があまりに一般化したために，自分たちの帰属を示す仲間言葉としての機能を失ったからだそうだ[17]。

　つまり，広告や若者言葉における脱英語化は，とりも直さず現代ドイツ語

における「英語の氾濫」の証となっているのである。上記新聞記事によると，ドイツ語協会（Verein Deutsche Sprache）という言語純化主義的な団体の会長が広告業界におけるドイツ語回帰を喜んだそうであるが，皮相な見方というべきであろう。ちなみに，ドイツの言語純化主義者たちは英語まじりのドイツ語を Denglisch（＜Deutsch＋Englisch）と呼んで，その駆除に躍起になっている。フランスでも，同様に英語まじりのフランス語を Franglais（＜Français＋Anglais）と呼び，こちらは国家レベルでその根絶に努めているが，それもさほど功を奏していないようである。ドイツの「篤志家」たちのイニシアチブが実を結ぶかどうか。

　最後に，現在のドイツ語が 1990 年以前のドイツ語に比べて本当に「Denglisch 度」を高めているかどうかを確認する作業をしてみた。材料としては，ドイツの週刊誌 Der Spiegel の 1988 年 9 月 5 日号（pp.3-75）と 2007 年 9 月 3 日号（pp.5-68）を用い，それぞれ目次・広告等を除く本文 43 ページ分に現れる英語からの借用語・翻訳借用語をカウントした（43 ページ分に限定したのは，小論第 2 章で行なった TIME 誌の調査結果とも比較するためである）。簡単に結果を述べると，英語からの借用語・翻訳借用語は 1989 年の号には延べ 178 例，2007 年の号には延べ 258 例用いられていた。サンプルが少ないので確実なことは言えないが，とりあえず単純計算して 45% の増加率である。また，いずれの場合も，TIME 誌におけるドイツ語借用語に比べれば圧倒的に多く，2007 年の場合は 10 倍以上の数値となる[18]。

　このように現代ドイツ語は英米語から相当程度の影響を受けている。とはいえ，その影響は，主に語彙レベルに留まっている（発音や文法にも多少の変化は観察されるが）。また，それはノルマン征服後に英語がフランス語から受けた影響に比べれば，格段に小さいと言える。ドイツ語の歴史の中で見ても，中世以来ラテン語やフランス語から受け入れてきた借用語・翻訳借用語の数は，近現代の英語からのそれをはるかに凌いでいる。それほどまでに英語の脅威を感じる必要はないと思うのだが…。

注

(1)　ただし，最西部の低地ドイツ語である低ライン方言はフランク族の部族語に由来

する。オランダ語も（東部のサクソン方言地域を除き）フランク族のことばがベースとなっている。

(2) 古英語は10世紀のWest Saxon Gospel, 古高ドイツ語は9世紀のTatianから引用。底本にはJames Wilson Bright: The Gospel of Saint Matthew in West-Saxon, reprinted, New York (AMS) 1972, p.22, および Wilhelm Braune: Althochdeutsches Lesebuch, Tübingen (Niemeyer) [17]1994, p.56を用いた。なお，古英語の文字 þ, ð は th で表記した。

(3) この他に，8世紀以後のデーン人襲来に伴う北欧語系借用語も相当数にのぼる。ただし，北欧語は英語と同じゲルマン語であるため，これらはフランス語系借用語のように目立ちはしない。一例を挙げると，take は古北欧語 taka を借用したもので，本来の古英語ではドイツ語 nehmen「取る」と同源の niman が用いられていた。詳しくはシェーラー（1986: 14 ff.）参照。

(4) シェーラー（1986: 2 ff.）参照。

(5) 英語とドイツ語のゲルマン語（さらには印欧語）としての性格に関しては，飯嶋（1993）参照。

(6) 以下，カッコ内にドイツ語の原語を記す。同綴（名詞の大文字書き以外）の場合は省略する。

(7) Bergmann (2007: 60 f.) にあるエピソード。この表現が米国のほぼ全域に広まっていることは Cassidy, F. G./ J. H. Hall (ed.): Dictionary of American Regional English, vol. 2, Cambridge (Belknap Press) 1991, p.660 の分布図を見てもわかる（James M. Vardaman 先生のご教示）。

(8) Stiberc（1999: 112 f.）による。この顛末は，2003年にフランスが米国のイラク侵攻に反対した腹いせに，米下院の食堂で French fries を Freedom fries と呼び代えた愚行を想起させる。

(9) Pfeffer/Cannon (1994) 参照。

(10) 具体的には, empathy, existentialist, Frau (2), halt (4), heroin (3), kindergartner, melamine, Nazism (2), Protestant, Protestantism (3), psychoanalysis, psychoanalyst, psychoanalytic, statistics である（2例以上の場合はカッコ内に例証数を記した；手作業のため見落としがありうる）。原語は Pfeffer/Cannon (1994) 参照。

(11) 古英語の古高ドイツ語への影響に関しては飯嶋（1983）参照。

(12) 以下，カッコ内に英語の原語を記す。同綴の場合は省略する。

(13) 17-18世紀にドイツ語が英語から借用した語彙に関しては Ganz (1957) 参照。

(14) ポーレンツ (1974: 179 f.) による。
(15) Claßen/Reins (2007: 151) から引用。
(16) Bergmann (2007: 60) による。このスポットは Youtube でも見ることができる。
(17) Ehmann (2005: 10 f.) 参照。
(18) 固有名詞は除く。また，異なり語数は，複合語の扱い等によって数値が変わるので，算出しない。各号で3例以上見られた語を以下に記す。1988年では，Banker (3), Boss (3), Film (7), Gentrification (3), Interview (3), Jet (7), Jury (6), Kommodore (3), Musical (11), Schau (10), Show (10), Team (8), Test (6), Training (4), Video (3), Yuppie (3), 2007年では，Baby (6), Boom (5), Clan (3), Club (4), Computer (6), Discount (5), Discounter (16), fair (3), Film (6), Global Player (3), Hedgefonds (4), Image (4), Import (4), Internet (7), Interview (6), Manager (8), Marketing (3), Online (5), Partner (3), Premium (3), Star (6), Supermarkt (8), Team (4), Test (4), testen (3), Top (3), Trend (3) を挙げることができる（カッコ内は例証数だが，当該の語が複合語の一部となっている場合も含む；手作業のため見落としがありうる）。

参考文献

飯嶋一泰「古高ドイツ語の語彙に及ぼした古英語の影響」『早稲田大学大学院文学研究科紀要』別冊第10集，1983，pp.11-20

飯嶋一泰「印欧語としての英語とドイツ語」『一橋論叢』109巻，1993，pp.557-577

マンフレッド・シェーラー（大泉昭夫訳）『英語語彙の歴史と構造』南雲堂，1986

ペーター・フォン・ポーレンツ（岩崎英二郎他訳）『ドイツ語史』白水社，1974

Bergmann, D.: Der, die, was? Ein Amerikaner im Sprachlabyrinth, Reinbek (Rowohlt) 2007

Carstensen, B./ U. Busse: Anglizismen-Wörterbuch., 3 Bde., Berlin (Gruyter) 2001

Claßen, V./ A. Reins: Deutsch für Inländer, Frankfurt a. M. (Fischer) 2007

Ehmann, H.: Endgeil. Das voll korrekte Lexikon der Jugendsprache, München (Beck) 2005

Ganz, P.: Der Einfluß des Englischen auf den deutschen Wortschatz 1640-1815, Berlin (E. Schmitt) 1957

Pfeffer, J. A./ G. Cannon: German loanwords in Englisch, Cambridge (Cambridge UP) 1994

Stiberc, A.: Sauerkraut, Weltschmerz, Kindergarten und Co., Freiburg (Herder) 1999

3 近代英語の誕生
―シェイクスピアの英語への道

冬木ひろみ

1 弱小語としての英語の出発

　英語が今日私たちの知っている形で話され，書かれるようになったのは，一体いつごろからなのであろうか？　多くの言語の発展の歴史同様，英語にも今ではほとんど読めないような古い形があり，それがさまざまな変化を経て現在に至っている。しかしながら英語は，他のヨーロッパの言葉とは異なり，古代からその存亡に関わる大きな危機を何度も乗り越え，やっとのことで現在のような，世界で使われる言葉になってきたのである。その過程で，英語が現代でも理解できるような形になったのは，ちょうどイギリスがルネサンスの真っ只中にあった16世紀のことである。近代英語（Modern English）というと，通常はシェイクスピアの英語と『欽定訳聖書』の英語を代表的なものとしているが，実際，英語はこの16世紀から17世紀にかけて大きく変化する。

　言葉が時代の影響を直接的に受けるとすれば，16世紀のイギリスはまさにそうだったと言える。この時代を揺るがした，宗教改革とルネサンスという歴史上極めて大きな2つの変革は，そのまま英語の大変動につながってゆくことになる。それは，単純化を恐れずに言えば，神と貴族の世界と，俗世間との間とをつなぐ言葉の発見であった。

　本章では，近代に英語がどのようにしてイギリスの国家の言葉になっていったのか，「聖」と「俗」をめぐる英語の最後の戦いを扱ってゆきたいと思

う。だがその前に，16世紀以前に英語がどのような状態に置かれていたのか，ほんの少しだけ振り返っておきたい。

　まず，英語の生い立ちからして，すでに戦いの歴史は始まっていた。英語の始まりは5世紀頃に海を越えてブリテン島（イギリス）にやってきたゲルマン人の言葉が，先住民のケルト民族を圧倒したところからだと考えられているが，その後もデーン人の侵略が8世紀にあり，1066年には有名なノーマン・コンクエスト（Norman Conquest：ノルマン人の征服）によりフランス語が英語を凌駕するようになり，それ以前からあったラテン語とともに，イギリスの政治から生活までを支配することになる。14世紀半ばまで，学校では母国語を使うことが禁じられていたし，貴族階級は大部分幼少の頃からフランス語を使うように育てられていた。また，聖書を始め，公的な文書の多くではラテン語が使われていた。しかし，こうした状況にも次第に変化が出て，1362年には英語を公式の言葉として認めるようになると共に教育現場でも英語で授業ができるようになり（1385），議会でも法廷でも英語が使われるようになっていった。国民的詩人チョーサーも14世紀末に英語で『カンタベリー物語』(1387?-1400)を書き，極めて大きな影響を後世にも与えてゆく。しかしながら，全体的に見て16世紀以前にはまだまだ英語の力は弱かった。そもそも語彙も音韻も，ラテン語はおろかフランス語と比べても貧弱であったことから，英語が他の言葉に匹敵する豊かな表現手段となるにはさらに数世紀を待たねばならなかった。だが，英語が戦わなくてはならない相手は他の言語だけではなかった。英語を内的にも外的にも縛り，その発展を阻もうとしたものは，キリスト教の存在であった。

2　聖書との戦い

　中世後期まで，イギリスの政治・学問・生活のすべては，教会のもとに行われていたといっても過言ではない。どのようにすれば天国へ行くことができ，何をしてしまうと地獄落ちなのか，そうした人間生活の根本を支配する思考は，個人のものではなく教会がつかさどっていた。従って，よほどの権力がある者でないとそれに刃向かうことはできなかったし，王ですら教会に

反駁すればたちどころに破門される危険があった。

　言葉の面でも，教会は極めて大きな権力を握っていた。メルヴィン・ブラッグの言い方を借りると「英語がもっとも熾烈(しれつ)な戦いを演じた相手は教会だった」(p. 90)。14世紀にはまだ英語の聖書は実質的には存在せず，聖書の言葉も教会での賛美歌もラテン語であった。一部の知識階級をのぞき，一般民衆の大部分は，たとえ教会へ行っても神の言葉を読むことも聞くこともできなかった。神はラテン語で話すとされていたからだ。だから，教会での説教も，聖書にある神の言葉をやさしく解釈して民衆に伝えられた。つまり，聖書の言葉は，聖職者と一部の知識人（貴族）だけが享受し得る密室の言葉となっていたのであり，読み書きのできない一般民衆にとっては，盲目的に信じることしかできなかった。この状況は民衆をコントロールするには最適であったし，逆に聖職者の怠惰・堕落をいくらでも助長する温床ともなっていった。こうした聖職者の堕落はヨーロッパの各国にもあり，それに対し反発ののろしを上げたのがドイツのマルティン・ルター（宗教改革，1517）であるが，ここではそのことを確認するに留め，イギリスの国内事情に目を向けてゆくことにしよう。

　教会の富と権力に対する批判は，ルターに先立つ14世紀にすでにイギリスにあった。教会への攻撃とともに，聖書を英語でという主張をし，実行していったのはオックスフォード大学の学者ジョン・ウィクリフ（John Wycliffe）だった。彼は，聖職者が勝手に思想を押し付けたり，聖書を曲解することを禁じた。また地獄落ち（実際には地獄へ行く前の煉獄）を逃れるための「免罪符」を売ることも禁じたため，教会側の反発は必須であった。ウィクリフは，オックスフォード大学の友人たちとともにラテン語の聖書を翻訳し，それを配布したが，ウィクリフは病死し，仲間たちも捕らえられて多くは死罪となった。しかし，彼の訳した聖書は当時としてはかなり流布したと推定され，現在でも170冊の写本が残っている。一方その英語に関しては，ラテン語からの直訳が時折混じって読みにくいものの，文自体は簡潔であり，語彙を増やした功績は大きいと言える。現在も使っている次のような言葉，birthday, an eye for an eye, madness などはみなこの時に初めて使われた英語である。

標準英語と呼ばれるものがどこから来たのかについては諸説があるが，1つには，このオックスフォードにおけるウィクリフの聖書翻訳がきっかけだと言われている。（もう1つの有力な説は，チョーサーの英語から始まったというもの。）また，英語で書かれた聖書が大問題になったのは，当然ながらそれが普及したからであるが，その普及に大きな力を発揮したのが，キャクストン（William Caxton）によるイギリス初の活版印刷術（1467）である。それにより，それまで地方ごとにばらばらであったつづり字も統一されてゆき，標準英語への地盤も作られてゆく。

また，付け加えると，15世紀から17世紀にかけて英語の発音に関しても大きな変化が起こっている。それは大母音推移（Great Vowel Shift）という長母音の変化である。例えば，それまで「ナーム」と発音していたname を「ネイム」と二重母音として発音するようになる。この変化の発生原因や推移に関しては極めて大量の研究がなされているので，ここでは触れないが，こうした発音上とつづり上の変化がほぼ同時代に起きることで，近代の英語の地盤が作られてゆくことになる。

ウィクリフの聖書は，標準英語への兆しもない頃であり，時代としても思考としても時期尚早だったのかもしれない。ウィクリフの意志は密かに受け継がれつつも，その遺骨がもう一度掘り出されて焼かれるという，キリスト教にとっては二度と永遠の命を得ることのできない罰が下されるに及び，聖書と英語の戦いは完全に英語の敗北と見えた。逆説的な言い方をすれば，それだけ教会側は英語の普及を恐れたとも言える。だが，聖書との戦いはここで終わることはなかった。

3 ティンダルから『欽定訳聖書』へ

ウィクリフの思いは，ルネサンスの時代に入って実現されることになる。それは，ウィクリフと同じオックスフォード大学出身の司祭ウィリアム・ティンダル（William Tyndale）の翻訳した聖書の出版によってだった（1525-31）。ティンダルは，国王ヘンリー8世による抑圧を逃れ，ドイツに渡ってから聖書をギリシア語の原典から英語に翻訳し，二度とイギリスに戻ること

はなかった。小部数ずつの出版が何度も行われる一方，何度も彼の翻訳した聖書は焼かれた。イギリスでは，国王ヘンリー8世以下，宮廷も教会もティンダルの聖書には監視を強めていた。教会が最も恐れたのは，ティンダルが英訳聖書の欄外に記した攻撃的な注釈（「ローマ教皇は反キリスト教者」など）と，教会が何世紀も死守してきた神の言葉が民衆に安易に与えられてしまうことであった。ティンダルは，民衆のための聖書という彼の意図の通り，庶民の日常会話のような平易な文体を使っている。またティンダルの英語には多くの新語・造語が使われており，それは書き言葉にとって大きな貢献であった。Let there be light（光あれ），clear-eyed（明敏な），landlady（女主人），broken-hearted（傷心の）など，今日でも使われているものも多く，彼の英語の力強さとリズム感，新たな多くの語彙は，その後ジェイムズ1世の時代になって王の命により作られた『欽定訳聖書』(1611) の土台となる。実際，欽定訳聖書の80％にティンダルの訳語の影響が見られるという (Baker, p. 51)。

　ティンダルの聖書は最後には勝利を収めることになるが，皮肉なことにそれを可能にしたのは，英語の聖書を弾圧していたヘンリー8世による宗教改革であった。ヘンリー8世は，もともとルネサンスにふさわしいヒューマニストの王であったが，宗派の統一上の理由と自分自身の離婚問題が発端となり，ローマ教皇と断絶して，自ら新しい宗教であるプロテスタント色の強い「イギリス国教会」を設立する。ヘンリー8世の作った教会は，ルネサンスの海外へ目を向ける方向とは逆の，国粋主義的な立場を取ることになり，英語の聖書を多くの人々に普及してゆこうとする。ということは，ティンダルも英語聖書も歓迎されてしかるべきであった。ところが，国教会設立の2年後であったにもかかわらず，ヘンリー8世はティンダルには何ら態度を変えることはなく，処刑を実行してしまう (1536)。一方，ティンダルの悲劇をよそに，彼の聖書自体は，教会に取り上げられて生き残ることになる。ティンダルの聖書をもとにした改訂版を経て，1539年には初めての公的な英語の聖書である「大聖書」(The Great Bible) が出版される。これは，まさにイギリスのキリスト教にとっても，英語そのものにとっても1つの事件であった。なぜなら，それまで「低俗な」(vulgar) と言われてきた自国の言葉が，

正々堂々と,高貴で聖なる神の言葉を表せるようになったからである。
　このように見てくると,ジェイムズ1世の『欽定訳聖書』は,それ以前に何度も再版されてきた英語訳の聖書の決定版と考えた方が適切であろう。無論『欽定訳聖書』は近代英語にとっての1つの金字塔ではあるが,聖書の英語をこれだけの地位に高めた最大の貢献者は,むしろティンダルであったと言えるのではないだろうか。
　こうして神の世界を取り込んだ英語は,最も大きな世界を手に入れたと言える。だがもう一方のこの時代の動き,つまりルネサンスという時代の流れは,自由な思考とともに中世から人間を解き放ってゆくが,その動きは英語にとっては新たな弊害をもたらすことにもなる。

4　ルネサンスの時代と英語

　イギリスではルネサンスは大陸の国々よりも遅れてやってくる。その理由は明確ではないものの,イギリスが戦争に明け暮れていたこと,また島国であったことや経済的にも遅れ気味であったことなどから,新しい時代の風がなかなか入ってこなかったことが大きな要因ではないかと考えられる。だが,それはイギリスにとって幸いした。ヒューマニスト,ヘンリー8世に続き,1558年に即位したエリザベス1世は,極めて広い知識を持ち,各国語を良く知り,また文芸全般の愛好者でもあった。その治世のあいだに,大量のギリシア・ローマの古典の翻訳書が出版され,多くの詩が作られた。そして同じ時代に演劇が世界史上でも類を見ない隆盛をみる。シェイクスピアが現れたのもこの時代であった。こうしたすべてが,大部分では英語に幸いしたが,ある面では災いした。では,それはどのような形で,どのような光と影を英語に与えることになったのか,もう少し詳しく見てゆきたいと思う。
　まず,翻訳については,ルネサンスという時代の息吹を表す古典の復興を旗頭に,さまざまなギリシア・ローマの詩が翻訳されるようになる。知識人たちはこぞって古代ローマの劇作家セネカを翻訳しようとし,その文体の美しさと韻律を英語に移そうとする。こうした翻訳熱を助長するものとして,ロジャー・アスカム（Roger Ascham）という作家が『教師論』（1570）で

次のようなことを言っている。学校での教育は，立派な人格の人間を育てることが目標で，「ギリシア・ラテン語をよく読み書きできるようにするのみならず，われわれの英語をきちんと読み書きできるようにするためにある」。つまり，ギリシア・ラテン語を学ぶのは，自国の言葉のためというわけである。しかしながら，そこに問題があるとすれば，英語本来の韻律や語の配列を尊重せず，何とかラテン語の修辞に合わせよう，あるいは多くのラテン語からの借用語を入れようという動きに走っていった点であろう。

またギリシア・ラテン語のみならず，外来語を多く取り入れようとするのはルネサンスのヒューマニズムに合致した動きであり，英語の語彙は格段と増えたのだが，その反面，知識人たちは一様に極めて難解な古典の外来語を取り入れ，語形を変えずにそのまま英語にしようとした。このような難解で一部の書き言葉でしかない外来語のことを，「インク壺用語」(inkhorn terms) と呼んでいるが，例えば encyclopedia（百科事典），dimension（次元），figurative（比喩的な）など現代も使われているものも少なくない。インク壺用語は庶民からは隔絶した言葉だが，一方でこうした用語により，これまで表現できなかった科学などの分野のことも言えるようになったり，より詳細な言い回しができるようになったことは英語にとっても大きな収穫と言える。だが，そこには外来語による母国語の侵食という大問題があった。外来の言葉をどんどん取り込んで英語を活性化させるのか，それともストイックな自国語中心主義で行くのかという問題である。

こうした岐路にも，宗教に対する態度に似たイギリス人らしさが出たように思われる。16世紀後半には，ラテン語や他の外来語を大量に吸収しながらも，英語は英語としてのアイデンティティを模索し，確立しようとしだす。ジョージ・パッテナム（George Puttenham）は『詩論』(1589) の第2章で次のように言っている。「ラテン語やギリシア語に技法があるのに，英語にないはずがない」と。詩人の中の詩人と呼ばれるエドマンド・スペンサー（Edmund Spenser）も古語や合成語を多用しつつ，自然で素朴な英語らしい表現を確立しようとする。そのなかで，英語に最も適するとされ，その後の大部分の詩と演劇の主流となってゆく弱強五歩格の無韻詩が作られるようになる。だが，そこにはもう1つ，大きな問題があった。それは書き言葉にし

ても話し言葉にしても，知識人と民衆との差が極めて大きかったことである。それは，他国にはないイギリスの階級社会がもつ弊害でもあったが，こうした英語の格差，あるいは断絶を解消する手段が自然発生的に生まれてくる。それは，シェイクスピアを中心とした演劇の登場である。

5 シェイクスピアの劇の言葉

　シェイクスピアは，一人突然現れた天才ではない。エリザベス1世の時代には，極めて多くの劇作家が現れ，貴族の保護のもとで劇団が作られ，多くの常設の劇場も建設された。これは文化的な土壌としては他国にはない稀有な状況で，イギリスの国力，経済力，そしてこれまで見てきたような英語のアイデンティティの獲得があって初めて可能となった一種の歴史的な奇跡の一時期であったと言える。

　ルネサンスは英語にとって，ギリシア・ラテン語を中心とした他言語の翻訳を通じて語彙が増え，表現力が飛躍的に伸びた最上の時期であったが，シェイクスピア時代の演劇は，そこに残った最後の問題である英語の階級差を乗り越える場を提供できたと考えられる。これは，階級差がなくなるという意味ではなく，王侯貴族から庶民までが，同じ英語で書かれたものを同じ時に共有できる場の役割を演劇が果たしたということであり，劇場が一種の文化の交流の場となっていたことは重要である。劇作家たちは，こうした劇場の観客の関心をいかに惹きつけるかに苦心し，言葉を書き，上演をしていた。その中で，とりわけ言葉の魔術師であったのがシェイクスピアだと言えよう。シェイクスピアの英語は，同時代の劇作家や詩人たちと競い合うなかで，豊かさと繊細さと力強さをも兼ね備え，政治も戦争も法律も文学も縦横に語ることができるようになってゆく。シェイクスピアの英語の見事さの1つは，文学，言い換えれば気取ったように見える詩の言い方のなかに，感情を言い表せるようになった点である。例えば『ロミオとジュリエット』の中でジュリエットは，恋人が反目する家の息子だと知って，次のような言い方をする。

名前って何？　バラという名の花に
別の名前を付けてみても美しい香りはそのまま。
だからロミオという名前をやめたところで
あの非の打ちどころのないお姿は，呼び名はなくても
そのままのはず。
What's in a name? That which we call a rose
By any other word would smell as sweet ;
So Romeo would, were he not Romeo call'd,
Retain that dear perfection which he owes
Without that title.

（2幕2場）

　ここには，バラの名前を比喩として使いながら，名前という外面的飾りに惑わされる愚かさと2人の恋の障害のむなしさを，借り物でない素直な感情で語る少女の姿がある。

　さらに，一連のイメジャリー，駄洒落，掛けことば，状況や心情をこれ以上ないほど的確に言い表す言葉，大胆な造語など，彼の劇の言葉を細かく分析し，例を挙げていったら，それだけで何冊もの本になってしまうほどである。また，実際にシェイクスピアの語彙は現代の日常語と比べても極めて多く，3万語くらいであるが，『欽定訳聖書』の語彙が約1万語であるのと比べても，その多さがわかる。だが，英語の歴史の上で何よりも画期的なのは，シェイクスピアが庶民にも貴族にもわかる，あるいは両方を満足させる言葉を書けたことである。

　当時ロンドンで最も多かった公衆劇場（Public theatre）と呼ばれる円形劇場では，王侯貴族も収入のほとんどないような庶民も，安い入場料を払い，同じ場で『ハムレット』を観たはずである。そこでは，机の上でじっくり読み，美しいレトリックを楽しむのとは別の，生き物のように脈打ち，鼓動する英語が飛び交った。鼓動する，ということで言えば，シェイクスピアがその劇の70％ほどに使った無韻詩（blank verse）は，弱・強のリズムが1行のなかで5回繰り返されるが，これは心臓の鼓動に最も近いリズムであったた

め，この当時のイギリス人にとって（恐らく今でも）最も心地よく響くものであったようである。まさしく，心に響く英語と言える。

　無韻詩のことについてひとこと付け加えると，これはシェイクスピアの少し前から使われるようになった詩形であるが，何がblank（空白）なのかというと，通常の詩にある脚韻がないという意味である。シェイクスピアの無韻詩は，それをあまり詩とは感じさせないほど日常の言葉の自然さを出している点が際立っている。無論，自然な英語といっても，今日の英語から見れば確かにシェイクスピアの言葉はつづりも文法も古いし，ラテン語からの借用語も時折出てくるため，完全に理解できないところも実際にはある。また，シェイクスピアは当時の庶民にとってもひどく難解な言葉を使うこともあるが，これはあくまで知識階級を想定した言葉なのであり，たとえ庶民があまりよくわからなくても，通常の生活では覗き見ることのできない王侯貴族の政治的なやり取りや，恋愛の際に使う詩的な言葉などから貴族階級の雰囲気が伝われば，それはそれで十分な効果であったに違いない。その一方で，貴族が好んだ飾り立てた言葉への批判も劇中でなされる。ロミオと初めて恋を語り合うジュリエットは，詩的な言葉で飾り立てようとするロミオに対し，こう言っている。

　　心の想いは，言葉より内容が豊かなもの，
　　実質を誇るものであって，飾った言葉を誇るものではありません。
　　Conceit, more rich in matter than in words,
　　Brags of his substance, not of ornament ;

　　　　　　　　　　　　　　　　　　　　　（2幕6場）

複雑な思いや知的な思考は難しい言葉でないと書けない，という当時の大部分の知識人の行き方に対する一種の痛烈な反撃もこめた言葉を，あと2週間で14歳の若きジュリエットに，さらりと言わせるところがシェイクスピアの凄みでもある。さらにもっとパロディ風にからかった場面もシェイクスピアの劇にはある。『十二夜』で，頭の弱い貴族エイギュチークは，相手の言ったフランス語がわからず，「プルクワ（pourquoi＝「なぜ」）ってなんだい？

やることかい，やらないことかい？」(1幕3場) と言って，失笑を買う。また『恋の骨折り損』は「言葉の大饗宴　feast of language」という語が出てくるほどさまざまな言葉が実験的に詰め込まれた初期の喜劇であるが，そこでは古典の学問の価値と恋の価値が天秤にかけられる。恋をしてしまった貴族のひとりビローンは，飾りたてた言葉のむなしさを次のように言っている。

琥珀織りの美辞麗句，絹糸で彩る宮廷語，
華麗な大言壮語，キザにきどった機知警句，
ペダンチックな修飾語・・・
そんなものは，まっぴらだ。
Taffata phrases, silken terms precise,
Three-pil'd hyperboles, spruce affection,
Figures pedantical....
I do forswear them,

(5幕2場)

さらに，庶民の言葉はどのようであったかというと，当時の人々の素朴な日常語そのままに，シェイクスピアの劇中でも決して詩は使われない。例えば『ウィンザーの陽気な女房たち』という劇は，ほとんど庶民しか出てこないので，90％近くが散文で書かれている。また『ヘンリー4世第2部』の中でも，下級兵士や庶民たちが登場し，極めて下品で乱暴な言葉使いをする。下級兵士ピストルに向かって娼婦ドルは次のような言葉を使う。

ドル：行っちまいな，ビール野郎！　剣も抜けないニセ兵士のくせに！
　　　いったいいつからだい？　肩に2つも軍人の飾りを付けるなんてさ。驚いたもんだ！
ピストル：よくも言ったな，お前の襟飾りを八つ裂きにしてくれるからな。
Doll : Away, you bottle-ale rascal! you basket-hilt stale juggler, you! Since when, I pray you, sir? God's light, with two points on your shoulder?

> Much!
> Pistol : God let me not live, but I will murther your ruff for this.
>
> （2幕4場）

　こうした言葉は貴族にとってはまさしく低俗な英語の名残といえるのであろうが，当時の庶民の観客にとっては，自分たちの世界の隣人が活躍する場面とも捉えられたに違いない。シェイクスピアは下層階級の人々の言葉を決して貶(おとし)めてはおらず，むしろその素朴な活力の素晴らしさを彼らの英語にこめて描き出しているように見える。
　こうした言葉の両面価値を描くシェイクスピアの筆は，同時代のどの劇作家にもないものであったが，さらにシェイクスピアの英語がそれまでと一線を画しているところは，人間の心の奥底を自在に表現する英語を発見したことだと言える。その代表格がハムレットの「生きるべきか，死ぬべきか，それが問題だ」（To be, or not to be…）という解釈上も問題になってきた独白であるが，これにしても，be動詞を使うことで，自分自身の自殺のみならず，国や社会全体への憂い・思考を深く，広く表しているといえる。これだけで，『ハムレット』という劇が，人間の存在の意義とあり方を中心にすえた劇だとすぐにわかる。また『リア王』では，胸を突き刺す言葉が多いが，そのひとことひとことが，現代へも通じる深い哲学的な，あるいは存在論的な意味をもったものとなっている。『リア王』の中で，盲目になったグロスター伯爵はこうつぶやく。

> 神々にとってのわれわれは，腕白小僧にとっての虫と同じだ，
> 気まぐれゆえに殺されるのだ。
> As flies to wonton boys are we to th'god
> They kill us for their sport.
>
> （4幕1場）

　また，もう一箇所『リア王』から引くと，主人のあまりに残虐なやり方に耐えかねた召使は，ふとこうつぶやく。「どんな悪いことでもしたくなるな，

あんな人が幸せになるくらいなら」(3幕7場)。『ヴェニスの商人』にしても，現在の個人，あるいは国家間の「復讐」と「正義」の問題を人種・宗教をまきこんで問いかけている。もちろん，復讐の是非ではなく，人間の差別への意識がなぜ起きるのかをシェイクスピアはこれ以上多くても少なくても言い得ない言葉で描いているのである。それが「ユダヤ人には，目がないか，手がないか…キリスト教徒とどこが違う」(3幕1場)というシャイロックの言葉に凝縮されている。

シェイクスピアは，歴史劇，喜劇，悲劇などさまざまなジャンルの劇を書いたが，そのどれにも，こういう状況になったら人間はどう感じるか，どう苦しむか，そしてどのように恋の喜びを語るか，そうした根源的な人間の感情が余すところなく最適の言葉で表現されている。そうした若者から老人までの，庶民から王侯までの人間感情を描くことができたのは，シェイクスピアの視線の鋭さと，言葉に対する感性の鋭さ，そして並外れた想像力に他ならない。そこに描かれた人間の姿は，恐らく人間の住む環境が変わり，文化が変わっても400年以上変わらない，そしてこれからも恐らくは変わることのない人間の本性なのではないだろうか。

法律や科学などの事物を言い表すだけではない，人間の最も繊細で複雑な感情を表現できるようになった英語は，この時以降，世界の言葉として羽ばたくに足る力と豊かさを持ったのである。

参考文献

ウィリアム・シェイクスピア，小田島雄志訳『シェイクスピア全集』
　白水Uブックス，1983-85年。
スタンリー・ハッセイ，森祐希子訳『シェイクスピアのことば』紀伊國屋書店，
　1988年。
ノーマン・F・ブレイク，森祐希子訳『シェイクスピアの言語を考える』
　紀伊國屋書店，1990年。
メルヴィン・ブラッグ，三川基好訳『英語の冒険』アーティストハウス，2004年。
玉泉八州男編『エリザベス朝演劇の誕生』水声社，1997年。
渡辺昇一『講談・英語の歴史』PHP新書，2001年。

池田雅之・矢野安剛編著『ヨーロッパ世界のことばと文化』成文堂，2006年。
Christopher Baker, *Religion in the Age of Shakespeare*, Greenwood Press, 2007.
The Riverside Shakespeare : the Complete Works, second edition, ed. by Blakemore Evans, Houston Mifflin Company, NY., 1997.

II　欧米における多様な英語のかたち

4　大統領の言葉から見るアメリカの自由の系譜

西川秀和

1　はじめに

　時代によって言語は変化する。なぜなら言語と不可分の関係にある文化自体が時代によって変化していくからである。英語もむろん例外ではなく，時代によってその装いを変えてきた。その時代ごとの文化的，社会的事情に対応して人々がその言葉に対して与える意味が変化するのである。本章では，大統領演説における自由という言葉を例にとり，それが時代によってどのように変化してきたのかを検証する。

2　自由について

　アメリカで自由という概念が形成される前から，自由には二つの系譜が存在していた。一方はLibertyであり，もう一方はFreedomである。古英語では，両者ともに選択する能力，自らの意志を働かせる能力，奴隷から程遠い状態を示している。日本では，通常，両者を同じく「自由」と訳す。
　リバティとフリーダムの差異を一言で表せば，リバティは，個人や集団の独立，分離，自立を意味し，フリーダムは自由民の共同体への所属を意味している。英語の自由という価値観や言葉に焦点をあてた研究の中でも，リバティとフリーダムを明確に区別せずに論を進めている研究も少なくない。ここでも両者の違いについては特に留意しないものとし，日本語の訳語である

「自由」で両者を示す。この「自由」という訳語は，もともと漢語から借用したもので，本来は自分の意に従って思いのままにするという意味である。

アレクシス・トクヴィル（Alexis de Tocqueville）は，アメリカでは自由が最も重要な理念であり，それは世代を経て変化していると自由の重要性を示唆している。建国以来，アメリカ人は自由とはいったい何かという問題を追及し続けてきたと言っても過言ではない。それは自由こそアメリカにとって自らを特徴付けるアイデンティティの根源であったからである。次節から歴史の順を追って自由という言葉の変遷を見ていく。

3 市民的自由と財産の自由

周知の通り，アメリカは独立前，イギリスの植民地であったから，アメリカの自由の概念は，本国イギリスの自由の概念を淵源としている。ここで言うイギリスの自由の概念とは，ジョン・ロック（John Locke）やトマス・ホッブズ（Thomas Hobbes）らが唱えた市民的自由である。彼らが言う市民的自由とは，各人の安全保障と財産保全のために自然状態での自由を放棄し，社会を営み，国家という権威の下で獲得することができる秩序ある自由である。

イギリスの市民的自由を継承した植民地時代のアメリカでは，自由と権威の均衡が重視された。さらにその時代のアメリカでは，神の意志への従属のみならず世俗権力への従属を求めるピューリタン的な自由の影響もあって，自由よりも権威を尊重するべきだという考え方が社会通念となっていた。

こうした自由の概念にアメリカ独自の新たな意味を付け加える契機となったのが独立革命である。独立革命はそもそも本国イギリスが課す理不尽な諸法令に対する植民地の反抗という形で始まったが，徐々に自由と専制政治の争いという性質に変化していった。アメリカ人は，独立革命を経て，自由は天賦人権と独立を自らの努力で獲得することであると認識するようになったのである。

建国の父祖たちは自由を，国内の不安定からの自由，外国政府の干渉からの自由，財産を保護する自由，そして大衆暴動からの自由であると考えた。

特に自らの財産を保護し，意のままに処分する自由は最も重視されるべき自由だとされた。建国の父祖たちにとって自由とはすなわち，社会の中で，何ものにも妨げられることなく自分の才覚を最大限に発揮し，最大限の富を手に入れることであった。

そうした建国の父祖たちの中でもジョージ・ワシントン (George Washington) は，自由が放縦に陥るのを恐れ，就任演説の中で，自由とそれを保障する共和政体を保持できるか否かは国民自身にかかっていると説いた。ワシントンは，大衆による無制限の支配を意味する民主政は，財産をでたらめに再配分すること必至であり，結局，自由の本質そのものを破壊するものと考えていたのである。

しかし，第二代大統領ジョン・アダムズ (John Adams) は，共和政体が非常に優れた政体であることを力説しながらも，共和政体が内包する「我々の自由に対する危険を看過」[1]してはならないと述べている。アダムズが危惧していたのは，党派主義によって共和政体が健全に機能しなくなり，その結果，人民の自由が損なわれることであった。

建国初期の自由とは第一に財産の自由であり，権威といかに均衡を保つかが重要な課題だったのである。

4 自由の拡大と二つの自由の衝突

19世紀直前のアメリカが一時の繁栄と平和を享受している最中，トマス・ジェファソン (Thomas Jefferson) が19世紀最初の大統領に就任した。

ジェファソンは信仰の自由，出版の自由，人身保護律の下での個人の自由を唱えた。特に出版の自由は，広汎な出版や教育によって啓発された大衆の力によって，政府を腐敗や頽廃から守るために不可欠な自由であった。さらにジェファソンは，政府の経済への介入を特定の利益集団を利する不正な手段であると見なし，個人の自由を損なうものだと考えていた。すなわち，ジェファソンが唱えた自由とは，政府の搾取からの自由であった。

さらにジェファソンの後継者である第四代大統領ジェームズ・マディソン (James Madison) は，良心の自由はすべての権利の中でも最も神聖なもので

あると唱えた。またマディソンは，自由は権力の濫用と同じくそれ自身の濫用で以って危機にさらされると考え，自由は権威と均衡を保つべきだと主張した。

このような権威との均衡においてとらえられる自由とは異なる自由を提示したのが第六代大統領ジョン・クインシー・アダムズ（John Quincy Adams）である。アダムズにとって自由とは単に規制が無い状態ではなく，自らの目標を達成するために行動する能力を意味していた。そのため政府は，経済を発展させることができる条件を整え，すべての階層が繁栄を共有できるようにしなければならないとアダムズは主張した。

続いて第七代大統領アンドリュー・ジャクソン（Andrew Jackson）は，連邦政府が一部の企業家と癒着することによって選挙における自由が侵害され，さらに公職が能力ある人々の手に渡らずに「背信的で無能な」[2]人々の手に渡っていると非難した。ジャクソンが目指したのは，経済の発展によりもたらされた多くの機会を，政府の介入無しに，田舎の資本家や村の企業家といったできるだけ多くの人々に開放するという経済的自由の拡大であった。

19世紀中葉を間近にひかえ，自由の拡大と関連してアメリカ社会で大きな問題となりつつあったのが奴隷制である。マーティン・ヴァン・ビューレン（Martin Van Buren）政権下では，奴隷制廃止の声が徐々に高まりつつあったが，ヴァン・ビューレンは，「奴隷制問題を煽動」[3]することにより連邦の安定が脅かされるとして奴隷制廃止に反対を表明している。奴隷制問題を煽動することは社会秩序を乱す行為であり，それは真の自由を侵害することであった。

19世紀中葉に大きな問題になった奴隷保有の問題は，自由と財産という二つの概念に関連した問題であった。南部に対して北部を中心に新しい自由の概念が次第に形成された。それは，すなわち奴隷制拡大阻止，工業資本主義の根本としての拘束無き労働，奴隷制に関する自由討議，公教育への政府の援助を含めた市民権の保障を意味した。

北部と南部，それぞれの標榜する自由にはどのような差異があったのか。北部の標榜する自由とは，「フリーダム，連邦，そして平等」である。この

場合のフリーダムとは、自分の組織に所属することで他のものには隷属していないという意味である。これに対して南部の標榜する自由とは、「リバティ、独立、州権、そして人種的階層」であった。この場合のリバティは、拘束からの解放を意味する。南部諸州の有力者たちは、奴隷保有とはすなわち財産権を守る伝統的な自由であると考えていた。

　北部と南部は、このようなそれぞれ違った自由を標榜しながらも危うい均衡を保っていた。その均衡は、エイブラハム・リンカン（Abraham Lincoln）が第一六代大統領として選ばれたことによって崩れた。ただリンカンは、「南部諸州の人々の間で、共和党が政権に就くことにより彼らの財産と平和、そして個人の安全が脅かされるという不安があるようである。そのような不安には何の正当な理由もない」[4]と述べ、南部諸州の財産を守る自由を尊重する姿勢を示していた。もちろんリンカンは一方で奴隷制が拡大されるべきではないと断言している。

　南北分裂によってもたらされた南北戦争は、南北二つの自由の衝突であったとも言える。この南北戦争の最中に行われたゲティスバーグの演説でリンカンは、北部で形成された新しい自由の誕生を称揚し、その大義の下、戦争に勝利するために国民の団結を促した。さらにリンカンは1864年4月18日にボルティモアで自由に関する演説を行った。

　その演説でリンカンは、「ある者にとっては、自由という言葉は、一人一人の人間が、好きなようにふるまって、自らの労力の結果得たものを好きなようにするという意味であるが、一方、ある者にとっては、自由という言葉は、ある人々が他の人を喜ばせることをして、他の人々の労働の結果得たものを好きなようにするという意味である。この二つは、自由という名で呼ばれるが、違っているだけではなく、相容れないことである」[5]と演説している。このリンカンの言葉は、南北二つの自由の衝突という南北戦争の一側面を浮き彫りにするものであった。

5　金めっき時代の自由とアメリカ的帝国主義

　南北戦争の結果、奴隷解放宣言が公布されたが、その後も黒人の市民的自

由に関しては多くの問題が残されていた。1873年にウリセス・グラント（Ulysses S. Grant）大統領は，「今次の内乱の要点は，奴隷を自由にし，そして市民にすることである。だが奴隷は，市民として持つべき市民権を未だ獲得していない。これは過ちであり，正すべきである」[6]と述べ，黒人の市民的自由の実現を唱えた。しかし，その後の歴史が示すように，黒人の市民的自由が達成されるには，まだ約一世紀もの年月を要したのである。

　グラント政権期にすべての南部諸州が連邦に正式に復帰し，南部再建は一つの区切りを迎えていた。この頃は金めっき時代の黎明期にあたる。この時代は，自分の為になることならどんなことでもしてよいという信念が幅を利かせた時代であり，誰もが大金持ちになれるというアメリカン・ドリームが現実となる時代であった。1869年の大陸横断鉄道開通を皮切りに大西部開拓が大いに進捗し，近代工業化をもとにした資本主義が急速に発達を遂げた。そのような社会的状況の下，鉄鋼王アンドリュー・カーネギー（Andrew Carnegie）やJ・P・モーガン（John P. Morgan）などを代表とする企業家たちがアメリカ社会に対して大きな影響力を持つようになった。企業家たちは，政府からの優遇を引き出そうとして政治家に選挙資金や賄賂を贈る一方で様ざまな規制からの自由を求めた。

　1881年に第二十代大統領ジェームズ・ガーフィールド（James A. Garfield）は，「法律もしくは政府が，良識ある市民の進路をいかに小さくとも阻む限り，自由はその恵みを最大限に発揮することはできない」[7]と述べ，公的秩序の下，個人の自由を最大限に発揮することができるように政府はあまり介入してはならないという自由放任主義を唱えている。

　しかし，1884年，第二十四代大統領グロヴァー・クリーヴランド（Grover Cleveland）は，公益と公共の福祉を増進するために個人の利益獲得を制限するのも止むを得ないと述べている。クリーヴランドによると，政府と独占資本の癒着は，「温情主義という不健全な種子」[8]であるから撤廃すべきなのである。すなわち，クリーヴランドの自由放任主義とは，独占資本であれ個人であれ，人民は政府の援助を期待するべきではなく，社会は政府の介入なしでも順調に動いてゆくはずであるという哲学であった。

　こうした思潮の一方で，その頃党勢を伸ばしていた第三政党の人民党は公

益のために個人の自由と権利は制限されるべきであると主張していた。人民党の興隆は，公的秩序と個人の自由がどのような均衡を保つべきかという問題をアメリカ人に突き付けることになった。それは経済的自由の問題である。伝統的な自由と財産の概念からすれば，独占企業が弱者を恣意的に排除し富を築くことは何ら責められることもない。しかし，一方で，独占企業が自らの財産権を濫用して他者の財産権を侵害し，その結果，個人の自由が脅かされるようになるのは明らかであった。金めっき時代を経て20世紀のアメリカでは，この問題をいかに調整するかが一つの大きな問題となる。

未曽有の経済的発展に加えてアメリカは世紀転換期にあたり大きな変貌を遂げた。米西戦争での勝利は，アメリカを帝国主義的勢力として台頭させる契機となった。第二十五代大統領ウィリアム・マッキンリー（William McKinley）は，アメリカが最大の自由と最も純粋なキリスト教信仰と最高の文明を人類に流布する使命を帯びた国であると宣言した。このような言葉は，本来，自由の亡命地であったアメリカで独自に発達した自由が，世界に向けられた普遍的な性質を帯びるようになったことを端的に示している。このことは，その後の20世紀のアメリカの自由の概念に多大な影響を与えることになった。

6 新しい自由の提唱と二つの世界大戦

マッキンリー大統領の暗殺を受けて大統領に就任したセオドア・ローズヴェルト（Theodore Roosevelt, Jr.）は，アメリカ社会の激変に対して政府の役割を適応させようとする革新運動を展開した大統領である。

ローズヴェルトが危惧していたのは，過度の資本集中，すなわちトラストの形成により公共の福祉が損なわれることであった。そのためローズヴェルトは，法によって有害なトラストを禁止し，機会の平等と経済的自由を保つことができる状態に是正することを目指した。さらにローズヴェルトは，「我々自身の幸福だけではなく人類の幸福が我々の成功にかかっている。もし我々が失敗すれば，世界の自由自治の原則の基礎を揺るがせることになるだろう」[9]と述べ，世界の手本としてのアメリカの役割を強調した。

さらに第二十八代大統領ウッドロー・ウィルソン（Woodrow Wilson）は，1913年の第一次就任演説で経済的自由を保障するために公正なる規準とフェア・プレイを適用することを主張した。特にウィルソンの自由に関する考え方は，「ニュー・フリーダム」で鮮明に打ち出されている。近代資本主義社会の急激な発達の中で必要とされる新しい自由は，あらゆる人間の利害や行動を調整することでようやく達成されるものである。そこで政府は，企業と個人の関係の調整をはかり，横暴な企業がもたらす悪を抑制すべきであるが，最終的には政府の介入なしで自由競争を行うことができる状態こそ真の自由であるとウィルソンは論じた。完全に平等な条件で何ものにも縛られずに競争できることこそが自由なのである。

　このような国内の自由に加えてウィルソンは，第一次世界大戦にあたって，生存の自由と組織悪からの自由を全人類に普及させる自由の宣教者としてのアメリカの立場を闡明した。大戦勃発当初アメリカは局外中立を貫こうとしたが，結局，「すべての人民に平和と安全をもたらし，最終的に世界それ自体を自由にしようという自由な人民の提携によって世界を統合するために」[10]参戦を余儀なくされたのである。

　第一次世界大戦後，ヨーロッパが戦後復興に奔走する一方で，アメリカは繁栄と狂乱の20年代に入っていた。狂乱の20年代は，共和党の三大統領が職を占めた時代である。彼ら三人が唱えた自由は完全なる自由放任である。つまり，政府の介入が無くとも，ビジネス自体に自浄作用があるので，社会は自然と調和する。さらに，そうした社会の中で個人は自らの能力を最大限に発揮できる自由，すなわち規制や介入がなく思うままにふるまえる状態を得ることができる。

　ところがこうした19世紀以来の自由放任主義はあっけなく終わりを告げることになった。それは大恐慌の始まりによってもたらされた。ハーバート・フーヴァー（Herbert Hoover）が大統領に就任して一年もたたないうちに「暗黒の木曜日」が訪れ，アメリカは大恐慌の時代に入った。何ら有効な改善策を見いだせないままにフーヴァーは退場し，代わってフランクリン・ローズヴェルト（Franklin D. Roosevelt）が大統領に就任した。ローズヴェルトは，従来の自由とは全く異なる自由を提唱した。

1934年の炉辺談話でローズヴェルトは、「長い間、自由人民が特権的な少数者に奉仕するように訓練されてきたような下でなされてきた自由の定義に戻ること」を拒否し、「アメリカ史上で庶民に与えられた中でも最も大きな自由と安全に向かって前進するという条件の下でのより広範な自由の定義」[11]を獲得することを国民に訴えた。ローズヴェルトが意味した「より広範な自由」とは、住居と生計、そして社会保険の保障の下に一般人民が安心して暮らせるという自由であった。

さらにローズヴェルトは「不公正という癌に侵されていない国を求める」[12]と明言している。ローズヴェルトは、自由は公正を伴わなければならないと考えていた。少数の特権集団がその他の人々から許容される以上の労働の分け前を奪うことは不公正であり、それは誤った自由であった。そしてそうした特権集団が「その他の人々の財産、お金、労働—すなわち生活に対するほとんど完全な統制力」[13]を握っている状態では、その他の人々の自由はもはや本物ではないのである。こうした自由は、アメリカの伝統的な秩序の下での自由から飛躍した新しい自由であった。

第二次世界大戦の脅威が迫る中、ローズヴェルトは、国内だけではなく国外に向けても「四つの自由」を訴えかけた。表現の自由、信教の自由、欠乏からの自由、恐怖からの自由という「四つの自由」は、アメリカ国民だけでなく世界の人々をも対象にした「より広範な自由」の昇華であったと言える。

第二次世界大戦は、この自由という価値観が前面に押し出された戦争であった。アメリカでは自由を守るためにファシズムと戦わなければならないという大義の下、国民が動員されたのである。国民を、孤立主義を放棄して彼らの自発的な意志により戦争に向けて統合するためには、ナショナリズムを超えた共通の大義が必要だったのである。

このように20世紀前半は、19世紀に培われた伝統的自由に代わる自由と公正という新しい自由が提唱された。一方でそうした自由は、二つの大戦でアメリカが世界情勢に深く関わるにつれて、普遍的な自由として世界に広められるべきものとなっていった。

7 そして現代へ

　第二次世界大戦が終結したことでアメリカ人は，自由を全体主義の魔手から守るという使命を全うし，世界に関与する責任を果たし終えたと思っていた。しかし，大戦終結後，米ソ両国の関係悪化により冷戦時代が到来し，アメリカは世界に関与する新たな責任を負うことになった。

　第三十三代大統領ハリー・トルーマン（Harry S Truman）は 1947 年のトルーマン・ドクトリンで，民主主義と共産主義の対置を行い，自由対奴隷という明確な構図を示している。トルーマンが考える自由とは，多数者の意志に基づいた代議政府の下で，自由選挙，個人の自由，言論と信教の自由，そして政治的抑圧からの自由が保障されることであった。さらにトルーマンは，世界の自由を守ることで初めてアメリカの自由も守られると考え，フランクリン・ローズヴェルトの唱えた「四つの自由」になぞらえて「四つの平和と自由のための計画」を世界に向けて提唱した。

　アメリカが世界に向けて自由を発信する一方で，多くのアメリカ人は安全保障が自由や公正よりも優先されるべきだと考えるようになっていた。そうした思潮の中，1950 年の国内治安法制定やマッカーシー委員会の赤狩りなどによって市民的自由が著しく損なわれたのである。

　続いてドワイト・アイゼンハワー（Dwight D. Eisenhower）は，第一次就任演説で「自由は奴隷制に対抗する。光は闇に対抗する」[14]と述べ，トルーマンが示した共産主義と民主主義の対立構図を継承している。自由こそが世界を結び付ける理念であり，アメリカはその中で「自由世界のリーダーシップをとるという責任」[15]を果たさなければならないとアイゼンハワーは国民に訴えた。

　さらに「平和の代価」と銘打った第二次就任演説では，「全人類の三分の一が新しい自由，すなわち過酷な貧困のからの自由のための歴史的戦いに参加している」[16]とアイゼンハワーは述べ，アメリカがこうした人々を援助する必要性を訴えている。

　トルーマンとアイゼンハワーは，自由の概念を軸にして共産主義を非難す

るスタンスに加えて,ジョン・ケネディ(John F. Kennedy)は,「世界の市民の皆さん,アメリカがあなたがたのために何をしてくれるのか問うのではなく,人類の自由のために我々と一緒に何ができるのかを問いなさい」[17]と訴えることで,トルーマン,アイゼンハワー両政権よりも強く世界の自由諸国の協力を求めた。そこでは,自由が,アメリカによって一方的に流布されるものではなく協力して守られるべきものとして示されている。

　ケネディの暗殺により大統領職を引き継いだリンドン・B・ジョンソン(Lyndon B. Johnson)は,「偉大な社会」構想を展開した。アメリカは健全な繁栄を保つためには,公正,自由,そして連帯が必要であるとジョンソンは説いた。ジョンソンは,飢える者,職が無い者,子供を教育できない者,そして欠乏に打ちひしがれている者は完全に自由とは言えないと断言した。この「偉大な社会」構想は,フランクリン・ローズヴェルトの「四つの自由」の意味をさらに拡大させたもので,教育の自由,成長する自由,希望の自由,生きたいように生きる自由を保障するものである。

　ジョンソン政権期は,ヴェトナムの悪夢によってアメリカの自信が根底より揺らいだ時期であった。ヴェトナムの失敗を繕うべく大統領に就任したのがリチャード・ニクソン(Richard M. Nixon)である。ニクソンは,ヴェトナムの失敗を初めとして様ざまな問題により自信を喪失している国民に,アメリカというシステムが世界史上類を見ないほどの自由を人民に与えたことを誇るべきであると説いた。さらにニクソンは,アメリカの自由のイメージを物質主義的な言葉で再定義するプロセスで重要な役割を果たしている。その再定義とは,資本主義こそがアメリカの物質的豊かさを与え,それこそがアメリカの自由の源であるという考え方である。

　ニクソンが述べたアメリカの自信喪失についてさらに深く追求したのがジェームズ・カーター(James E. Carter, Jr.)大統領であった。カーターは,「精神性と人間の自由」の二つのアメリカ社会の基礎をなす観点から,アメリカ人は道義的義務を負わなければならないと訴えた。そしてアメリカは「純粋に理想主義的な国家」であり,「どのような場所の自由の運命にも無関心」[18]であってはならないと説いた。カーターは,アメリカ人が自己中心的な消費主義に傾倒しているとし,それは自由の意味を取り違えた行いであ

ると批評している。

このようにニクソンとカーターがアメリカの自信喪失をそれぞれ説いたのに対してロナルド・レーガン（Ronald W. Reagan）は，アメリカが偉大な国であるというメッセージを明確に打ち出した。アメリカ人は，「偉大な自由の砦を守るために必要なことは何でもするという能力を持っている」ので危機は克服可能であると説き，その一方で「政府は我々の問題に対して何の解決にもならない」[19]と指摘している。自由に対する真の敵は大企業ではなく，大きな政府なのである。そしてレーガンにとって自由こそがアメリカ的生活の中核的な価値であり，それは自ら生活費を稼ぎ，稼いだものを保持する権利を意味した。このレーガンが唱えた新しい自由はジェファソンが唱えた政府搾取からの自由に回帰するものであった。

レーガンのこうした基本理念をジョージ・H. W. ブッシュ（George H. W. Bush）は継承している。ブッシュによれば，国家が自由市場，言論の自由，自由選挙，そして自由の行使を妨げないことが繁栄の条件であった。ブッシュにとってアメリカの活力の源は個人主義であり，それは市場による解決と選択の自由によって特徴付けられていた。

このようにレーガンとブッシュが，個人主義的な選択の自由を唱えたのに対し，ビル・クリントン（Bill Clinton）は，他者の選択の自由をも尊重しつつ，適切な教育を受け安全な環境でより良い生活をおくることが市民的自由であると唱えた。つまり，クリントンは，個別的な自由が競合する社会において，自由の概念を，1930年代のフランクリン・ローズヴェルト以来の革新主義的な自由の概念と放任主義的な自由の概念との中道に位置付けようとしたのである。

最後に自由の潮流に大きく影響を及ぼしたのが9・11勃発である。開かれた自由社会はテロによる攻撃に対して非常に脆弱であることにアメリカ人は初めて気付かされたのである。その状況下では安全と市民的自由との均衡が重要な問題となった。第二次就任演説の中でジョージ・W・ブッシュ（George W. Bush）は，9・11勃発により「自由が攻撃にさらされ」，アメリカの「自由が生き残れるかどうかはますます他国の自由の成功にかかっている。世界平和への最善の希望は，世界中に自由を拡大することである」[20]と述べ，自

由が絶対的な普遍的価値観であることを示した。こうしたアメリカの自由に関する積極的な姿勢が表明されたのは冷戦終結以来である。ブッシュにとって自由は，アメリカが必要とする理想主義と勇気の要であり，民主主義，人権，資本主義と並ぶ重要なアメリカ的価値観の一つである。

8 おわりに

これまで大統領の言葉を手がかりに見てきたように自由の概念はアメリカの社会の変化に応じて変遷している。数多くの変遷を経て現在のアメリカでは，国外に普遍的自由を発信している一方で，国内では個人主義をもとにした自由の概念が浸透し，様ざまな個別的自由が衝突している。今後，このような状況下では，ますます多くの自由の概念が生み出され，それにともなって自由という言葉自体が含みうる意味も大きく広がっていくと考えられる。

注

(1) Richardson, James ed. A *Compilation of the Messages and Papers of the Presidents* 1 : pp.218-222.
(2) idem.3 : pp.999-1001.
(3) idem.4 : pp.1530-1537.
(4) idem.7 : pp.3206-3213.
(5) Basler, Roy ed. *The Collected Works of Abraham Lincoln* 7, Rutgers University Press, 1953 : pp.301-302.
(6) Richardson, *A Compilation of the Messages and Papers* 8 : pp.3960-3962.
(7) idem.10 : pp.4596-4602.
(8) The Legislative Reference Service, Library of Congress ed. *Inaugural Addresses of the Presidents of the United States*, Government Printing Office, 1952 : pp.153-157.
(9) Muller, Julius ed. *Presidential Messages and State Papers* 9 : pp.3089 d-3089 f, 3027-3040.
(10) idem.10 : pp.372-383.
(11) Rosenman, Samuel ed. *The public papers and addresses of Franklin D. Roosevelt* 3, Russell & Russell, 1969 : pp.413-423.

(12) The Legislative Reference Service, *Inaugural Addresses* : pp.229-232.
(13) Rosenman, Samuel, *Working with Roosevelt*, Da Capo Press, 1972 : p.164.
(14) Federal Register Division, *Public Papers : Dwight D. Eisenhower*, 1953 : pp.1-8.
(15) idem.
(16) Federal Register Division, *Public Papers : Dwight D. Eisenhower*, 1957 : pp.60-65.
(17) Federal Register Division, *Public Papers : John F. Kennedy*, 1961 : pp.1-3.
(18) Federal Register Division, *Public Papers : Jimmy Carter*, 1977, 1 : pp.1-4.
(19) Suriano, Gregory, *Great American Speeches* : pp.293-297.
(20) Federal Register Division, *Public Papers : George W. Bush*, 2005, 1 : pp.1-3.

参考文献

ハミルトン, アレクサンダー他, 斉藤眞・中野勝郎編訳『ザ・フェデラリスト』岩波書店, 1999年。

ホーフスタッター, リチャード, 田口富久治・泉昌一訳『アメリカの政治的伝統：その形成者たち1』岩波書店, 1959年。

ホーフスタッター, リチャード, 田口富久治・泉昌一訳『アメリカの政治的伝統：その形成者たち2』岩波書店, 1960年。

ジョンソン, ポール, 別宮貞徳訳『アメリカ人の歴史Ⅱ』共同通信社, 2002年。

モリソン, サムエル, 西川正身監訳『アメリカの歴史3』集英社, 1997年。

高木八尺他『原典アメリカ史　第五巻』岩波書店, 1957年。

高木八尺他『原典アメリカ史　第六巻』岩波書店, 1957年。

Foner, Eric, *The Story of American Freedom* W. W. Norton & Company, 1998.

Kammen, Michael, *Spheres of Liberty : Changing Perceptions of Liberty in American Culture*, The University of Wisconsin Press, 1986.

5 言語変革運動
―― ジェンダーとエスニシティによる「英語」の変容

勝方＝稲福恵子

　1970年代以降，現代英語に大きな変化をもたらした「言語変革運動 Linguistic Reformation Movement in Contemporary English」は，1960年代にアメリカ社会を席巻した公民権運動やフェミニズム第二波の流れを受けて始まった。それは人種やジェンダーによる差別の撤廃や平等化への動きであり，具体的には英語の特徴である he/man アプローチ批判や，脱性差化運動として展開され，西欧や日本にも波及した。

1 それはハーバード大学神学部から始まった

　1971年のハーバード大学神学部論争は，同大学の日刊紙「クリムゾン」(Crimson) や，「ニューズウィーク」誌，「タイムズ」紙など，アカデミズムとマス・メディアを巻き込んで，言語変革運動の口火を切ったことで知られている。
　事の起こりは1971年11月11日。ハーバード大学「クリムゾン」紙に次のような概要の記事が載った。《神学部 Harvey G. Cox 教授の授業で，女子学生二名 (Linda Barufoldi, Emily Culpepper-Hough) による提案「①このコースの二週間は女性解放に関する発表や議論をする　②このコースでは総称 (generic) としての男性代名詞は使わない。また「神」を指すのにhe/manを使わない」という提案が出され，圧倒的な支持で可決された》。
　ところがそれに反論した意見書が，11月16日に17名の学内教員の連名で同紙に掲載された。意見書のタイトルは，わざわざフロイトの〈ペニス羨

望（Penis Envy）〉という精神分析用語を持ち出して,「代名詞羨望（Pronoun Envy）」と付け, 女子学生たちの提案を「無い物ねだり」と暗に揶揄するものだった。「男性代名詞を人類の総称に使うのは止めようという呼びかけ, これは英文法を作り変えなければという一種の強迫観念であるが, われわれは言語学者として, それを軽減して差し上げよう。英語には〈有徴 marked〉と〈無徴 unmarked〉の区別があって…, man/men は〈無徴〉だからこそ〈総称〉として使われる。この有徴・無徴の区別はどの言語にも不可欠で…, 文法上の問題に過ぎず, 中立的であり…社会がめざす性役割の解放をなんら邪魔するものではない」と断言した。

それに対して, MIT の教授だったヴァージニア・ヴァラン（Virginia Vallan）とジェロルド・カッツ（Jerrold Katz）は同紙で以下のように反論した。「たとえば, 代名詞が肌の色で区別されている R 語というものがあるとする。茶色, 黒色, 赤色, 黄色, 白色の肌の人たちにはそれぞれ異なった代名詞が使われ, 白色の肌の人への代名詞のみを〈無徴〉とした。そこで, たまたま抑圧されている黒色の肌の人が, 私たちの代名詞も〈無徴〉にして欲しいと主張したら, どうだろう。この 17 名の言語学者たちは,『まあ, まあ, この有徴・無徴の区別は言語には付きもので…, 文法上の問題に過ぎず, 中立的であり…』と説得するつもりなのだろうか？これは言語学の問題ではなく, 当事者がどう受け取るかの問題である」（"The Right to Say He," *Crimson*, Nov. 24, 1971）

この一連の投書によって, he/man を総称として使うことの差別性や曖昧性が初めて俎上に載せられたのである。ちなみに, One in two men is a woman. という文章を提示された場合, どう解釈するだろうか。men を無徴（総称）の代名詞として扱えば,「人類の二分の一は女性だ」と言う意味になるが, 単なる男性代名詞として扱えば「男性の二分の一は（実は）女だ」と言うことになり, 全く別の含意が読み取れる。これでは意味が確定しないことになる。

この he/man 用法に対する反感論と擁護論はさらにニューズウィーク誌でも取り上げられ[1], マスコミの話題となり, 結局は教育における差別廃止の観点から, 1972 年の「教育基本法　第 9 項（教育における差別禁止法）」の成

立を見ることになった。

　ついで1973年には，下院議員ベラ・アブザグ（Bella Abzug）の提案（連邦の公文書における Miss/Mrs. の使用から Ms へ）がなされた。英語で名前の前につける敬称は，男性は Mr. で統一されているのに対し，女性は結婚しているかどうかで Mrs. もしくは Miss と区別される。男性のように統一すべきだとして，Ms. が提案されたのである。この象徴的な提案は，英語における性差別の告発であり，英語の脱性差化（de-gendering）運動の始まりだった。この提案は法律としての成立には至らなかったが，70年代女性解放運動の追い風で，雑誌「ミズ（Ms.）」の創刊へとつながり，8日間で30万部完売するという驚異的な反響を呼んだ。

　これらの変革運動の集大成とも言えるのが，連邦労働省による『職種名称事典』（DOT : Dictionary of Occupational Titles）の大幅な改変である。職業名においては，どちらかの性に偏らないように配慮するために，たとえば消防士を fireman から fire fighter に変更するなど，多くの改定がなされたのである。もちろんこの DOT は1939年の初版以来，改定を重ねているが，1970年代の改定は，質量とも画期的なものだった。1977年には DOT 第4版「職種名称事典第3版から性・年齢に言及する言葉をなくすための職名改訂」が出版され 12,099 の職業名が採録された。

　ハーバード大学神学部の学生たちから提言された he/man 用法をめぐる問題意識は，性差別語の変革を主張し始めていた第二波フェミニズムの運動に引き継がれ，やがて社会を巻き込む言語変革運動へと発展していったのである。

2　「言語＝名称目録」説から「言語＝行為」説へ――「言語学的転回」と「サピア＝ウォーフの仮説」

　「言語と差別」の問題で留意しなければならないのは，言語の関係性である。つまり，言語は実体ではなく，社会との関係や時代との関係によってその意味内容が規定され，変容するという視点である。この視点は，「サピア＝ウォーフの仮説 Sapir-Whorf hypothesis」や，ソシュールによる「言語学的

転回」が基盤となっている。

　「サピア＝ウォーフの仮説」は，言語学者エドワード・サピア（1884-1939）と弟子ベンジャミン・リー・ウォーフ（1897-1941）の考えに基づいた言語的相対論で，人間の認識する現実世界はその人間の言語によって規定されるので，言語が異なればその人間の認識世界（文化・社会）も異なってくるという考え方である。簡単に言い換えれば，私たちは言語というフィルターを通して現実を見るが，私たちが現実社会を見るまなざしは，言語や文化によって影響され，それに依存している，ということである。

　よく引き合いに出される例に，ウォーフによるアメリカ・インディアンのホピ族の言語体系の話がある。西欧文明の根幹をなす形而上学では「時間」と「空間」という二つの軸を設定して宇宙を捉え，時間に関しては「時制」という規範に則して現在・過去・未来を区別している。しかしホピ族には，「時間」を表すものは単語にも文法的形態にも構文や表現にも存在しない。もちろん時制という概念も存在せず，強いて対応する概念といえば，「顕現された（manifested）」と「顕現されつつある（manifesting），まだ顕現されていない（unmanifest）」の区別，あるいは，「客観的（objective）」と「主観的（subjective）」の二分法であろう，と言う。

　この二分法を支えているのが，ホピ語の「希望する（tunátya）」という動詞であるが，これは「思想」「欲望」「原因」などの名詞概念も含んでいる動詞である。英語における未来形（未だあらざるもの）と現在形（すでに在るものとの区別は，ホピ族ではそれぞれ「希望」の有り-無しで区別されることになる。

　　それ（「希望する」）は主観的に相当するホピ族の語である。それは宇宙の主観的な，まだ顕現されていない，活力的で原因として作用する面の状態，そして成就と顕現へ向かって次第に発酵して行き，ついにはそれでもって沸き立つような行為（希望するという行為），つまり，つねに顕現の領域へ向って勢力を伸ばして行き，ついにはその中に入って行くような心的かつ原因作用的な行為，を表しているのである[2]。

5 言語変革運動

「希望する」主体は個人を超えて、ホーピ族の共同体全体やさらには動植物や自然現象、そして神々や宇宙にまで敷衍される。したがって西欧近代的な「時間」概念はもはや存在しない。時間概念の相違にとどまらず、思考の形態そのものまで異なっていることが分かる。ここから、ウォーフの「言語が異なればその人間の認識世界（文化・社会）も異なってくる」という「サピア＝ウォーフの仮説」が導かれたのであった。

したがって、これらの言語相対仮説を敷衍すれば、人種差別や性差別意識（社会）の原因は言語にもあるということになり、とどのつまり、言語が変われば人間の意識も変容するということになる。したがってこの仮説は、差別ことばの撤廃運動を後押しするための有効な理論的根拠となった。

言語の変革が意識の変革につながり、そして社会を変革するという図式を描くこのような言語相対論は、じつはソシュールによる「言語学的転回」と称される思想パラダイムの大転換によってもたらされたといえる。そもそもこの「サピア＝ウォーフの仮説」自体、ソシュールの考えた言語の特徴の1つ、言語記号におけるシニフィアン（記号表現）とシニフィエ（記号内容）の結び付きは必然的ではなく、任意的、社会慣習的である、という認識が基盤になっていた。

「言語学的転回」以前の古典的な「言語＝名称目録」説では、実在するモノがまず先にあって、言葉はその対象を示すものとして事後的に生産されることになっていた。つまり、モノに対応して言語（名称）が張り付けられていると考えられた。そこから、言語は意思伝達の無色・中立的な道具である、とする「言語＝道具」説に結びついていった。

その素朴な実在論が、ソシュールによって覆された。命名するということは、すでに存在しているモノを名付けるのではなく、新たに存在させること、つまり、切れ目なく連続している森羅万象を、1つ1つ腑分けしてカテゴリー化して名前をつけることである。その場合クリアカットな事物が先にあるのではなく、AとBを線引きすることによって生じるBとの差異によってAの形が明らかにされ存在させられることになる。つまり、言語は名付ける道具ではなく、存在させる行為であると考えることが出来る。「言語＝行為」説の登場である。

たとえば，人類を二項対立的に截然と線引きして「男」と「女」という名称を貼りつけた場合，自然界においては二項対立的なカテゴリーは有り得ないためにどちらにも属さないグレイゾーンが必ず生じる。にもかかわらず，「男」と「女」は否応なく対立の構図を作り始める。「女」との差異によって「男」の内容が規定されてくるからである。本来なら曖昧なグラデーションに漂う性に過ぎなかったものが，「男」と命名されたことによって，「男でないもの」との境界を明確に設定され，屹立し始めるのである（もちろん生物学的に性を定めることが不可能な場合—半陰陽など—は，性の二項対立は行き場を失うことになる）。

つまり，「男」という実体が自然界に実在していたのではなく，「男」と命名することによって，同時発生的に「男でないもの」との差異が形成され，その関係性の網の目の中で「男」という概念が立ち上がってくるというわけである。言語は差異の体系である。同一性よりも差異がまず存在する。

このような実在論から関係論へ，同一性から差異へのパラダイムの変容は，ソシュールの「言語学的転回」と名付けられ，現代思想の新たな潮流を用意した。それによって言葉は，言語外的な指示対象物を鏡のように映したり伝達したりする道具である以上に，意味の産出を通じて現実を構成する当の実践そのものであるという側面が強調されるようになった。ここにおいて，「言語＝名称目録」説に取って代わる「言語＝行為」説が登場することになったのである。

3 性差別用語撤廃辞典の誕生（ランダムハウス英英辞典第2版）*1991年*

「言語＝行為」説は言語変革運動を先鋭化させ，ついには英語辞書の編集方針にも大改革をせまることになった。「性差別撤廃辞典」として大々的に売り出されたランダムハウス版『ウェブスター英英辞典』(*Random House Webster's College Dictionary*, 1991) の編集後記（Editor's Note）では，「性差別的なことばを避けるために」と題して，5項目にわたる変更主旨が丁寧に解説されている。要旨は以下の通り。

1) 総称の代名詞として man/men を使うのはやめよう。たとえば，単数の人間という意味では man の代わりに human being, human, person, individual などを，また複数の人類という意味では mankind, man の代わりに humankind, humanity, people, men and women などを使う。
2) 職業，地位，役割などには，どちらかの性に偏った名称の代わりに中性的な言葉を使うこと。たとえば，chairman⇒chair, chairperson ; anchorman⇒anchor ; businessman⇒businessperson, business executive, manager, business owner, retailer ; cameraman⇒camera operator, cinematographer（詳細は，連邦労働省発行の『職種名称辞典』を参照のこと）。
3) man and wife のように両性を併置する場合は，husband and wife のように同格の表記を心掛ける。また「ジョンソン大統領とメヤー夫人 President Johnson and Mrs. Meir」も同格表記にして「ジョンソン大統領とメヤー首相 President Johnson and Prime Minister Meir」とする。
4) 男女どちらかの性を，三人称単数の男性代名詞で代表することは避ける。たとえば「レポーターが取材する時，彼は責任を持って… When a reporter covers a controversial story, he has a responsibility to present both sides of the issue.」という文章の場合，
   a. 代名詞を複数化する。つまり単数の「彼」を使わずに複数の「彼ら」にすることによって，女性を排除しない表現にする：「レポーターたちが取材する時，彼らは責任を持って…，When reporters cover controversy stories, they have the responsibility…」
   b. 一人称か二人称の代名詞を使う：「レポーターとして取材する時，私たちは責任を持って…，As reporters covering controversial stories, we have a responsibility…」
   c. 三人称の one を使う：「As a reporter covering a controversial story, one has a responsibility…」
   d. 男性単数名詞と女性単数名詞を併記する。短縮して he/she, his/her, him/her, あるいは女性を先にして she/he にしたり，極端には s/he と表記する場合もある：「As a reporter covering a controversial story, he or

she has a responsibility...」

　e. 受動態にする：「When a controversial stories are covered, there is a responsibility...」

　f. 代名詞の使用を避ける：When covering a controversial story, a reporter has a responsibility...」

　g. 代名詞の代わりに名詞を使う：Reporters often cover controversial stories. In such cases the journalist has a responsibility...」

　h. 関係節を使う：「A reporter who covers a controversial story has a responsibility...」

5) 男女どちらかをステレオタイプにしたり，見下したり，優越感を持つような言語表現は使わない。

　a. 大人の女性をgirlと言ったり，女性を総称して「the distaff side」とか「the fair sex」，妻を「the little woman」，女学生を「a coed」，独身女性を「a bachelor girl/spinster/old maid」などと言うことは避ける。

　b. lawyers/doctors/farmers and their wives や a teacher and her students, a secretary and her boss などの慣用表現は，他方の性がその役割を担う可能性を奪ってしまう。男女どちらかを固有の役割や特性に結び付けることは避ける。たとえば以下のように言い換える。 lawyers and their spouses （あるいは families とか companions とか）, teachers and his or her students, a secretary and boss

　c. 「強さ strength」や「決断力 determination」を表すのに「男らしい manly/ masculine」を使ったり，「弱さ weakness」や「感受性 sensitivity」を表すのに「女らしい womanly/ feminine」を使うようなステレオタイプな表記は避けて，正確で豊かな表現を心掛ける。

4 「名付け」から「名乗り」へ：アイデンティティ・ポリティクス

　人文・社会科学上のパラダイム転換となったソシュールの「言語学的転回」を待つまでもなく，アメリカ先住民にとっても，言葉は，言語外的な指

示対象物を鏡のように映したり伝達したりする道具である以上に，意味の産出を通じて現実を構成する当の実践そのものであるという認識は深かった。

同化政策によって母語を奪われ，さらに「インディアン強制移住法」(1830年) や，「遺物法」(1906年)，「国家歴史保存法」(1966年)，「考古学的遺跡保護法」(1979年) などによって生身の身体や文化に「滅び行く民族」の烙印を押されている先住民にとっては，「敵のことばを作り変える」[3]ほどの勢いで臨んだ英語の変革は，それこそ存在を賭した，先住民としてのアイデンティティ・ポリティックスだった。

同化政策によって強制された英語を「敵の言語」と名指しながらも，あらかじめ母語を奪われた先住民にとっては，皮肉なことに，英語こそが母語に代わる唯一の言語であった。みずからの使用言語に対する疎外感は，フランス植民地時代のアルジェリアで同化教育を受けたジャック・デリダの言う「私は1つしか言語を持っていない，ところがそれは私のものではない」[4]と言う根源的な苦悩に通底するものがある。

固有化できず，所有できず，帰属できない言語へのこの疎外感があるからこそ，母語を剥奪されたマイノリティの側では，言語を相対化する関係論的な言語観が育まれてきたと言えよう。言葉はたんなるモノの名称ではなく実践であり，言葉を通さなければ何も知覚することはできないし，そもそも存在することすらおぼつかない。自らを存在させるために主流言語を転覆させる[5]。言葉の意味内容を変容させようという試みも，そこから出てくる。自然主義的な言語観では立ち行かないという危機感から生じた，やむにやまれぬ英語の変革運動だった。

1970年代に盛んに行われたエスニック・マイノリティの側からの〈名乗り〉も，その典型的な動きである。たとえば，マイケル・イエロー・バード[6]は，「インディアン」という，征服者の側からの「名付け」に対して，「先住民 (Indigenous Peoples)」という「名乗り」をすることを運動として展開した。また，黒人解放運動でも，「黒人 (black)」と言う名付けを変えて「アフリカ系アメリカ人 (African American)」と言う〈名乗り〉が現れた。やがてその他のエスニック・マイノリティも，「メキシコ系アメリカ人」とか，「アジア系アメリカ人」，「日系アメリカ人」などと，○○系という冠語

を付けた呼称を好むようになった。それはいわば，〈名付け〉から〈名乗り〉への転換，つまり，主体を取り戻す運動であったと言える。

しかし，〈名乗り〉による民族的な覚醒はある程度の成果はおさめたものの，依然として社会的な差別は残されている。名前を変えるだけでは社会的差別は解消されなかった。90年代に入ると，逆に，インディアンや，ニグロ／黒人という〈名付け〉に痕跡のように刻まれている抑圧の歴史を記憶にとどめるべきだという観点から，放擲したはずの名称を，再び纏うような動きも出てきた。現在のアメリカ合衆国国勢調査でも，「アメリカ・インディアン」や「黒人」と言う名称が復活している。

もちろん，これは歴史の逆行ではない。言語は無色透明で，自然で，中立的であり，いかなる権力にも汚染されていないという幻想を崩し，むしろ言語は多数派イデオロギーの手先であり，少数派には抑圧的に作用する，という認識を経た後に，言語における主体性をさらに取り戻す運動の中で，敢えて再び，抑圧の記憶を引き受ける覚悟のようなものが芽生えたものと考えられる。これはさらなる主体性の深まりといえよう。加えて，20世紀初頭から鎌首をもたげ始めていた「純粋な人種」という本質幻想に対して，懐疑を投げかけた多文化主義の展開も影響しているのだろう。

以上を要約すると，20世紀後半以降の社会変革は，言語や人種の本質主義に代わる構築主義の観点から，言語変革の運動が先鋭的に展開したと言えよう。

その後1990年代以降の言語変革運動は，賛否両論の渦巻くポリティカル・コレクトネス（political correctness）という標語のもとに米国政府の平等化推進策として次々と結実して行くことになる。このPC問題は，人種・民族だけではなく，性的志向・障害などの社会的マイノリティが可視化されることによって，多元文化主義的な観点から言語を非差別的なものにしようとする運動として現在まで続いている。が，これはまた別の機会に論じたい。

注

(1) 秋葉かつえ，れいのるず「言語変革と社会変革」『きっと変えられる性差別用語』三省堂，1996年，p.169。

（2） Benjamin Lee Whorf（原著）池上　嘉彦（翻訳）『言語・思考・現実』講談社学術文庫，1993年，p.22。
（3） アメリカ・インディアンの女性詩人ジョイ・ハーヨウとグロリア・バードは，コロンブス侵略500年祭への抗議として『敵の言葉を創りかえる』(*Reinventing the Enemy's Language*, Norton, 1997) を出版，その序文で「征服者の言語を徹底的に創り直し，着々と脱植民地化のプロセスをたどっている被征服者のイメージを，その言語に鏡のように反映させて征服者に反射させて見せれば…」(p.22) と解説している。
（4） ジャック・デリダ『たった一つの，私のものではない言葉——他者の単一言語使用』守中高明訳，岩波書店，2001年，p.4。
（5） 勝方＝稲福　恵子「アメリカ・インディアン文学のジェンダー／エスニシティ」『ジェンダーとアメリカ文学』勁草書房，2002年，p.100。
（6） Yellow Bird, Michael "What We Want to Be Called : Indigenous Peoples' Perspectives on Racial and Ethnic Identity Labels," *American Indian Quarterly*, vol. 23-2, 1999, pp.1-21.

6　アメリカ化するメキシコにおける英語教育

畑　惠子

1　はじめに

¿ Habla inglés？「英語は話せますか？」。メキシコで道を尋ねたり，タクシーの中や居合わせた人とちょっとした話をしているときに，こちらがスペイン語を話しているにもかかわらず，唐突に問われることがある。「ええ，少し」と答えても，会話が英語に変わることはなく，相手はスペイン語で話し続ける。何のために質問したのだろうか，と首を傾げざるをえない。

いずれにしても，メキシコ人は英語に複雑な思いをもっているようだ。観光地や大学などを除いて英語が通じないし，世界中から観光客が訪れる博物館や遺跡などにもほとんど英語の説明がない。ラテンアメリカのスペイン語圏の大半がそうなので，メキシコだけが特別というわけではないが，アメリカ合衆国（以下，米国と表記）との地理的近さ，関係の緊密さ，日常生活のアメリカ化を考えると，これは不思議なことである。だが他方で，ミティン（ミーティング），チャンセ（チャンス），チェカール（チェックする）といった英語からの派生語がスペイン語化して，日常的に使われているのも現実である。

メキシコ人にとって英語とはなによりもまず「北の巨人」米国の言語であろう。独立後のメキシコの歴史は米国の侵略・干渉との闘いであったといってよい。そして反米主義を根幹とするナショナリズムが形成された。だが，それは米国に対する劣等感の裏返しであり，米国に対する抑えがたい憧憬と

強い憎悪という相反性が，メキシコの対米感情を形成してきた。英語に対しても同じような感情があるのではないか。この章ではまず，米国の関係を概観することから始めよう。

　ところが近年，メキシコ経済のグローバル化や米国との関係の緊密化（一体化）にともない，英語が必要であるとの認識が強まり，英語教育が重視されているようだ。後半では，公教育の変革を中心に英語を取り巻く環境の変化を考えてみたい。だが，留意すべきはメキシコが厳格な階級社会であり，生活も意識も，受けることができる教育も，階級によってまったく異なっていることである。この点については，断片的ではあるが，現地で見聞したことを交えながら，英語教育の現状と英語に対する認識などを紹介することにしよう。

2　北の巨人の脅威

　19世紀初頭に独立したラテンアメリカ諸国にとって，米国が当初から脅威であったわけでない。植民地であった過去を持ちながら発展を遂げる米国は模範であり，ラテンアメリカ諸国は憲法制定時に米国のそれに倣ったといわれる。しかし，米国に対する畏敬の念は警戒心へと変っていった。たとえば，南米独立の指導者シモン・ボリーバルは，1814年に米国が出したモンロードクトリンに中南米諸国に対する侵略主義が隠されていることを，早くから疑っていた人物として知られている。

　こうしたボリーバルの懸念が現実になったのは，まずメキシコにおいてである。当時，メキシコ領であったテハス（テキサス）は人口が希薄で，統治が行き届かない地域であった。1820年代末，メキシコ政府がこの地への米国人入植を認めたところ，その人口は増加の一途を辿った。その後，独立の動きが盛んになり，メキシコと戦闘を繰り返しながら，1836年にテキサス連邦として独立し，1845年末に米国への併合を宣言したのである。メキシコは米国に宣戦布告し，2年にわたる戦争が始まった。しかし，メキシコは首都まで米国に占領されて，この戦争に敗れた。そして1848年の条約でテキサスだけでなくカリフォルニア，アリゾナなど領土の半分を米国に譲渡し

たのである。
　この戦争によってメキシコの反米感情は決定的なものとなった。それを象徴するのがメキシコ国歌である。「メキシコの国民よ，戦いの雄叫に剣と馬を用意せよ。大砲の轟で大地の中心を揺らせ。・・・もし外敵が攻め込み，その足で土地が汚されたら，愛する祖国よ！，主がその息子一人一人の中に戦士をつくり給うたことを思い起こせ・・・」この勇壮な歌詞は戦争に敗れ，国土を失い，絶望と自信喪失に打ちひしがれた国民を鼓舞し，外国の侵略から祖国を守ることを強く訴えている。公募作品から選ばれたこの国歌は1854年9月15日の独立記念日に初演されて以来，今日まで歌いつがれている。現在も小中学校では月曜の朝，国旗掲揚とともに子供たちが胸に手を当てて斉唱する。
　だが，米国の脅威はそれだけにとどまらなかった。「憐れなメキシコよ，かくも米国に近く，かくも神から遠いとは」と嘆いたのは，19世紀末から20世紀の初頭に君臨したメキシコの独裁者ポルフィリオ・ディアスである。ポルフィリアートと呼ばれるその時代は，メキシコの近代化の始動期でもある。外国資本によって海外市場が必要とする一次産品生産が進んだ。それは米国へと続く鉄道や大西洋岸の港湾をとおして運び出され，主要な鉱山や大農場は外国人の所有するところとなった。メキシコは目覚しい経済発展を遂げたが，一方でより自由な経済活動とディアス政権の退陣を求める中間階級の声が，他方で土地を奪われた農民や厳しい条件の下にあった労働者から，社会正義の実現を求める声が強まった。そして1910年に革命の火蓋が切られたのである。
　メキシコ革命およびその後の体制を貫くのは強固な民族主義であった。革命動乱期に米国はベラクルス港占拠，北部国境侵犯といった実力行使から外交的な手法まで，さまざまな形で干渉を続けた。革命動乱の終結以降，あからさまな干渉は減り，第二次世界大戦期には協力関係が強まった。とりわけメキシコ経済は米国への依存を強めた。だが，60年代，70年代のメキシコでは経済関係をも含めて対米依存からの脱却が模索され，外交においても独自路線が追求された。それは，キューバ革命のあと米国がキューバとの断交に踏み切ると，他のラテンアメリカ諸国がそれに追随したにもかかわらず，

メキシコだけはキューバとの外交関係を維持し続けたことや，第三世界外交を展開し，国連を舞台に南の利益を代弁する「新国際経済秩序」樹立に貢献したことにも示される。

3　豊かな北への憧憬

このように，メキシコは米国からの自立を軸にさまざまな政策を展開してきたが，現実には両国間には大きな人の交流があり，それにともないメキシコのアメリカ化，米国のメキシコ化とも呼べる変化が生じた。1942〜64年には，米国の労働力不足を補うためのブラセーロ協定によって，合法的に500万人のメキシコ人が季節労働者として米国に働きに出かけた。その後も，合法・違法の人口流入が続き，カリフォルニア州，テキサス州などでは都市部にバリオと呼ばれるコミュニティが形成され，今日，両州では住民の3人に1人がラティーノ（中南米系住民）で，その大半はメキシコ系である。米国全体でもラティーノ人口は4300万人に達し，アフリカ系を抜いて最大の民族集団となり，その67%をメキシコ系が占める[1]。

近年，農産物輸入の自由化によってメキシコの農村は危機に瀕し，零細農民にとって，もはや出稼ぎしか生存のために取るべき手段は残されていないといわれる。そして多くが非合法に北の国境を越える。米国はメキシコ人にとって，ゆとりをもって生きることを可能にする土地，豊かさを夢見る土地となっているのである。80年代初頭に，中央部ミチョアカン州（米国への出稼ぎが多いことで知られている）の先住民集落の祭りに出かけたとき，米国での出稼ぎで得たお金を祭りに提供した，という話しを本人から聞いた。彼はいくつかの英語の単語を自慢げに話したが，よく聞き取れない発音で，片言の英語も話せないのは明らかだった。だが，米国の西南部諸州ではスペイン語だけで不自由なく生活していけるので，彼が英語を話せなくて当然であろう。また，数年前にはメキシコの地方都市で菓子を売り歩いている小学校低学年の少年に会った。彼は新しい自転車に乗っており，身なりもこぎれいで，さほど貧しいようには見えなかった。将来の夢について尋ねると，「米国に働きに行きたい。お兄さんも行っている」とのことだった。メキシコ人

にとって米国までの心理的距離はさほど遠くないのである。

コーラ，ハンバーガー，ハリウッド映画やテレビ番組などをとおしても，メキシコ国民にとって米国は最も近い国である。メキシコの1人当りのコーラ消費量は世界一であり，フォックス前大統領（任期2000-06年）は，メキシコ・コカコーラ社社長として消費拡大に実績をあげた人物である。街中では人々が大きなコーラのペットボトルを水の代りに持ち歩き，食事やパーティでは必ず供される。グアテマラ国境に近いチアパス州の先住民の村では，宗教儀礼にコーラは不可欠な品物となっているという[2]。都市であれば，マクドナルドやケンタッキーといった日本でもおなじみのチェーン店はいたるところにある。数年前からスターバックスの進出も目覚しく，メキシコの伝統的カフェを愛する友人たちを嘆かせている。また，クリスマスにはキリスト降誕の人形ではなくツリー飾りが一般的になり，もっともメキシコらしい死者の日の祝日[3]（11月2日）には，とうとうハロウィンのかぼちゃや魔女の衣装までもが登場するようになった。

このように米国文化はさまざまな形で浸透している。とはいえ，メキシコ人の米国に対する警戒心，反感は薄れてはいない。現在もメキシコ人の対米感情はこの二つの狭間で揺れ動いている。そしてこのような相反性が，最初に述べたような「自分には理解できないけれども，相手が英語を理解できるかどうかは気になる」という複雑な思いを助長してきたのではないか。もちろん，低開発の下で十分な教育機会がなければ，国民の大半が英語と無縁であったとしても当然であろう。また，メキシコ国内ではもちろんのこと，米国に出稼ぎに行くとしても，スペイン語だけで十分に生活していけるのであれば，別に英語を学ぶ必要などありはしない。しかし，英語に対する姿勢には，国民の対米感情に通底するものがあるように思われる。

1980年代後半からの経済の自由化，1994年の北米自由貿易協定締結は，否応なしにメキシコをグローバル化のなかに巻き込み，米国経済との一体化を強めている。そのようななかにあって，政府も英語教育を見直し，人々の間でもかつてないほどに英語に対する関心が高じているようだ。しばらく前のことであるが，メキシコの二言語教育についてインターネットで検索をした。私が知りたかったのは先住民を対象とする彼らの母語とスペイン語の教

育のあり方であり，それが長年メキシコとつきあってきた私にとっての二言語教育であった。ところが，画面にずらりと現れたのは英語とスペイン語の二言語教育の広告であった。近年，英語教育をとりまく環境は大きく変わってきたようだ。その実態を検討することにしよう。

4 教育の普及

メキシコで公的教育が本格的に始まったのは，1921年に公教育省（SEP）が設置されてからのことである。その使命は，19世紀後半の自由主義の伝統を基盤にメキシコ革命の新たな理念をまとった1917年憲法に謳われた教育の権利を実現することにあった。しかし，憲法には公教育からの教会権力の排除，いわゆる世俗化が明記されたため，カトリック勢力と政府の対立が続き，近代的な公教育制度（義務，無償，世俗化）が実施されるのは1930年代のことであった。そして1940年に初等教育就学率が58.6％となった[4]。メキシコでいつ義務教育が始まったのかは明確ではないが，おそらくこの頃であろうと推測される。ただし，農村部では6学年を備えた学校は少なく，また農村・都市を問わず中途退学者が多かった。しかし1950年代後半以降，公教育予算が伸張し，中等・高等教育も徐々に大衆化し，1993年には中学（3年間）も義務教育となった。表に示されるように，2005年には小学校学齢期人口の96％が，中学校学齢期人口の82.5％が就学している。また，15歳以上の人口の識字率も1940年の46.0％から，70年74.2％，90年87.4％，2005年91.6％と上昇している[5]。

公教育省によれば，中等教育の義務化は，統合的かつ競争的な世界経済で

	6～12歳	13～15歳	16～19歳	20～24歳
1970	65.7	52.6	23.1	9.5
1990	89.0	69.3	37.5	15.8
2000	93.8	76.6	41.4	17.7
2005	96.1	82.5	47.8	20.8

（出所）INEGI, porcentaje de población…
表　年齢別の就学率（％）

不可欠となる高い生産性と柔軟な組織形態に向けての変革と近代化過程の一環として実施された。一般的に，公教育制度の発展は国家が必要とする労働力育成と深く関わっているが，メキシコの1993年の改革も経済を自由化し，国際競争力を高めるという新たな課題に対応したものである。そしてこの教育改革にともない，中等教育3年間をとおして各学年週3時間の外国語教育（英語かフランス語を選択するが大半が英語を履修）が必修化された。週5時間必修のスペイン語および数学に比べれば，外国語教育の位置づけは低いが，週35時間中の3時間，しかも3年間をとおしての履修は，技術教育と並んで重要度第2位の科目群に属している。外国語教育の必修化について，SEPは「変化と進歩が著しい世界において，母語だけでなく外国語でのコミュニケーション能力の修得は必要であり，それをとおして知識を得ること，表現することが可能となる」と述べている[6]。

　もちろん，義務教育化以前から中学では英語を中心とする外国語教育が行われていた。私が話しを聞いた最高年齢者は84歳の元大学教授であったが，彼の学生時代も現在と同様に，中学，高校でそれぞれ3年間，英語を学び，大学で英語とその他の外国語を履修していたとのことであった。だが，1993年までは中間層以上の人々だけに限られていた英語教育が，すべての若い世代にとって必ず学習せねばならない外国語となったという変化は大きい。

5　英語教育の実態と人々の意識

　では現在，メキシコ人たちが英語の重要性をどのように認識し，どのような教育をしているのか。2007年夏に行った簡単な調査にもとづいて紹介してみよう。メキシコは「多くのメキシコ」（many Mexicos）と称されるように，地域，階級，民族集団などによってその生活様式，価値観などに大きな違いが見られる。ここで紹介するのは，極限られた事例にすぎないが，地域，階層を越えて，また教える側，学習する側という立場を越えて，英語教育の必要性が強く認識されているように思われる。

6 アメリカ化するメキシコにおける英語教育

〈メキシコシティ〉

　メキシコシティの中間層では子どもを私立の学校に通わせる傾向がある。公立学校は教育の質がよくないからである。また，公立では教員労組が強いことから，組合活動で授業が犠牲になることも多い。先に紹介した84歳の男性には40〜50代の子どもが4人いる。彼らは全員，小学校から大学まで公立学校で教育を受けた。だが，中学時代には近所の英語教室に通い，高校時代には大学付属の外国語センターで第2外国語を学んだ。大学卒業後，2人はポーランド，米国の大学院を修了している。しかし，その次の孫の世代になると私立学校を選択している。末娘（高校教師）は2人の子どもたちを英語が学べる私立の幼稚園，小学校に通わせている。そこでは1日1時間が英語に当てられている。ただし英語の教師はメキシコ人である。公立の小学校よりも授業時間が1日1時間長く，英語の他にコンピューター，様々な情操教育（チェス，ダンスなど）も行われているので，授業料は高いが，今の学校には満足しているという。彼女によれば，友人の多くも同じ理由で子どもたちを私立学校に通わせている。ただし，メキシコの教育で一番問題があるのは小学校であり，彼女自身は中学からは公立でもよいと考えていると語った。英語の必要性については，様々な情報が英語で書かれていること，米国在住の夫の兄の家族を訪問した時にコミュニケーションをとれるようにすることを，理由にあげた。

　別の知人（企業勤務）は子どもを小学校から高校まで一貫の英国系の学校に通わせている。授業はイギリス人教師によってすべて英語で行われ，卒業後は国際検定資格を取得し，海外の大学（主に英国）に進学することになる。生徒の国籍は多様だがメキシコ人も多い。希望者のみスペイン語科目の履修も可能だが，履修者は30人クラスで5人ほどである。彼は2人の息子に対して「高校まではできる限りの教育を与えるが，後は自分で切り拓いてもらいたい。英国の大学に進学するときには奨学金でいくことになるだろう」と述べた。授業料は最初に紹介した事例の2倍以上で，日本にある同じ系列校と同額。中間層の上位以上でないと負担できない金額である。しかし，英系，米系のこの種の学校に子どもを通わせる家庭は増えているようだ。他の知人からも親戚の子どもがこのような学校に通い，高校生で英語の

小説を書いている，との話しを聞いた。

　以上のように，メキシコシティでは中間層を中心に子どもの英語教育を重視する両親が多いだけでなく，ベルリッツ等，民間の英会話学校，大学付設の語学センターに通って，あるいはインターネットで自宅において，キャリアアップのために英語を学ぶ人々も増えているようである。テレビでもスピードラーニングのコマーシャルが流れているらしい。また大学によってはTOEFLのスコアを求められることもあるようだ。

〈モレーロス州テポストラン〉

　メキシコシティから高速道路で1時間半の距離にあるテポストランは，人口2万3000人の静かな町である。周辺には先住民の村も多く，米国の文化人類学者たちが調査を行った地としても知られている。しかし，風光明媚で気候もよいことから，欧米人や自由業のメキシコ人が多く移り住んでいる。この町には公立の小中高校があるが，一部の親は州都クエルナバカの私立学校に子どもたちを通わせ，自動車で30分の道のりを交代で送迎している。この町にも個人が経営する英会話教室があり，知人宅の家事労働をしている先住民女性の子どももアメリカ人の教室に行っているとのことであった。日本とちがって，メキシコの中間層以上の家庭では，掃除洗濯などは基本的に住み込み，あるいは通いの女性たちの仕事であり，彼女たちは下層に属する。以前は「お手伝いの子どもはお手伝い」などといわれたものだ。だが，現在ではその子どもたちのなかにも英会話教室に通うものがいるのである。

〈イダルゴ州ウエフートラ〉

　メキシコシティから東へ350キロ，山道を7時間走ったところに位置する山間の町である。人口は10万人。ウアステカと呼ばれる三つの州にまたがる先住民文化の色濃い地域の中心都市だが，都市のイメージからは程遠い。1950年代にメキシコシティから大西洋岸のタンピコを結ぶ幹線道路が完成するまで，交通の便の悪い閉鎖的な社会であった。今なおその道路は州都パチューカからウエフートラまでは断崖を通る九十九折の山道で，その先は平坦とはいえ十分に整備されてはいない。また，バイオリニスト黒沼ユリ子氏

6 アメリカ化するメキシコにおける英語教育

が人類学者である元夫の仕事で滞在し、その体験を『メキシコからの手紙』にまとめた土地でもある。メキシコシティはもちろん、テポストランと比べても外国の影響がほとんど感じられず、町では先住民女性がいまだに裸足で歩いている姿を見かける。

だが、ここにも6年前に初めて2年制のイダルゴ州ウワステカ工科短大が、4年前にイダルゴ州自治大学ウエフートラ校（4年制）ができ、現在はこの2校の他にも大学があるという。今回はこの2校を訪れ、英語教員にインタビューすることができた。どちらの教員からも、この地域では教育レベルが低く、英語に関しても中学・高校で一貫して教えられていないため、大学で基礎から始めなければならないとの指摘があった。テキストはイギリスで出版されたものを使用しているが、内容は日本の中・高校レベルであるように思われた。メキシコシティでも中高大を問わず、公立学校での英語教育に対する不満を頻繁に耳にした。だが、この地域では学校教育だけでなく両親の姿勢が問題であるという。すなわち、彼らの多くはほとんど教育を受けておらず、なかにはスペイン語の読み書きさえも十分にできない者がおり、教育の重要性を認識していないというのである。両校ともに社会経済的には下層の学生が多く（先住民集落の出身者も含む）、80〜90％の学生がさまざまな奨学金や物質的支援を受けている。経済的に余裕がある家庭では、地元ではなく大都市の高校や大学に進学させるのが一般的なのである。

また、外国に対する関心は薄く、米国文化との接触度や浸透度は低い。もちろんコーラは日常的な飲料であるし、ハリウッド映画もテレビ番組も見られるが、「メキシコシティやパチューカの青年たちとはちがって、米国のポップス歌手よりもメキシコ人歌手が圧倒的な人気を集める、そんな土地柄である」と1人の教師は語った。

このような環境では学生たちのモティベーションは限られることになろうが、教員たちは熱心にさまざまな試みを実践していた。工科短大では2年間をとおして週4時間、自治大学では3年間週3〜5時間の履修が必修である。教員は全員メキシコ人であるが、両校ともに授業はすべて英語で行われている。工科短大では能力別にクラスを編成し、できないクラスでは毎日1時間、4ヶ月の補習を実施し、この時間だけはスペイン語で説明を行い、効

果をあげているという。自治大学でも教授法を変えたばかりで，教員は週末を利用してバスで4, 5時間かかるパチューカにある大学本部に赴き，150時間のコースを修了せねばならない。大学をあげて英語教育の改善に努めている姿勢が印象的であった。英語の必要性については，卒業生の大半がパチューカ，メキシコシティ，北部のモンテレイなどで就職することになるので，よりよい雇用機会を得るために不可欠であるとの返答があった。

6 むすびにかえて

　以上，述べてきたように，メキシコでは英語への関心が高まり，英語教育への取り組みが熱心に行われるようになっている。その一つの要因は経済のグローバル化に対応するための1993年の中等教育の義務化と，それにともなう英語の必修化にあるが，社会が豊かになり，前掲表にも示されるように，高校や大学への進学が拡大しつつあることが，全体的な背景として指摘できよう。そしてそれは地域，階層を越えた趨勢でもある。

　とはいえ，受けられる教育の質には大きな格差がある。数年前に，メキシコシティのある大学で国際関係コースの学部生の公開ゼミナールを見学したことがある。そこでは米国から招かれた大学教授を相手に，学生たちが流暢な英語で活発に議論を展開していた。このコースの卒業生は内外の大学院に進学し外交官になるものが多い。このようなエリート教育とウエフートラで見た授業風景とは雲泥の差がある。しかし後者の教員の努力，熱意には感動するものがあった。質，レベルに問題があっても，それまで高等教育を受けられなかった若者たちが地元でその機会を得られるのは素晴らしいことであるし，英語を学ぶことによって彼らの世界が広がることにもなろう。

　だが，米国への一極集中，アメリカ化が国際的に強まっているからこそ，英語万能主義に陥ることは戒めねばならない。英語をとおして米国を理解し，理解の不足から生じる偏狭さは捨て去るべきではあるが，それがメキシコの文化，伝統，スペイン語の軽視へと向かってはならない。これに関して，中等義務教育で外国語が週3時間であるのに対し，スペイン語が週5時間確保されている点は評価できよう。メキシコ人は米国への反感と憧憬の間

を揺れ動いてきた。英語やアメリカ化の影響が浸透するなかで，メキシコの対米感情がどのように変化していくのかは興味深いところであり，これからも見守っていきたいと思う。

注

(1) 牛田千鶴,「米国最大のエスニック・マイノリティ集団」, pp.102-104, 106-107。
(2) 詳しくは，R・ポサス，清水透『コーラを聖なる水に変えた人々』を参照されたい。
(3) 死者の日とは，年に一度もどってくる家族の霊を家に迎え入れ，歓待し，ともに過ごす日であり，髑髏の形をした砂糖菓子，マリーゴールドの花，ロウソク，切り絵などが伝統的な飾りつけである。
(4) 米村明夫,『メキシコの教育発展』, pp.38-42。
(5) INEGIのホームページを参照。
(6) SEPのホームページを参照。

参考文献

国本伊代・畑恵子・細野昭雄,『概説メキシコ史』 有斐閣, 1984年。
黒沼ユリ子,『メキシコからの手紙』 岩波書店, 1980年。
ポサス, リカルド, 清水透,『コーラを聖なる水に変えた人々』 現代企画室, 1986年。
牛田千鶴,「米国最大のエスニック・マイノリティ集団 "ラティーノ"」(二村久則他編『地球時代の南北アメリカと日本』 ミネルヴァ書房, 2006年)
米村明夫,『メキシコの教育発展』アジア経済研究所, 1985年。
INEGI (Instituto Nacional de Estadística, Geografía e Informática) "Porcentaje de población de 5 y más años que asiste a la escuela por grupos de edad y sexo, 1970 a 2005", "alfabetas-porcentaje-1895 a 2005 nacional" http : //www.inegi.gob.mx (2007年8月20日閲覧)
SEP (Secretaría de Educación Pública), " Educación básica secundaria" http : //www.sep.gob.mx (2007年8月20日閲覧)

7　フランスの言語政策と「英語熱」

大　場　静　枝

1　はじめに

　フランスの言語学者クロード・アジェージュは,「世界の言語にのしかかる死の脅威は英語とともにやってくる」[1]と言っている。確かに,英語はもはや英語圏だけのものではなく,その広がりは全世界に及び,脅威を覚えさせるほどである。今では,アジアにはいわゆる「アジア英語」があり,ヨーロッパ大陸にも「ユーロ・イングリッシュ」と呼ばれる「英語」が存在している。なるほどアジェージュも認めているように,「英語は近代性を備えた美しい言語であり,全世界の若者の心をとりこにしている」[2]ことばである。だが,それ故にこそ,英語が世界の言語に与える影響は計り知れない。英語のヘゲモニーは,今や既成事実だと言っても過言ではないのである。こうした驚異的な英語優位の流れの中で,かつてヨーロッパの共通語であったフランス語は,今,どのような状況にあるのだろうか。英語の脅威を前に,フランス人はどのような態度をとっているのだろうか。
　本論では,フランスにおける英語の普及の現状とその言語政策を通して,フランスにおける英語について考えてみたいと思う。ここで英語と並び国際語であるフランス語の現状と,英語のヘゲモニーを前にしたフランス及びフランス人の態度の一端を紹介することは,決して無意味なことではないだろう。現存する言語の数は6000とも7000とも言われているが,今後,100年後も生き残ることができる言語は,そのうちのわずか500ほどの優位言語に

限られるだろうと予測されている。しかし,そうした優位言語の中でも,今や「勝ち組み」と「負け組み」に分かれつつある。「負け組み」に入ることを潔しとしない言語の筆頭がフランス語であれば,そのフランスの言語政策を知ることは我が国の言語政策にとっても有意なことであると考えられるからである。

2 国際舞台でのフランス語の衰退と英語の台頭

　フランス語は英語と同様に国際語である。英語がイギリスやアメリカ,カナダやオーストラリア以外の国でも国語あるいは公用語として使われているように,また第2言語として多くの国で話されているように,フランス語もまたフランス以外の地域で母語として,公用語あるいは準公用語として日常的に用いられていることばである。フランス外務省のデータに拠ると,現在のフランス語の話者人口(母語話者及び第2言語話者の人口)は約1億6900万人である。そして,その分布は5大陸34カ国に及ぶ。さらに,日常的には使わないが,必要があればフランス語を話せるという人々を含めると,2億5000万人以上になると言われている。
　しかし,フランス語は話者人口の上では決して多いとは言えない。英語圏の話者人口を見てみると,英語を第1言語としている人の数は3億4000万人であるが,第2言語話者は6億人以上いると言われている。合わせると英語の話者人口は約10億人になる。また必要があれば英語を話せるという人々を含めると,4人に1人,つまり16億人以上の人が英語を話せるだろうとも言われている。
　このようにフランス語は,話者人口の上では英語に大きく水をあけられているが,それよりも憂慮すべきことは,フランス語を第1外国語として学習する人口が徐々に減ってきていることである。昔はイタリアやスペインを旅しても,フランス語が分かれば,ことばで不自由な思いをすることはなかった。今では,若者の多くがフランス語よりも英語を流暢に操る。また,ラテン系言語を国語としているルーマニアでもフランス語よりも英語の方がはるかに良く通じる。こうした現象は,かつてフランスの植民地であったインド

シナ半島でも見られるという。若者の間ではフランス語よりも英語の習得を優先させる傾向があると聞く。

とは言え,フランス語は依然として国際語の一つである。その証拠に国連を始めとして,欧州連合(EU),欧州評議会,OECD,UNESCO,NATO,IOC,インターポールなど多くの国際機関の公用語である。わけても欧州司法裁判所では,判決文はフランス語で起案された後,各言語に翻訳される。そして何よりも,こうした国際機関で作業言語として使われていることが,フランス語が英語と並び国際共通語の一つであることの証だろう。しかしここでもまた,フランス語の地位は英語に脅かされている。

フランス文化省の「フランス語とフランスの諸語総局」は,2002年に公表した「EUの国際組織におけるフランス語」[3]と題する報告で,「たとえフランス語が司法の領域ではまだ優位言語であるにせよ,(中略)EUの業務に従事する非フランス語話者にとって,今や英語が主要な作業言語となっている。それどころか唯一の作業言語と見做されている」と述べている。そうした人々の意識を裏づけるのが,国際機関におけるフランス語の使用比率の低下である。

1995年以来,EUの閣僚理事会においても欧州委員会においても,フランス語の使用比率は低下し続けている。1997年,閣僚理事会の原文の比率はフランス語が42%,英語が41%とほぼ半々であったが,2002年の時点では英語が59%,フランス語はわずかに28%になってしまった。欧州委員会でも,このフランス語の衰退ぶりは変わらない。1997年の原文比率は,英語が45.3%,フランス語が40.4%であった。それが2001年には,英語が57%と飛躍的に増加し,その反面フランス語が30%にまで落ち込んだ。フランス語は今や国際舞台においても,英語によって徐々に取って代わられようとしているのである。

3 フランス国内の英語話者人口

では,このような危機的な状況にあって,フランス人は英語をどのような言語として捉えているのだろうか。一昔前までは,フランスを旅行しても英

語が全く通じないとか，フランス人は英語が話せないということがよく話題に上った。あるいは，フランス人は英語を聞くとつむじを曲げて，知っていても絶対に英語を使おうとしないというようなフランス人の英語嫌いにまつわる逸話もしばしば耳にした。

　実際のところはどうだったのだろうか。クロード・アジェージュは自著の中で，1991年の時点で英語を話すことができるフランス人は31%であるとの調査報告を伝えている。また，2001年2月に公表されたEU加盟国の英語レベルに関する調査[4]では，「英語が話せる」と答えたフランス人の36%が自身の英語レベルを「良い（good）」[5]と評価している。同時に，フランス人の15歳～25歳までの2人に1人，26歳～44歳までの3人に1人が英語を話せるという報告もなされた。こうした調査結果を見る限り，フランス人は必ずしも英語が嫌いなわけでも苦手なわけでもなかったようである。

　かつてフランス人が英語嫌いだとか，英語音痴だとか言われていたのが嘘のように，今ではフランスを旅行しても英語が通じなくて困るということはほとんどない。ホテルや観光名所では間違いなく英語が通じる。というのも観光産業に従事する者にとって，英語は必須言語となっているからである。観光産業ばかりか，近年ではフランス企業の多くが社内の言語を英語化しているという報告もなされている。フランスに進出している外資系企業の共通語が英語になっているという以外に，フランスの国際企業の中にも，英語を社内公用語にしようとする会社があり，その数は決して少なくないと言われている。

　イヴ・モントネーに拠れば，ルノーと日産の「アライアンス」は全て英語で運営・統括されており，社員は一定のToeicスコアを要求されるという。フランスの石油会社Totalでは，社内文書は全て英仏両言語で作成される。またフランスのセメント会社Lafargeでは，現地と本社のコミュニケーションを全て英語で行っている。さらに，AGFやAlcatel，Aventisなど外国企業と資本提携や業務提携している企業のみならず，今ではAxa，Danon，Thompsonなど100%フランス資本の企業でも企業内言語の英語化が進んでいるという。

　パリ商工会議所に属し，訓練・雇用・職業に関わる様々な調査を行う組織

である Observatoire de la Formation, de l'Emploi et des Métiers (OFEM) が2003年9月に実施した「国際取引を行っているフランス企業における言語使用状況」の調査報告[6]を見てみると，調査対象企業の7％が社内語の「英語一本化」を容認し，9％の企業が「英仏両言語化」の必要性を認識しているとの報告がなされている。また，「英語を使用することは，競争上，大きなメリットがある」と答えた企業は51％にも上る。というのも，89％の企業にとって，フランス語圏以外の顧客が話す主要言語が英語だからだというのである。それ故にこそ，63％の企業が社内共通語をフランス語から英語に代えることにより，商取引がいっそう促進されるだろうとも答えている。

クロード・アジェージュが伝えるところに拠ると，フランス企業の経営者の中には「我が社の求人で，英語のできない応募者に会う気にはなれない」とはっきりと言う者もいるという。このように多くの企業が英語重視の姿勢を鮮明に打ち出しているためか，フランスの英語話者人口は増加の一途を辿っている。特に教育機関における英語の優位は，決定的であると言っても過言ではない。

4 フランスにおける言語教育事情

次に，フランスの外国語教育の実態を紹介しよう。フランスではすでに早期外国語教育が導入されている。日本では，小学校への英語教育の導入について議論が紛糾しているが，フランスでは1989年から外国語の入門教育が実施されている。まず，フランスの教育制度について簡単に触れておこう。フランスでは，小学校は5年制で，これが初等教育と呼ばれている。中等教育は4年制の中学校及び3年制の高等学校で構成され，高等教育は大学以上の教育を指している。

1989年に，試験的にではあるが，小学校の最終学年（CM 2 : 中級課程第2年次）を対象に週90分のカリキュラムで現代語（外国語）の教育が開始された。その後，授業時間数を拡大したり，開始学年を低学年化させたりするなど，さまざまな改定と整備が行われ，1995年に本格的な早期外国語教育がスタートした。現在は，2007年4月12日付けの官報で公示された新カリキ

ュラムが適用されており，小学校の 2 年生（CE 1：初級課程第 1 年次）から，週 90 分の外国語の授業が行われている。

　現行の早期外国語教育の特徴は，学習言語を特定の言語に限定せず，複数の言語からの選択制にしていることである。選択の幅は，原則的には中学校で提供する言語数に対応すると定められているため，かなり広いと言えるだろう。現在，ドイツ語，英語，アラビア語，中国語，スペイン語，イタリア語，ポルトガル語，ロシア語の 8 言語がある。

　日本で主に危惧されている，早期外国語教育による国語教育への悪影響については，当初は盛んに議論されていたようだが，今ではそれほど話題に上らなくなっている。というのも実際のところ，小学校で行われているのは，中学校で本格的に学習する外国語への入門教育にとどまっているからである。その実体は，異言語に親しませ，母語以外の言葉を発話する喜びを養い，学習意欲を引き出し，異言語の接触により異文化を理解し，それによって同時に母語の理解を深めるという考えに基づいた教育だからである。

　フランスは欧州評議会や EU の提唱する複言語教育を採用しているが，この複言語教育は中学校から本格化する。中学生になると，1 年次から必修科目として第 1 現代語（選択肢は外国語のみ）を選択履修する。原則として，小学校時代に選択した言語と同じ言語を選択することになる。外国語の選択肢は，小学校時の選択肢に現代ヘブライ語，日本語，オランダ語，ポーランド語，トルコ語を加えた 13 言語となっている。3 年次になると，さらに第 2 現代語（選択肢には外国語及び地域語がある）が選択必修となる。第 2 現代語では，地域語を学習することもできるので，前述の外国語の選択肢に 11 の地域語が加えられる。さらに，自由選択科目として第 3 現代語（選択肢には外国語及び地域語がある）を履修することも可能である。第 1 現代語，第 2 現代語共に週 3 時間ないし 4 時間のカリキュラムである。

　高等学校の場合は，大学進学を目指す普通科の高校と職業教育を行う職業高校によって，外国語教育のカリキュラムが異なっているので，ここでは普通科の高校にのみ言及する。中学校と同様，第 1 現代語，第 2 現代語共に必修科目である。従って，文系，経済社会系のみならず，理系の生徒も 2 言語を学習しなければならない。技術系の一部のコースのみ第 2 現代語を自由選

択とすることができる。外国語の選択肢については，中学校の選択肢にデンマーク語と現代ギリシア語が加わる。週の授業時間数は学年やコースによって異なるが，第1現代語，第2現代語共に2～3時間である。

　フランスにおける現代語の選択肢は，3種類に大別されると言ってもいいだろう。まずヨーロッパの言語，フランスの地域語，そして移民の言語である。ただ，こうした選択肢の全てが，全国の中学校・高校で等しく学べるかというと，必ずしもそうではない。というのも，このような多彩な選択肢が全ての学校で整備されているというわけではないからである。学校の言語教育体制は地域の言語事情，教員の配置，履修希望者数などに応じて整備されているため，残念ながら，必ずしも全ての選択肢が揃っているわけでないのである。

　高等教育における語学教育の特徴は，何よりもその多様性にある。全国で，実に103の言語が提供されているという。この多様性に比べると，日本の大学における第2外国語教育の現状がいかにお粗末なものであるかが分かるだろう。近年，日本の大学の語学教育は英語偏重のきらいがあり，第2外国語の学習を疎かにする傾向がある。その証拠に，最近では，第2外国語を選択必修としない大学も増えてきている。確かに日本では，域内統合や移民の増加などにより多言語・多文化共生を目指すヨーロッパ諸国とは，事情が異なるだろう。しかし，今後，国際社会の一員として，諸外国の人々と共生していくならば，「やはり母語＋2言語習得」という言語政策を推進していかなくてはならないのではないだろうか。

5　高まる英語学習熱

　ところで，フランスにはこうした英語偏重は見られないのだろうか。フランスでもやはり今まさに，この英語偏重が問題となっている。小学校の外国語教育からすでに言語選択に偏りが見られる。早期外国語教育では，学習言語を決して英語だけに限定しているわけではないが，実際は，親が子に英語を習わせたがるため，英語ばかりが履修される。

　この点について，クロード・アジェージュは小学校の言語教育の選択肢か

ら英語を外すべきだと主張している。英語のように社会的ニーズの高い言語は，中等教育以降いくらでも学習する機会があるのだから，何も初等教育から英語を学習する必要はないという考え方である。アジェージュは初等教育の言語学習では英語以外の言語を学ぶ意義を訴えているが，このような主張は残念ながら少数意見と言わざるを得ない。

中等教育でもこうした事情は変わらない。多彩な選択肢があるにもかかわらず，中学校修了時に行われる評価の対象言語がドイツ語，英語及びスペイン語であるためか，生徒が選択する言語には偏りが見られる。実に，生徒の90％が英語を選択するという。生徒は第1現代語として英語を，同じラテン系言語で習得が比較的容易いスペイン語を第2言語として選択する傾向があるという。

ただ，こういった偏りを改善しようという動きも見られる。例えば，数年来，急速に履修者数が落ち込んでいるドイツ語に対して，フランス政府は，2004年11月12日に出された仏独共同声明（「言語に関するアクション・プラン」）を契機に，ドイツ語学習のてこ入れに着手している。このアクション・プランでは，「5年以内に小学生のドイツ語履修者を20％増加させる」「5年以内に，中学1年次におけるドイツ語／英語バイリンガル学級の数を50％増加させる」などの具体的な目標を掲げている。

しかし，このような新しい動きとは裏腹に，大学の教職課程の実情には憂慮すべきものがある。フランスでは，小学校から高校まで英語教師の口はあるが，その他の言語というと必ずしも自分の望む地域にポストがあるわけではない。従って，英語を選択する学生数は，他の言語を選択する学生数に比べ圧倒的に多い。60％以上の学生が英語教育コースを専攻するという。こうなると小学校から高校まで，いくら政府が英語以外の言語の拡充を推進しても，教員不足という状況に陥り，思うに任せなくなる。

2000年度より，EUはその教育プログラム「第二次ソクラテス計画」の枠組みの中で，外国語教師の教育レベルを向上させるために，彼らに対し4週間の研修費用を給付している。2003-2004年の1年間の「言語別給付率」[7]を見ると，その給付額の60％以上が英語研修に使われている。ちなみに同年度のフランス語研修の給付率は14％で2番目に給付率が高く，ドイツ語

研修の給付率は5％で3番目である。これはEU域内で，英語教師の数が圧倒的に多いこと，そして英語の需要が圧倒的に高いことを暗に示していると言えるのではないだろうか。

　こうした英語偏重の動きは，近年，フランスにおいてますます拍車がかかっている。家庭でも社会でもとかく英語を重視しがちである。生徒も親も，もはや英語を単なる外国語の一つであるとか，他よりも少しばかり影響力の強い言語にすぎないなどと考えてはいない。それどころか英語は最も社会的評価が高い言語であり，また唯一の国際共通語として認知されているのである。そして，このような認識が，親が子どもに英語を習わせたがる主たる動機の一つとなっているのである。

　そのことはCSAの世論調査[8]によっても証明されている。2005年2月に，就学児童を持つ607人のフランス人父兄を対象に同社が行った意識調査では，「英語を優先することなく，EU域内で話されている他の言語の学習を発展させるべきである」と答えた親が45％であったのに対し，「国際的なコミュニケーション語として，英語の学習を優先すべきである」と答えた親が54％にも上るという結果が出た。こうなると当然のことながら，英語を選ぶ生徒数は増える一方で，英語教師をますます充実させざるを得ないということになる。

6　英語脅威論とフランス政府の姿勢

　1992年，フランス共和国憲法の第2条に，追加条項の「フランス共和国の言語はフランス語とする」という一文が付け加えられた。この条項の追加の背景には，同年2月に調印されたマーストリヒト条約があった。当時，マーストリヒト条約を批准するに当たり，自分たちのアイデンティティーが危うくなるのではないかという危機感から，国内の世論は賛成と反対に二分されていた。批准を前に，フランス政府は国民のアイデンティティーの維持，文化的な多様性の保護という観点から，国民の危惧を払拭したいと考えたのである。

　しかしその裏には，欧州共同体への加盟以来，着実にヨーロッパの共通語

としての地歩を固めていた英語の重要性が，今後，ますます高まり，それにともなって自国のアイデンティティーの拠り所であるフランス語が国際社会から駆逐されてしまうのではないかというフランスの危惧があったことは否めない。こうしたことが「フランス共和国の言語はフランス語とする」という条項の追加に結びついたのである。

　フランス革命以来，その言語政策においては常に「一言語主義」を貫いてきたフランスであったが，これまで憲法上，国語または公用語の規定を有してはこなかった。しかし，すでに英語によってフランス語の地位が脅かされていることを認識していたフランスは，EU統合で実現される人と物の流動化が言語の一元化，つまりEU域内の「英語化」をもたらすであろうことを予測していた。だからこそ，当初の「フランス語は共和国の言語である」という表現から，より語調の強い「フランス共和国の言語はフランス語とする」という表現に差し替えたのである。そしてこの追加条項が，以後，制定されるフランス語保護法の憲法上の根拠となるのである。

　その代表的な法律が1994年に成立したトゥーボン法であった。これは，当時の文化相ジャック・トゥーボンの名を冠して，通称「トゥーボン法」と呼ばれているが，正式名称は「フランス語の使用に関する法律」である。これは，一部の例外はあるものの，フランス国内で開催される国際会議，展示会，学会，テレビ・ラジオの放送，広告，交通機関の標識，金融などのサービス部門，製品の使用説明書，デモ，レストランのメニューなど公共的な性格を有する場では，原則的にフランス語の使用を義務づけるというものである。トゥーボン法は，それとは謳っていないが，明らかに「フランス語保護法」である。だから，この法律には罰則規定も設けられている。違反すれば，団体や組織への補助金は取り消され，最高で禁固6ヶ月，5万フラン以下の罰金が課される。

　トゥーボン法の成立にともない，英米語系の外来語をフランス語に言い換える用語集も作成された。収められている単語の数は，3500語に上る。「フランス語で存在する言葉はすべてフランス語を使うべし」というわけである。すぐさま，「コンピューター」「スポンサー」「リーダー」「ノンストップ」「ファーストフード」「ディスクジョッキー」など多くの英米語由来の外

来語が禁句になり，フランス語に代えられた。すでにフランス語としても定着していた感のあるマーケティングすらも槍玉に挙げられ，フランス人にもなじみのない「メルカティック」mercatique になるなど，そのやり方はかなり徹底している。

　ちょうど筆者もこの法律が成立した時期にフランスに在住し，日系企業で働いていたのだが，会社では連日，この英語のフランス語への言い換えが話題になっていた。特に印象に残っているのが，金曜日の別れ際の挨拶である。フランス人は，出社する時も退社する時も，会う人ごとにいちいち立ち止まって挨拶を交わすのだが，この挨拶というのが結構時間がかかるのである。金曜日の夜の挨拶は，大抵，Bon week-end（「良い週末を」の意味）と決まっているのだが，これを Bonne fin de semaine と言い換えなければならないとなって，皆，大いに笑っていた。後者の言い回しは古臭い響きがある上，長ったらしいというのだ。しかもこの言葉を使おうものなら，途端にトゥーボン法で話に花が咲く。一刻も早く職場から去りたい金曜日の夕方，誰も「正統なフランス語」を使おうとはしなかった。

　実際のところ，この法律が成立した背景には，フランス語の国際語としての力が弱まっていたことが挙げられる。フランス語が急速に弱体化する中，フランス政府は欧州評議会や EU が提唱する多言語主義に基づいた言語政策を積極的に推進している。1995 年 3 月 21 日，EU 閣僚理事会は「EU の教育システムにおける言語教育と言語習得の改善と多様化」を採択した。その決定は「言語習得はあらゆるレベルの職業訓練に不可欠の要素である」とし，「EU に共存する諸文化を尊重し，その多様化を図るため，生徒たちは原則として EU 域内の言語から，母国語以外に少なくとも 2 言語を学べる事が必要である」と謳っている。フランスはこの決定に従って，「早期外国語学習の導入」や「母語＋2 言語習得」に積極的に取り組んできた。

　フランスは「母語＋2 言語習得」こそが，フランス語が国際社会で生き残る道だと認識している。「母語＋1 言語習得」であれば，英語を母語としないヨーロッパ市民の多くが間違いなく英語を学習するだろう。しかし，「母語＋2 言語習得」であれば，少なからぬ数のヨーロッパ人がフランス語を第 2 外国語として選択するに違いない。こうした考えがフランスの楽観的な見

方でないことは，多くの調査によって裏づけられている。例えば，2006年2月に公表されたユーロバロメーターの調査(9)に拠ると，EU域内で外国語として使用されている言語の2番目はフランス語であるという結果が出ている。フランスはフランス語の生き残りをかけて，現在のEUの言語政策を牽引していこうとしている。

7 おわりに

　英語のグローバリズムが進む中，果たして，フランスが推進する「多言語併用主義」は「英語優先主義」を制することができるのだろうか。フランスの言語学者の多くが語るように，これはフランス語の生き残りをかけた闘いなのである。しかしながら，この闘いを前に，フランスは揺れている。フランス国民の多くは，国語に誇りと愛情を持っている。そしてそれと同じくらい，国際社会における英語の重要性も認識しているのである。だからこそ前述のクロード・アジェージュの提言，つまり小学校の外国語教育から英語の選択肢を排除するというのは，今のフランスでは不可能に近い。

　今のフランスに求められているのは，英語以外の外国語教育のさらなる充実と発展である。そのためには履修言語の選択に際して，十分な情報提供を行い，他言語への関心をさらに喚起していく必要があるだろう。つまり子どもたちに対しても，その父兄に対しても，他の外国語の魅力やその有用性を十分に伝え，決して「国際共通語である英語を習わないことは損である」というような誤った先入観に迎合してはならないということである。さらに他の外国語教育を効果的に拡充していくために，近隣諸国と協力し合って，EUの提唱する複言語教育を実現させていくことも肝要となろう。その意味で，ドイツと交わした言語教育に関わる相互協定は，極めて興味深い試みであると言えるだろう。

注

(1) クロード・アジェージュ著，糟谷啓介訳『絶滅していく言語を救うために』白水社，2004年，p.375。
(2) 前掲書，p.374。
(3) この報告に関しては，フランス語とフランスの諸語総局（DGLFLF）のホームページ（http://www.culture.gouv.fr/culture/dglf/rapport/2002/Deuxieme_partie_I.htm）を参照した。
(4) Special Eurobarometer Ref. 147 / Wave 54. 1 b. "Europeans and languages".
(5) 評価は「非常に良い（very good）」「良い（good）」「普通（basic）」の3段階に分かれており，「良い（good）」は以下のように定義される。「良い（good）」：時に言いよどんだり，間違いを犯すことがあっても，普通のシチュエーションであれば，うまく英語を使うことができる。ゆっくりとなら，ネイティヴスピーカーと会話ができる。ゲーム，映画，新聞の要点を理解できる。電話で簡単な問い合わせができる。友人と私的な手紙やEメールの遣り取りができる。
(6) OFEMのホームページ（http://www.ofem.ccip.fr）を参照。
(7) Eurydice（ヨーロッパ教育情報ネットワーク）のホームページに掲載されているKey data on teaching languages at school in Europe – 2005 edition（http://www.eurydice.org）を参照。
(8) CSA Opinion-Institutionnelが2005年2月に607人の就学児童を持つフランス人父兄を対象に行った世論調査。調査番号：0500191 C。
(9) Special Eurobarometer, Ref. 243 / Wave EB 64. 3. "Europeans and their languages".

参考文献

池田雅之・矢野安剛編著『ヨーロッパ世界のことばと文化』成文堂，2005年。
砂岡和子・池田雅之編著『アジア世界のことばと文化』成文堂，2005年。
小倉襄二・吉野文雄・有沢僚悦編『EU世界を読む』世界思想社，2001年。
吉島茂・大橋理枝（他）訳『外国語の学習，教授，評価のためのヨーロッパ参照枠』朝日出版社，2004年。
三浦信孝・糟谷啓介編『言語帝国主義とは何か』藤原書店，2000年。
三浦信孝編『多言語主義とは何か』藤原書店，1997年。
渋谷健次郎著『欧州諸国の言語法―欧州統合と多言語主義』三元社，2005年。
安江則子著『欧州公共圏―EUデモクラシーの制度デザイン』慶應義塾大学出版会，

2007年。

西山教行著「フランスの外国語教育」,『英語教育』2006年2月号, pp.14-16。

クロード・アジェージュ著, 糟谷啓介訳『絶滅していく言語を救うために』白水社, 2004年。

デイヴィッド・グラッドル著, 山岸勝榮訳『英語の未来』研究社出版, 1999年。

ディヴィッド・クリスタル著, 斎藤兆史・三谷裕美訳『消滅する言語』中公新書, 2004年。

Claude Hagège, *L'enfant aux deux langues*, Odile Jacob, 1996.

Claude Hagège, *Combat pour le français – Au nom de la diversité des langues et des cultures*, Odile Jacob, 2006.

Yves Montenay, *La langue française face à la mondialisation*, Les Belles Lettres, 2005.

HP

フランス外務省:http://www.diplomatie.gouv.fr

フランス国民教育省:http://www.education.gouv.fr

ÉduSCOL(フランス国民教育省の教育サイト):http://www.eduscol.education.fr

フランス語とフランスの諸語総局(DGLFLF):http://www.culture.gouv.fr/culture/dglf

8 スイスと英語
──連邦と国際化のはざまで

小出石敦子

1 はじめに

　日本のような一言語支配の国からやって来た者の目には，スイスは驚嘆すべき柔軟さを持っているように映る。フランス語圏ジュネーブから特急列車に乗ってドイツ語圏チューリッヒまで行ってみよう。まず車内ではフランス語のアナウンスがあり，つぎにドイツ語のアナウンスが続く。窓外には陽光の下で青々と輝くレマン湖が，乗客の嘆息を誘うようにその美しい姿をたたえている。ニヨン，イヴェルドン，ヌーシャテルを通り，遠くにはアルプス山脈の姿も浮かんでいる。ところがビエンヌ（ビール）を過ぎたあたりから標識がドイツ語表記になり出し，車内アナウンスもドイツ語とフランス語の順序が逆転した。そして乗客の間でも，いつの間にやらフランス語に混じりスイスドイツ語が多く聞かれるようになっていた。あまりにも自然な変化。四言語を国語とする多言語国家スイスならではの光景である。スイス人はドイツ語，フランス語，イタリア語，ロマンシュ語を使いこなし，各言語圏の人々が平和に共生する稀有な国，そんな理想的イメージを抱いてしまうのは何も日本人に限らない。かつてイギリスの首相だったウィンストン・チャーチルは，第二次大戦でのヨーロッパの悲惨な分裂・崩壊という過ちの反省にたち，新しいヨーロッパを作るにあたって，異なる言語・文化圏の平和な共生・連合の理想的モデルとして，「ヨーロッパはスイスにならなければならない」と言ったという。

ところが，平和なスイスに分裂の危機感が影を落としている。近年のグローバル化の波によって，スイスにも侵入してきた英語の影響力が，スイス公用四言語の平和的共生を脅かし始めているのである。スイスは，自らを外に開いて国際化すべきであるが，同時に連邦として確固とした結束も保持しなければならない。国際的コミュニケーション言語である英語を学ばなければならないが，同時に自国の四言語共生も死守しなければならない。本稿では，英語の普及によって露わになった，スイスにおける英語教育と国語教育との間に生じる問題を，その背景にある多言語国家固有の諸事情を説明しながら論じていくことにしよう。わたしたちはおそらく，国際化と連邦制維持との間で揺れるスイスのアイデンティティを目にすることになるだろう。先に引用したチャーチルのことばが示唆するように，もしスイスが連合の一つのモデルとなりうるならば，スイスが直面するこの問題は，ますますグローバル化する世界で生きるわたしたちにとって，異文化共生の問題についてのひとつの興味深い実例となるかもしれない。

2　スイスにおける英語需要の高まり

スイスは，西ヨーロッパのほぼ中央に位置し，周囲をドイツ，フランス，イタリア，オーストリアに囲まれている。とはいえ，いまだ EU 加盟も果たさず，国連に加盟したのもようやく 2002 年のことであった。永久中立，強固な自由・独立不羈の精神，堅調な国内経済事情のお陰で，比較的独立した境遇を享受してきたスイスだが，よい意味でも悪い意味でもボーダーレスとなりつつある世界において，もはや孤立して生きることはできないのは明白である。温暖化によるスイスアルプス氷河の劇的な減少を食い止めるには，世界中が協力する必要を認識していない者はいないだろう。またスイス経済の堅調も対ヨーロッパを中心とした国際貿易を抜きにしては語れない。だからこそ孤立状態を捨て，外に開かれたスイスを要請する声は内外から聞こえてくる。たとえば連邦政府は，これまで国民投票で何度か否決されてきたにもかかわらず，EU 加盟を目標に，それを見込んだ立法計画を立て，EU との間で積極的に分野別の「二国間通商協議」を推進している。だが最近過去

二度の国政選挙において右派国民党が躍進したことで、EU 加盟の動きにまた歯止めがかかるかもしれないのではあるが。

　実際のスイス人の生活に密着した場面ではどうだろうか。早くも 20 世紀半ばには、経済、文化、レジャーを通して英語が日常生活に侵入し、ドイツ語等に英単語が大量にそのままの形でとり入れられるという現象が見られだした（フランス語に関しては、意識的に英単語を仏単語に翻訳する努力を行ったため、侵略度はより少ない）。映画、歌曲、さまざまなサブカルチャーを通して英語文化いやアメリカ文化がスイスの市場を席巻し、スイス国民のあいだでもとくに若い世代を中心に、英語への関心は高まっている。さらに、英語は経済と科学分野での必須言語である。たとえばスイスの大学では、自然科学分野の研究論文は八割以上が英語で執筆されている。スイスが経済と科学において世界との競合関係を維持したいと望むならば、英語習得は避けられないのが現状である。

　ベルン大学デュルミュラー教授が 1985 年と 1987 年に行った調査によれば、ドイツ語圏、フランス語圏、イタリア語圏のいずれにおいても、母語に続く第二言語として英語を望む声が多い[1]。また調査機関 Isopublic が 2000 年に行った調査では、好ましい第二言語としてドイツ語圏では 65% が英語、29% がフランス語と答えている一方、フランス語圏では 45% が英語、48% がドイツ語と答えている。ドイツ語圏、フランス語圏とも英語への関心がかなり高いのがわかる。フランス語圏で英語よりドイツ語のほうが好まれているのは、職業的、経済的理由によると思われる。職場での英語の使用率は、ドイツ語圏で 18.5% に対してフランス語圏では 11.6% しかないからである。さらに、ドイツ語圏では、英語を話せれば 25% の収入増と言われているのに比べて（フランス語は 12% の収入増）、フランス語圏では、英語は 16% の収入増、ドイツ語ならば 23% の収入増と言われているからである。スイス人の実用主義的側面が、上の調査結果にも反映しているといえよう。

　いずれにせよ、スイス人の生活実感としても英語の必要性は否定できないものとなり、これにより他国におけると同様、スイスの教育現場も英語教育の拡充へとシフトを開始した。小学校の現場にいる教師たちは、生徒が自分で選択するとしたら 90% 以上が英語を選ぶだろうと考えている。それほど

英語の普及は抗しがたい現実となっている。しかしそこには，他国に見られない国語教育と英語教育の葛藤というスイス特有の問題が持ち上がってきた。それを理解するために，まずスイスの多言語制の歴史的背景を見ることから始めよう。

3 スイス連邦成立の経緯と言語圏

　現在のような近代国家としてのスイス連邦は 1848 年に成立した。しかしスイス人たちは，今から 700 年以上前の 1291 年に遡る，ウーリ，シュヴィーツ，ウンターヴァルデンによる三森林邦同盟の誕生を建国の日とみなしている。その理由は，おそらくこの同盟こそスイスの精神を最もよく象徴するものだからだろう。すなわち原初三邦同盟は，当時ヨーロッパに君臨していた神聖ローマ帝国の支配に抵抗するために成立したのであり，自治権の守護と自由独立の精神の賜物であった。伝説によれば，ちょうどこの頃あのウィリアム・テルの事件があったという。テルはウーリに進駐していたローマ帝国の代官に対して非礼をはたらいたために捕らえられ，罰として死を受け入れるか，さもなくば息子の頭にのせた林檎を一発で射止めるよう迫られた。周知のごとく，矢はみごと林檎を射抜き，息子を救ったその矢はついに代官を仕留めた。こうしてテルは帝国からのウーリ解放の英雄として迎えられた。そして現在もなお，スイスの独立と自由の象徴としてスイス国民の多くに愛され続けているのである。原初三邦同盟誕生後，連邦国家成立の 1848 年までに同盟邦の数は少しずつ増加していったが，そもそも自立的な諸州の同盟の歴史が長かったため，スイスでは今日もなお自由独立の気風が強い。

　諸州はもともとそれぞれの言語圏に自然に分かれていたが，若干の例外を除き初期の同盟はドイツ語圏の州のみで形成されていた。そこに 19 世紀になってフランス語圏，イタリア語圏，ロマンシュ語圏の州が加わっていったのである。行政も最初は標準ドイツ語で取りしきられていたが，非ドイツ語圏の加盟により複数言語が使用されることになる。1848 年に制定された連邦憲法第 116 条には，「スイスの三つの主要言語，ドイツ語，フランス語，イタリア語はスイス連邦国家の国語である」と明記されている（ロマンシュ

語が国語となるのは1938年の国民投票の後)。そして同盟の精神は，どの言語も同等に扱われることを可能にしたのである。各州が政治的に独自の自治を行うのと同様，独自の言語，独自の文化を自由に享受している。このように，言語の多様性，文化の多様性，この多様性の豊かさこそが，連邦成立時からスイス国民にとって不変の価値であり，国家的アイデンティティの根幹をなしている。スイスの国家アイデンティティと四言語制との深いつながりを示すエピソードがあるので紹介したい。第1次大戦時，中立の立場にあったスイスの内部は二つに割れていた。ドイツ語圏はドイツを支持し，フランス語圏はフランスを支持したため，国内は一触即発の緊張状態に陥ったのである。どうにか実際の衝突は避けられたものの，このときスイス国民は言語圏間の相互不理解が連邦国家を滅ぼしかねないとの危惧を抱いのは間違いない。もう一つ，今度は第2次大戦に関わるものである。当時ヨーロッパにはファシズムの嵐が吹き荒れていたが，その中でムッソリーニは，スイスのロマンシュ語をイタリアの一方言であるとして，ロマンシュ語圏地域を併合しようと目論んだ。これに対しスイス国民は，1938年に国民投票を行い，圧倒的賛成によってロマンシュ語をスイスの国語として正式に承認し，ファシズム政権に抵抗したのだった。ナショナリズムの興奮が寄与していることも確かではあるが，このことは，四言語共生がスイス連邦の存続に等しいこと，多言語主義がスイス人たちのアイデンティティとして根づいていたことを教えてくれるのである。

　歴史的に，フランスやドイツ，イタリアといった強国による一部占領などの危機に瀕しても，中央集権的一言語支配に陥らずにスイスが多言語主義を貫き通してきたのは貴重であり，また多民族・多言語が混在するベルギーやカナダはたまたバルカン諸国に比べても，文化的にも政治的にも紛争を起こすことなく，平和裡に諸言語圏の共生に成功しているのはあっぱれとしかいいようがない。このような平和的共生の成功の理由を考えるとき，スイス独特のアイデンティティ確立への共同の努力が支えになっているのは想像に難くない。

4 スイスの言語政策——連邦のモットー

　では，多様性を保持するためにスイス連邦はどんな努力をしてきたのだろうか。答えは教育である，わけても複数国語教育である。母語以外の国語を知り，他言語圏の同胞と交流すること以上に，「連邦の紐帯」を強化する手段はないのである。現在スイスの義務教育では，自分の母語以外の国語のうち一つまたは二つの言語が必修科目であり，ドイツ語圏においてはフランス語，フランス語圏ではドイツ語，イタリア語圏ではドイツ語またはフランス語，ロマンシュ語圏ではドイツ語が必ず教えられている。歴史を遡れば早くも 18 世紀末に，ナポレオンの介入によって一時的に成立したヘルベティア共和国において総裁政府に提出された「ヘルベティア共和国の公教育計画」の中で，「連邦の紐帯」のためにヘルベティアの子供たちが互いに理解しあうことが必要だとして，第二国語の教育を 8〜9 歳から開始すべきことが提案されていた。スイスは異なる言語圏，文化圏の連合だからこそ，相互の言語の習得を通して相互理解に励み，それによって「連邦の紐帯」を固める必要がある。従って国語教育は，スイスの内務政策の柱のひとつとなっている。

　ところで 1999 年に全面改正され，2000 年に発効した連邦新憲法第 70 条の言語項目には，スイスが置かれている現在の諸状況に鑑み，連邦が目指す言語政策の理念が示されているので興味深い。本稿の論点に直接関わる部分を要約すると，「諸言語共同体間の調和を保持する」努力の要請，「各言語共同体間の理解と交流の推進」，そして「ロマンシュ語とイタリア語（＝少数派言語）の保護と振興」である。少数派言語の保護と振興は上に見た四言語主義の維持に関わり，「諸言語共同体間の調和を保持する」努力，ならびに「各言語共同体間の理解と交流の推進」はそれぞれ「連邦の紐帯」への意志表明である。ここで今一度確認しておこう。スイスの多言語主義は四言語の平等な共存であり，多様性において「調和」を保持することである。それはすなわち，一言語が支配言語となることを阻止し，また少数派言語を保護するということである。だがこの「調和」の保持は現実にはさまざまな困難に

ぶつかっている。

5 スイスの諸言語間の関係の現状

　スイスで話される四言語のうち，ドイツ語，フランス語，イタリア語は世界における主要言語でもあるが，ロマンシュ語はスイス東部のごく一部で話される完全な地域語である。言語圏別の人口比（2000年）は，ドイツ語圏63.7%，フランス語圏20.4%，イタリア語圏6.5%，ロマンシュ語圏0.5%，その他（移民等）9.0% となっている。多数派主要言語と少数派地域言語の共存の構図は，まるで世界の縮図のようである。ドイツ語人口が圧倒的に多いが，この人口の偏りは，さまざまな場面でドイツ語圏とその他の言語圏で衝突を起こしているのが現状である。そのため他言語圏とりわけフランス語圏は，ドイツ語圏に対し一定の距離感というか一種の反感に近しい感情を抱いている。これが「ロシュティの溝」と呼ばれるものである（ロシュティはジャガイモとベーコン，玉ねぎを混ぜて焼いたおもにドイツ語圏の家庭料理）。この「ロシュティの溝」が最も際立ったのは，1992年の「ヨーロッパ経済空間」加盟を問う国民投票の時であった。フランス語圏，イタリア語圏の各州も，連邦も国民議会もこぞって賛成していたヨーロッパ参入に，ドイツ語圏各州はノーをつきつけたのだった。その理由としてスイス経済の脆弱化への恐れ，スイスの地域主権の独自のあり方が規制されることへの危惧があり，とりわけスイスの原初三邦を中心とする農村部の反対が強かった。この投票後しばらくは，ドイツ語圏とフランス語圏の間で非難の応酬が絶えなかった。これに輪をかけて「ロシュティの溝」をさらにえぐる事態が存在する。スイスドイツ語の「方言の波」である。実はスイスドイツ語はスイスの6割以上の人々に話されているにも拘らず，原則として日常語としての使用に限られており，公的な場面では標準ドイツ語を使用するのが慣わしである。従って，学校教育でも標準ドイツ語が教えられている。そして標準ドイツ語とスイスドイツ語は別言語と言いうるほど似ていない。ドイツ語圏スイス人にとっては，スイスドイツ語のほうが愛着もあり，分かりやすく，大衆性があり，自分たちのアイデンティティを見出しやすいのに対し，標準ドイ

ツ語はほとんど外国語である。また若い世代では標準ドイツ語を上手に使えない者もいる。おそらくそういったことが原因で, 20世紀後半から, 話し言葉でしかなかったスイスドイツ語が, じわじわと書き言葉の領域に浸透し始めたのであろう。これまでも, フランス語圏, イタリア語圏の人々がどれほど懸命に標準ドイツ語を覚えても, ドイツ語圏の人々のプライベートな集まりではまったく役に立たないという有様だった。さらにスイスドイツ語が勢力を拡大してきたとしたら, それ以外の言語圏の人々はますます排斥感を覚えるであろう。そうなると, 難解なドイツ語の文法に時間を費すよりも, より広い射程をもつ英語を学んだほうがよいと考える者がいてもおかしくはないし, 実際そうなりつつある。皮肉なことに, スイスドイツ語圏は他言語圏が感じているこの溝をさほど意識していないことが, 1994年に行われた「諸言語圏間の共感」についての統計調査で報告されている。概して優勢派は少数派の立場に無頓着なことが多いものである。

　2000年にIsopublicがフランス語圏スイスとドイツ語圏スイスで行った調査によれば, コミュニケーション言語として好ましいものはどれかという問いに対して, フランス語圏では, 英語28％, フランス語23％, 標準ドイツ語18％, スイスドイツ語はわずか1％だった。スイスドイツ語への極端な拒否反応は, 上述の「ロシュティの溝」の表れと考えられる。これに対しドイツ語圏では, 英語27％, フランス語17％, 標準ドイツ語22％, スイスドイツ語10％という結果となり, どちらの言語圏も最も好ましいコミュニケーション言語として英語を挙げている。その内訳を見ると, 若年層で英語の支持率がより高く, 高年層では英語, ドイツ語, フランス語がほぼ同率であった。世界における今後のスイスの立場により敏感である若年層が, より世界化の動きに同調しているのは無理もないだろう。四言語に関する連邦における平等性は憲法によって保証されても, 実際の政治生活全般において不平等は存在し, 時として「連邦の紐帯」を脅かしかねない事実は, 今後スイスドイツ語の波が大きくなるにつれて, ますますひずみをもたらすのではないか。スイスドイツ語圏による実質的な政治的一極支配は, 公正な民主主義の妨げにならないのか, あるいは自由で平等な諸文化, 諸言語の共生に存するアイデンティティの障壁とならないのかという危惧の念を抱かせる。

6 英語教育と国語教育をめぐる議論

諸言語圏間にこのようなディスコミュニケーションがある一方で，英語需要と世論の関心の高まりに後押しされ，英語を積極的にスイス国内でのコミュニケーション言語として採用しようとする考えが現われ始めた。ベルン大学のデュルミュラー教授が発表した1980年代以降の一連の調査・研究の結論は，「多言語国家スイスにおいて英語は中立的な立場にあり，優勢派対劣勢派〔ドイツ語対その他の言語〕の衝突が起きるのを予防できる」，「スイスのような小国は世界の中で孤立して存在することなどできないのだから，国際的コミュニケーションの必要性を満足させうる」という理由で，英語をスイス国内でのコミュニケーション言語に推奨するものであった。

たしかに英語は世界との通信にも役立つものであり，スイスを世界に開くために習得することには諸言語圏に異論はないだろう。だがはたして英語は，「ロシュティの溝」を解消する諸言語圏間の架け橋になりうるだろうか。英語の需要が高まってきた20世紀後半，義務教育において母語以外の国語に優先して，英語の早期教育を開始すべきではないかという議論が沸き起こったとき，いち早く反応したのが，1997年に英語優先教育方針を打ち出したチューリッヒである。スイスの経済的中心地のとったこの決定への国民の反応は，ドイツ語圏では73％の支持（不支持は24％）だったが，フランス語圏では45％の支持率，不支持が50％だった。不支持が支持を上回ったのは，おそらく英語によってフランス語がますますなおざりにされる危機感からだろう。英語優先教育については現在もなお各州で議論がたたかわされている最中だが，チューリッヒのイニシアチブに対して追随の気配が出てきたのも事実である。

だが見落としてならないのは，スイスの国民は英語教育の拡大を承認しつつも，国語教育の衰退を望んでいないという点である。いち早く英語優先教育を取りいれたチューリッヒ州でさえ，英語早期教育の代償として，伝統的な第二国語であるフランス語教育を，高校まで延期することに58％の人が反対を表明した（2006年の住民投票）。もし英語でコミュニケーションできる

としたら，理論的には，スイス人たちは自分の母語以外の国語を学ぶ必要もなくなるだろう。極端な場合を想定すれば，現在国政や各州間の交渉に用いられているスイスの諸公用語に英語が取って代わり，四つの国語は地域語の地位にとどまるだろう。実質的にスイス内で英語が支配し，他言語を抑圧するだろう。それにつれてスイスの四国語圏では，反動から地域主義が台頭してくるかもしれない。「連邦の紐帯」はいずこへ向かうことになってしまうのか。さらに，言語が単なる道具ではないことに注意しなければならない。実際に外国語をある程度話す習慣を身につけた人ならば感じるだろうが，言語はそれが培われた土地の文化なり思想なりを話者に押しつけてくるものである。フランス語を話す人は，フランス人と接し，フランスの情報を聞き，フランスの文学を楽しむ。頭の中にいつの間にかフランス語的な発想が染み込んで，母国語の表現にまで影響する場合もなくもない。もしスイス人たちが英語的思考を共通のものとするようになったら，彼らのアイデンティティはどうなるだろうか。しかし，上で見たチューリッヒの住民投票の結果は，英語の普及の必要性を認めつつも，スイスが自国の言語，文化つまり自分たちのアイデンティティを堅持しなければならないという意識を示している（ただし選挙権を持たない未成年者の意識は反映されていない）。そしてこれがおそらく平均的なスイス人の考えだと思われる。英語教育に関する議論の焦点は，もはや英語か国語かの二者択一ではなく，英語と国語のどちらを先に教育すべきかへと移行している。そして英語を例外的コミュニケーション言語として，諸国語間の調和を崩すことなくうまく位置づけることが問題になってくるのである。

　言語の早期教育の利点は，子供の柔軟な学習能力と，言語習得により多くの時間をつぎ込めることにあるが，二つの言語を同時並行的に学習するとなると，スイス人といえどもやはり子供にとっては負担となる。また英語の参入により，これまで第三国語として教えられてきたイタリア語やロマンシュ語は存亡の危機に立たされてしまう。これに対する連邦の態度は先に見た新憲法の言語条項で明らかにされた。すなわち，「公用語」としての「四言語」の平等（ロマンシュ語は条件付の公用語であるが），「諸言語共同体間の調和の保持」，「諸言語共同体間の理解と交流の奨励」，「イタリア語とロマンシュ

語の保護と振興」である。「四言語」の平等や少数派言語の「保護と振興」はスイスドイツ語拡大の危機感への対応,「諸言語共同体間の調和の保持」,「理解と交流の奨励」は,「連邦の紐帯」固め,すなわち英語の普及に脅かされないスイスのアイデンティティである多様性における「調和」確立への意志表明である。ただし連邦は国家の理念を謳うにとどまり,実質的な調和への努力は,自治主体である各州間の協力に委ねるという立場(「奨励」)を取っている。これは中央集権的国家にはない,スイス連邦らしいあり方が確認できる点である。州のほうはというと,州教育長会議を通して,最初チューリッヒの英語優先方針に不快を隠さなかったものの,2004年に方向修正した「義務教育における言語教育に関する戦略」を発表し,小学校において母語以外に少なくとも二言語を教育すること,また英語と第二国語の優先順位は州間の統一が取れないため,各州の決定に任せるという妥協的な——微妙な——態度を示した(全州において,2006学校年度までの過渡的措置として,第二国語を小学5年生までに,英語は7年生までに開始するとなっているが,中期計画では,英語と国語の優先順位を明示せずに2010年度新学期以降は第二言語を小学3年生までに,そして2012年度新学期以降は第三言語を小学5年生までに開始するとなっている)。英語と第二国語の優先論争に終止符が打たれなかったものの,二言語の必修化は,英語を選んでもまだ他に一つの国語学習を保証することであり,グローバル化の全体的な圧力による英語支配へのぎりぎりの抵抗策,妥協案である。

　この「戦略」発表以降,各州がとった英語と第二国語の優先順位については以下の通りである。中央および東部スイス(チューリッヒ,ルツェルン,アッペンツェル,ザンクト・ガレン,シュピーツ,ツーク,ドイツ語圏ヴァレ等々)では英語を小学2年または3年生に開始し,フランス語は5年生から。フランス語圏と境を接する北西スイス(アーガウ,ベルン,バーゼル,フリブール等々)ではいくつかの州がフランス語を第二言語としていると思われる。フランス語圏スイスでは,ドイツ語を小学3年生に,英語を5年生に開始。イタリア語圏とロマンシュ語圏では,第二言語は国語となる見通しである。

7 おわりに

　世界全体が市場原理主義の支配によってさまざまな変化を蒙っている。それは戦争のようなあからさまな暴力を伴わないだけに，無警戒のまま世界の体制を終局的には一極支配へと変容させていくかもしれない。言語問題に限っていえば，たしかに世界共通言語が確立されれば，交流はよりスムーズとなり効率的となる。すでに電話やインターネット等の通信網の発達によりそうなりつつあるように，世界の通信は均質化し整序され見通しがよくなる。経済，紛争，貧困，病害，環境，エネルギーなどの問題がいまや地球規模での話し合いによってしか解決されえないものとなった現状を考えれば，それは望ましい事態とさえいえるかもしれない。だが共通言語が支配言語となり，他の言語，それと競合する主要言語なり，またそれに抵抗する力のない少数派言語なりを排斥するとき問題が明らかになる。私たちが見てきたスイスの例は，このグローバル化が世界で引き起こしている言語問題，多言語共生に関する問題のひとつの例であるように思う。スイスが手探りで試みる英語教育の普及と国語教育の保持は，現実的な解決を目指す妥協的な態度であるが，問題の底に自分たちの言語や文化への愛着，スイス的アイデンティティがあることを私たちに示唆している。自分たちにとって大切なもの，他に代え難いもの，伝統や愛着に培われた国への愛を共有すること，自分が自分であることの源泉――アイデンティティ――は，健全な形でいつも持ち続けなければならないだろう。他者との出会いは自分と違うものとの出会いであるが，均質化する世界の中で規格外のものつまり自分と違うものを排斥するのではなく，それぞれが持つ違いを，違うからこそ知りたいと思うことが大切ではないだろうか。スイスのウィリアム・テルや建国神話，スイスアルプスの山々はそれが私たち日本の国にあるものと違うからこそ私たちを魅了するのではないだろうか。

　以上，スイスにおける英語教育に関する議論を通して，世界に自己を開くと同時に，「多様性」の調和を保持するという，困難なスイスの手探りの努力を見てきた。この努力の行方を見守っていくことは，スイスに限らず，世

界化を生きるわたしたちの運命を考えていくことにもつながっていくにちがいない。

注

(**1**)　本稿で引用された統計調査データの主要典拠は以下の通りである。

Urs Dürmüller, "The Changing Status of English in Switzerland", *Status Change of Languages*, edited by Ulrich Ammon and Marlis Hellinger, W. de Gruyter, 1992.

Heather Murray & Silivia Dingwall, "English for scientific communication at Swiss universities", *Babylonia* no.4, 1997.

Heather Murray, Ursula Wemüller, Fayaz Ali Khan, *L'anglais en Suisse*, rapport de recherche préparé à la demande de l'Office fédéral de l'éducation et de la science, 2001.

参考文献

スイスついて

U. イム・ホーフ著，森田安一監訳『スイスの歴史』刀水書房，1997年。

森田安一編『岐路に立つスイス』刀水書房，2001年。

森田安一編『スイスの歴史と文化』刀水書房，1999年。

多言語主義や言語政策の問題について

ルイ＝ジャン・カルヴェ『言語政策とは何か』白水社，2000年。

三浦信孝・糟谷啓介編『言語帝国主義とは何か』藤原書店，2000年。

Ⅲ　非西欧世界における英語の受容

9 日本における英語の受容

ポール・スノードン
(Paul Snowden)

1 英語流入以前の日本の外国語

　1600年に，イギリス人で初めて日本の土を踏んだのは，ウィリアム・アダムス（三浦按針）である。アダムスは，ジェームズ・クラヴェルの『ショーグン』(1975)や，同名のタイトルでリチャード・チェンバレンが主演したテレビ・シリーズや映画(1980)など，ここ数10年の間に文芸・映像作品の中で取り上げられてきている。より正確な記録によれば，アダムスは江戸幕府初代将軍 徳川家康の側近であり，日本との交易を開始するためにやってきたイギリス商人を援助しようとしたという。彼は将軍やその家臣に西洋の数学や造船について教授していたようである。
　しかし，たとえアダムスがシェークスピアと同年に誕生しており，その意味では，今日，黄金時代（Golden Age）と呼ばれる時代の英語を代表する人物であったとしても，英語を教えるように依頼されたという記録はない。実際には，アダムスはオランダ商船の航海士として，オランダ人船員とともに来日したため，オランダ語を話していたのである。つまり，この当時，英語はマイナーで目立たない北西ヨーロッパの一言語に過ぎず，日本人が英語よりも国際語として流通していたオランダ語，あるいはポルトガル語，スペイン語を好んだのも当然の成り行きであった。
　それから約1世紀後の1726年に，ジョナサン・スウィフトは，ガリバーの日本への旅行（ガリバーが訪れた国々の中で，唯一，日本だけが現実に存在す

る国で，それ以外は架空の国である）について記述する際に，英語ではなくオランダ語を話すことができる日本人を描いた。18世紀の日本において，オランダ語からの借用語はすでに生活の中に浸透していた。例えば，ガラス（glas），コップ（kop），コック（kok）などは今に残るオランダ語由来のことばである。「コック」については，現代の日本人が英語の単語だと思い込んでいることもあり，混乱の原因となり得ることばでもある。またイギリスの通貨単位であるポンド（pond）ということばもオランダ語からの借用語であり，今日でも英語のpoundの代わりに使用されている。この当時，オランダ語がいかに支配的であったかは，初期の日本の外来語辞典（こうした種類の辞典は，日本に関する限りは広く普及しているように思われる）が多くのオランダ語由来のことばが掲載されていたことと，実際にオランダ語のタイトル*Bastaard-Woordenboek*（1822）がつけられていたという事実から充分に説明できるだろう。以下に詳述するが，日本における初期の英語関連の出版物は，オランダ語の特徴を備えていた。

　当時の日本において，ヨーロッパの言語の中では，英語はオランダ語に対し二義的な立場にあった。あるいは17世紀に禁制になったポルトガル語やスペイン語，18世紀から交流を頻繁に求めにきたロシア人の言語を加えるならば，英語は四番手ないし五番手の位置にあったことになる。こうした位置づけからすれば，日本では英語学習が遅れて始まったという結論を引き出したくなってしまう。しかしながら，19世紀に入るまで英語が本当の意味での国際言語ではなかったこと，また日本における最初の英語の影響が1853年のペリーの来航とともに広まったことを考慮すれば，日本における英語学習は，むしろ極めて早期に開始されたのだと結論づけることもできよう。

2　英語のパイオニアたち

　ペリー来航の約半世紀前の1808年に，ある事件が起こった。イギリス船フェートン号がオランダ以外の外国船に対する禁制を破り，長崎に入港しようとしたのである。その事件当時，長崎のオランダ商館のカピタンであったヘンドリック・ドゥーフは，日本の将来を案じて，今後，日本はオランダ以

外の国や他の言語に目を向けていかなければならないと幕府に警告した。ドゥーフは，急激に変化するヨーロッパの政治体制からすれば，ナポレオンの支配下にあるオランダはもはや強い影響力を行使することはできないと考えていた。幕府はこの忠告を受けて，長崎の通詞に対して，フランス語，ロシア語，英語といった新しい3つの言語を学習するように命じたのである。

英語学習を課された通詞たちは，1810年から数年の間に，数冊の英語に関する書物を出版した。彼らは，ドゥーフらによって作成された蘭英辞典などのオランダ語の資料を用いたり，また長崎の倉庫管理者で，それ以前にはイギリスで兵役を経験したこともあるジャン・コック・ブロムホフの指導や援助を受けたりした。オランダ語を用いて英語学習をした結果，出版された書物には，イギリスやアメリカの地名ではなく，オランダの地名が多用されるなどオランダ語の特徴が残った。また明らかに著者たちのオランダ語の綴りや文法に関する優れた知識ゆえに，その英語には綴り字の間違いもいくつか見られた。通詞たちの中でも，特に英語研究のパイオニアと目される人たちは，本木正栄・楢林高美・吉雄永保・馬場貞歴・末永祥守らであった。とりわけオランダ通詞を世襲してきた本木家は，以後も代々に渡ってその影響力を維持することになる。例えば，本木正栄の孫に当たる本木昌造は，日本で最も早く英語の活版印刷を行った人物である。

長崎よりもやや遅れて，江戸でも英語の必要性が急速に認識されていった。それは食料や水，石炭を要求したり，日本の漂流民を送還したりするために日本への上陸を試みるアメリカの捕鯨船の数が増加した頃であった。1822年には，サラセン号が浦賀に上陸を試みた。船員たちは，江戸に遣わされていた有能な若い言語学者，馬場佐十郎によって迎えられた。馬場は，こうした場面で使用するために編纂された3言語（日本語・オランダ語・英語）の会話用語集を携えていた。しかし，その会話用語集に記されていたのは，出迎えのための表現ではなく，当時の幕府の政策にそったメッセージ「二度と日本には来ないように」（オランダ語の影響が残りCome no more bij Japanと記載されていた）であった。

日本の英語研究は，その後2, 30年間の停滞期を経て，ネイティヴ・スピーカーの教師が初めて来日するという大きな出来事を迎えることになる。

この教師は，米国北西部出身の若いアメリカ人で，ラナルド・マクドナルドという，現代の人々がいささか面白がるような名前を持つ人物であった。母方の祖先がアメリカン・インディアン系であったマクドナルドは，自らのルーツが日本にあると思い込み，日本訪問を決断したのである。彼は働いていた捕鯨船から脱船し，北海道沿岸から上陸した。数週間後，彼は役人に発見され，長崎に送致された。投獄されたマクドナルドはそこで自らが送還される船を待つことになった。その間，獄中で，英語研究をしている通詞らの訪問を受けた。マクドナルドの日記には，日本語に関する彼自身の勝手気まま主観的な観察が記されている。しかし，通詞たちは彼から時宜にかなった刺激を得ていたようである。

　この出来事は1848年のことであり，マクドナルドに英語を教わった森山多吉郎（栄之助）や堀達之助ら通詞たちは，1850年代初頭から英和辞典の編纂という壮大な計画に従事した。だが残念ながら，その計画はアルファベットのBの項目の途中で，頓挫してしまう。しかし，この2人の通詞こそが，その後まもなく来航するペリーとの交渉において最も積極的な役割を果たすことになるのである。

　その後，様々な人々が国内外で英語を習得し，その普及に貢献した。福沢諭吉は，海外渡航以前に，森山から何とかして英語の授業を受けようと試みたが，失敗に終わり，結局，横浜のある店で手に入れた蘭英辞典を使って，ほぼ独学で英語を学ばなければならなくなった。福沢は1860年に幕府の命で咸臨丸に乗船し米国に渡った。1862年にも幕府の命令で文久2年の遣欧使節団に参加した。また森山も遅れて，同使節団に合流している。一方，堀は1862年に『英和対訳袖珍辞書』(*Pocket Dictionary of the English and Japanese Language*) という辞典を編纂するなど，英語普及の基礎を築いていった。この辞典に関して特筆すべきは，初期の英語関連の書物に見られるような，外国の影響を「脅威」とみなす言及が欠如していた点である。

　また中浜万次郎（ジョン万次郎）の貢献も重要であった。万次郎は仲間とともに漁に出たまま遭難したが，無人島に漂着し，そこでアメリカ船に救われた。その後，万次郎は米国に送られ，メーン州で暮らすことになり，様々な知識や技術を習得した。しばらくして，日本に送還されたが，その頃には

幸運なことに，漂流民の帰還の禁制はもはや機能していなかった。それ故，万次郎は英語に関する情報提供者として，かつてないほどの厚遇を受けた。彼の著書は，福沢のそれと同様に，一般の人々の間で今日まで続く英語ブームを引き起こしたのである。

3 幕末期における英語の台頭

　1860年代以降，第1外国語の位置にあったオランダ語が，急速に英語に取って代わられた。英語の表現集というものにオランダ語の影響が色濃く残っているその当時にあってさえ，その表現集の狙いが英語の普及にあったことは間違いない。その例の1つとして，1866年に出版された『横文字早学び』という薄い冊子本があげられる。この小冊子については，その大雑把なタイトルにも関わらず，すでに英語が核となっていたという点で注目に値する。その冊子に出てくるアルファベットには，それぞれカタカナで発音が与えられており，それらはオランダ語読みではなく，英語読みを反映するものであった。特に数字に関して言えば，それは全体的に英語読みで表わされていたが，いくつかの数字には，ほんのわずかではあるものの，長年なじんできたオランダ語読みの影響が見られた。

　実は，この時代にも，今日でさえ一般化していない英語の正確な発音に対する関心が表れていた。その証拠に，堀辰之助は自らの名前をTatsunoskayと綴った。それは，彼がオランダ語の発音の特徴にはない英語の発音を認知していたことを明らかに示している。また福沢は強調，語尾の弱子音，日本語には通常存在しない音の組み合わせなど，典型的な英語の発音の特徴を表現するために，カタカナによる転写のシステムを構築し，v音を示す文字「ヴ」を考案した。しかし，残念なことに，現代の多くの日本人にとって，その音を英語らしく発音することは難しいようである。

　英語の綴りと発音は，ローマ字による日本語の綴り方にも影響を及ぼした。明治政府によって導入された「公式の」訓令式ローマ字はある意味で系統的・規則的であり，今でもいくつかの学校で使用されている。しかし圧倒的に普及しているのはヘボン式である。ヘボン式は英語圏の人々が日本語の

音節を認識するやり方に基づいて，その音節を音訳したものである。ヘボンは上海のアメリカ人宣教師であり，日本語訳の聖書を作るための手がかりとしてヘボン式ローマ字を考案したのである。

また，英語圏からも新しい借用語が流入してきた。当初，その多くは目よりも耳から，誤解などを伴いつつ入ってきた。当時の日本人の耳では，American の第1音節である曖昧な母音を聞き取ることができなかった。そのため，「メリケン粉」ということばや神戸の「メリケン波止場」（突堤）の名称にもあるように，省略されてしまったのである。また「セビロ」に聞こえたものは，スーツを意味すると解釈され，それにうまく意味の合う当て字「背広」が与えられた。しかし，実際のところ，「セビロ」とは腕のよいスーツの仕立屋が軒を連ねていたサヴィル・ロウというロンドンの通りの名称であった。

その当時，初めて輸入された西洋製の機械の1つに，ミシン（sewing machine）がある。"machine" ということばは，耳で聞き取った音から「ミシン」というカナが当てられ，日本語に溶け込んだが，その意味の範囲はミシン（sewing machine）という機械に限られている。一方，「マシーン」として目を通じて再び入ってきた同じことばには，そのような意味の限定がない。同語源のことばでありながらも，このように異なる時期に輸入された，2つのことばの間では，しばしば古い方のものは耳で聞き取った音を表現し，反対に新しい方はことばの綴りの読み方に忠実になるというような傾向がある。それは，18世紀にオランダ語から輸入された「ガラス」と，19世紀に英語から輸入された「グラス」を比べてみても明らかである。

4 近代英語教育の誕生

英語教育は，1855年に設置された洋学所で始まった。この洋学所は数回の名称変更後（その中には，少し軽蔑的な意味を持つ「蕃所取調所」も含まれる），東京帝国大学へと発展することになる。大隈重信をはじめ，後に維新志士となる人々に英語を教えたオランダ生まれの米国人宣教師ヴァベック（日本では，フルベッキとして知られている）は，幕末期に英語の専門教育を

日本各地で受けられるように推進した。そして明治維新からわずか5年後の1872年、初期の義務教育制度が施行されると、まもなく英語教育が日本全国の中等学校に導入された。例えば、松江中学校では、1878年に「第二科英学」という教科が取り入れられた。西田千太郎もその授業を聴講していたが、彼は後にラフカディオ・ハーンの親友となり、ハーンを母校に外国人教師として招くことになる。

　ハーンが松江にやってくる頃には、「お雇い外国人」という概念は全く新しいものではなくなっていた。1869年にアメリカ人のパーシヴァル・オズボーンが招かれたのを皮切りに、すでに多くの外国人が日本に英語や近代的な教育方法をもたらしていた。ハーンは古い日本のエキゾティシズムの優越性を描いたが、当時、日本を席巻していた西洋化の熱狂のゆえに、最初の職を見つけることができたというのは、いささか皮肉な話である。

　だが、外国人教師のみが英語教育に寄与したわけではない。早い時期に海外留学を経験した日本人も英語教育に大いに貢献した。津田梅子もその留学経験者の1人である。梅子は1870年の岩倉使節団でアメリカに派遣され、6歳から18歳までそこで過ごした。そうした大変珍しい経験によって、彼女は1人のネイティヴ・スピーカーとして認められ、その後、女子英学塾（現・津田塾大学）を創設した。20世紀初頭には、夏目漱石がイギリスへ留学し、帰国後、東京帝国大学などの講師として活躍した。また政府の役人も英語教育に対して援助を行っていたが、森有礼にいたっては、日本の公用語として英語を採用しようと提言していたほどである。

　当時の英語の教科書についてであるが、初期に導入された教科書は輸入品であった。その最初の教科書とは、『ウエブストル氏ゼイレメンタリースペルリングブック綴字書』(*Webster's Elementary Spelling Book*) と『サンダル氏ユニオンリードル』(*Sander's Union Readers*) である。しかし、1880年代も半ばになると、日本で編集された教科書も刊行されるようになった。例えば、日本で始めてシェークスピアを翻訳した坪内逍遥は、1885年にウィルソンズ・リーダーの『英文小学読本』を翻訳した。それ以後も、様々な人々の手で英語の教科書が作成されたが、文部省は、1886年に教科書検定制度を導入し、自らも『小学校用文部省英語読本』(1908) などを刊行した。

5 辞典出版に見る英語の普及

　2007年は，研究社という出版社の創立100周年にあたる。研究社は創立以来，辞典市場や一般の英語教育の分野で強い影響力を持ち続けている。しかしその立場は決して，「独占」と呼べるようなものではなかった。というのも，20世紀の日本は，辞典が広く一般にまで普及しており，出版社の多くが容易に高い利益を得られたからである。その証拠に，三省堂は，1880年代にはすでに英語の教科書の出版を積極的に行っていた。その一方で，1918年に設立され，長年にわたって英語教育雑誌の出版に関わってきた大修館は，1980年代から「ジーニアス」シリーズを出版するなど，比較的最近になって英和辞典市場に参入した。また1922年設立の小学館は，後にランダムハウスとの共同事業を通じて，辞書出版において重要な地位を築くに至った。

　また世界中にいる *Oxford Advanced Learner's Dictionary* の利用者の間で，その英英辞典がA.S.ホーンビーの発明品として第二次世界大戦以前に日本で誕生したという事実は，あまり知られていない。ホーンビーは，1936年に日本を離れたH.E.パーマーの後任として，東京英語教授研究所の所長となった人物である。彼は，旧制専門学校で教鞭をとっていた時代に，すでに英英学習辞典の必要性に気づいていた。*Idiomatic and Syntactic Dictionary* という初版のタイトルからも，「辞典とは単なる語の意味を解説する以上の機能を備えた教育のツールである」というホーンビーの理解を窺い知ることができる。ちなみに研究社の『英和活用大辞典』は，そうしたホーンビーの考え方に基づいて編纂されたものである。また近年の英和辞典は全て意味の対応関係のみならず，使用例を提示すべきだという前提で作られている。

6 イギリス英語の受難からアメリカ英語の普及へ

　1920年代と30年代を通じて，イギリスの研究者が日本の英語教育における主導権を握っていたが，戦争が激化する1940年代なると逆境に苦心する

ことになる。この時代には，英語が野蛮な言語，あるいは敵国の言語として認識されたのである。すでに退職して長い早稲田大学の元教授は，インドネシアで日本帝国陸軍の学徒兵として従軍していた際に，ポケットに英語辞典を所持していたためにビンタを張られたと，冗談交じりに語っていた。その当時，政府は，野球などのスポーツや遊びの中で使用されていた英語の言い回しを漢語表現に置き換えようと試みた。一方で，ドイツ語は高い地位を得ていたが，この言語については，すでに医学や他の高等教育の領域においても極めて強い立場にあったことを留意しなければならないだろう。

　戦後，米軍の占領に伴う在留アメリカ人の増加やその文化的魅力，政治的・経済的影響の下で，イギリスの影響力が低下していった。その結果，アメリカ英語は，実用的であるという理由から高い人気と地位を得るに至った。日本語が近代的な改良を経てきたのと同様に，学校で教える英語の形式も，発音，綴り，文法，語彙，イディオム，アメリカ文化の内容の記載といった点で，変化していった。このことは，政治的・経済的な面での急速な戦後復興に成功した日本人のプラグマティズムを反映していよう。しかし，このようなアメリカモデルの全面的な採用が，世界のどこよりも日本や韓国，台湾において極端な形でなされたという事実を，日本人は忘れがちである。

7　英語は日本語のコミュニケーションに不可欠

　ところで，英語が日本語の中に「自然に」取り入れられるようになったのは，大正期である。借用語が「新しい所有者」である日本人の「財産」として扱われた。借用語に新しい発音や「英語ではない」省略形，異なった文法や意味さえも付与するような傾向が定着していった。その例として，permanent wave という英語の省略形である perm と日本語の「パーマ」があげられよう。また modern girl, modern boy に由来する「モガ，モボ」もその例の1つである。日本語と英語の要素の合成である「円タク」(a one-yen taxi) も指摘できる。また英語の補助動詞である let's と，文法に関わりなく使用される「レッツ」もあげられる。これらの例の中には，現在使われていないものもあるが，こうした傾向は今日でも散見される。例えば「テレビ」(TV)，

「ハンスト」(hunger strike)、「アップ」(up) などがあげられよう。このように，日本語における数多くの新語の考案は，その背景にある英語の知識に依拠していると言える。それは，ただ単に新しいことばの受容というだけでなく，英語を日本の文化的状況に適合させ，受容可能なものに作り上げるという日本人の創造力と関わっているのである。

今日では，日本人が歴史を通じて使用してきたひらがな，カタカナ，漢字に加え，アルファベットが日本語で十全なコミュニケーションをとる上で，不可欠なことばになっている。例えば，JR や UFJ，PC といったことばについては，日本語にはそれに代わる慣用句，あるいは口語表現が存在しない。シンプルな日本語によって別の表現が可能なときでさえも，往々にしてアルファベットによる表記の方が好まれる。例えば a.m.，p.m.，NPO，JAF などがそれに当たる。またwという文字は，「Wサイズ」などの表現にもあるように，double（二倍，二重）の意味で用いられる傾向にあるが，このような使い方は英語には存在しない。日本人のアルファベットに関する知識は，外国語については言うまでもなく，日本語にとっても必要なものとなっている。

8 日本人の英語学習における困難の原因

1950年以降の日本の中等教育において，英語は事実上，義務教科の位置にあったと言える。かつて，確かに文部省の法規から，ドイツ語やロシア語などの言語教育を認めることで，英語以外の外国語の存在を認めるそぶりが見て取れたが，ほとんどの学校はそのような多言語教育を行う機会に恵まれなかった。ただし，早稲田大学高等学院はその例外の1つである。この学校は，自信をもって英語以外の言語教育を行っていたのである。それが可能だったのは，ここの生徒たちが，学力テスト，あるいは思考能力テストといった目的のために，英語を使う必要がなかったからであろう。

英語は大学入試科目として広く用いられることで，義務教科となったわけであるが，そうした状況が若者を対象とした，入試合格に求められるスキルを訓練する巨大な教育産業を生み出した。いろいろな意味で，英語が試験目

的のために使われるようになった。入試の英語は，英語圏でかつて試験に用いられていたラテン語と同様に，読解力と作文力の両方の観点から受験生の素質を試すものである。しかし残念なことに，そうした試験は，英語のヒアリングとスピーキングというコミュニケーション能力の獲得とは，全く反対の方向に向かっている。

また，日本人一般の英語能力の水準や日本人の英語に対する態度に対しても，強い批判が向けられている。日本人の中には島国根性的な態度をとる者もいる。その直接的な原因は，日本が外国，特に英語圏から地理的に離れていることに求められるだろう。英語教育を受けている中学生（あるいは小学生）のほとんどが，「外国人」と直接にコミュニケーションをとる機会に恵まれていないように思える。

一般的な日本人の英語能力に関する欠点としてあげられるのは，発音の問題である。他言語に比べて，日本語には少数の音しか備わっていない。日本人の英語発音の学習において根本的な障害となるのは，日本語における子音結合の欠如，音節における末尾の子音の欠如，二重母音と三重母音の欠如，英語とは極端に異なる強調と音程のパターンなどである。日本語にはない英語の子音は，[f]，[v]，[θ]，[ð] である。[s]，[ʃ]，[n]，[ŋ] といった子音の分布は，英語に比べ，日本語では限定されている。日本人の英語学習者にとって，聞き取りと発音の両方で，[l] と [r] の違いは特につまずく点である。また [ə] と [ʌ] といった母音は，しばしば誤って聴き取られ，それぞれどちらか一方の音に当てられてしまう。さらには，英語の借用語のカタカナ書きも，多くの点で本当の英語の発音を表記するには全く適していない。

これらは，多くの日本人が幼少期に英語を耳にしたり，あるいは英語が話される環境で生活する機会に恵まれなかったという事実を示している。幼少期に間違った発音を身につけてしまうと，その後の英語学習に不利に作用してしまう。

今日では，英語教育を小学校にも導入する動きがある。幼い子どもたちに英語を課す必要などない，あるいは日本語力の低下を認識し，まずその状態を改善するほうが先だと考える人々がいる一方で，国際化のために早期の英

語教育を推進する人々もいて,大きな論争となっている。いずれの立場をとるにせよ,非専門家による英語教育を,若くて感受性に富む子どもたちに課すことの危険性については意見が一致している。特に発音については,その学習を始めるのが早ければ早いほど,学習者を正しく教育しうる。しかし,英語の早期教育の導入を急ぐあまり,政府は英語教育を専門としない教師を配置することに伴う多大なリスクを,無視しているのではないかという危惧が様々な立場から表明されている。

9 英語教育の現状

　文部省(現・文部科学省)は,コミュニケーションの観点から英語教育を行うことができなかったという責任を幾度となく問われてきた。しかし,実際に文部省(現・文部科学省)のガイドラインについての報告を見てみると,ほぼ7年毎に見直され,その度に,オーラル・コミュニケーション教育の必要性が繰り返し強調されていることがわかる。そうした英語教育に対する政府の真の意図は,1980年代に設置され,その後も順調に活動の幅を広げている「語学指導等を行う外国語青年招致事業」(JETプログラム)の理念と実践に表れている。そのプログラムには英語指導助手(ALT)という職種も含まれるが,そこに関わる多くの外国人青年は,日本人の英語によるコミュニケーション能力の向上のために尽力している。

　こうした中,英語教科書のあり方も変化している。もちろん今日の英語教科書においても,正確な文法を教える項目を含める必要がある。しかし,その内容は現代の日常生活に即したものとなっており,会話練習の単元も含まれている。学習者が英語を退屈でアカデミックな教科というより,むしろ生き生きとした言語として理解できるように工夫がなされているのである。

　また教科書と同様に,ラジオやテレビなどのメディアも英語教育の重要な役割を担っている。戦後まもなく,GHQの影響の下,ラジオの英語番組が大きな人気を博した。「カムカム英語」(Come, Come, English)という番組は,NHKで早くも1946年2月に平川唯一(「カムカムおじさん」の愛称で親しまれた)の司会で始まり,5年間ほど続いた。それ以来,ラジオやテレビ

の英語番組は，日本の教育放送において一般的となり，また不可欠なものとなったのである。それらは学校の授業で補助教材として使用されたり，娯楽として視聴されたりしている。例えば，現在 NHK で放送されている「英語でしゃべらナイト」という番組が，教育的な内容というよりは，娯楽的な価値を持つものと見なされているように，英語番組は教育チャンネルに限定されていないことがわかる。

英語教育をめぐる新しい動きは，日本の主要大学にも見られる。早稲田大学の国際教養学部や立命館アジア太平洋大学は，英語による講義科目を設置した（ただしキリスト教の理念の下に設立された上智大学，ICU，南山大学は早くからそうした講義を行っていた）。それは，英語が単なる学習教科に過ぎないというイメージから学生を解放し，英語が本当の意味で生きる手段であると学生に気づいてもらうという試みである。例えば，早稲田大学の国際教養学部の学生には，1 年間の海外留学が義務づけられている。これは，学生自身の言語スキルを改善する機会であるだけでなく，ホストの国の人々に，日本人が言語に対して全く苦手意識を持っていないことを提示する場となっている。

メディアや教育機関に見られる英語教育への関心は，日本人一般の英語に対する意識をより一層高めていると思われる。例えば，それは英語の資格試験の受験者数にも顕著に表れていよう。極めて高い割合で，日本人は TOEFL や TOEIC を受験しているが，これらのスコアの数字情報を見ると，日本人の英語能力が他のアジア諸国と比べて極めて低いレベルにあるということが浮かび上がってくる。しかし，これは必ずしも日本人の英語能力の低さを証明しているわけではない。そのように見えてしまうのは，少し準備をしてから試験を受けたほうが良いと思われる受験者によって，平均スコアの統計が歪められてしまうからである。反対に，他の国々においては，英語に関して自信と高い能力を備えた人々だけが，受験料を払って受ける傾向にあるという点に留意する必要がある。一方，日本独自の英語能力テストである英語検定試験（英検）は，英語の全くの初心者からネイティヴに近い人々まで対応できる広範囲の能力レベルと，個々人のレベルに適したスタイルや試験内容を備えており，近年，一層の人気を博している。英検は国際的にも認知され

つつあり，現在では数カ国の大学で入学資格の1つとして採用されている。こうした日本人一般の英語に対する強い関心，あるいはその関心を背景とした日本独自の資格試験の充実ぶりと国際的認知度の高さといった事実を踏まえれば，日本人の英語能力に関して，外国人が持つイメージは着実に改善されていると言える。

　このように日本の英語教育をめぐっては，様々なレベルで変化の兆しを観察することができる。日本における英語は，もはや大学に入学するための単なるツール，あるいはスウェットシャツや野球帽，ポスターに見られるナンセンスなスローガンを生み出す源ではなくなっている。

（訳　佐川佳之）

参考文献

Fujimoto-Adamson, Naoki "Globalization and History of English Education in Japan," *Asian EFL Journal*, Vol. 8, Issue 3, 2006.

後藤正次著　*The Historical Background of English Education in Japan*　思文閣出版，1998。

中田康行著　*Language Acquisition and English Education in Japan*　晃洋書房，1990。

杉本つとむ『日本英語文化史資料』八坂書房，1985。

高梨健吉『日本英学思考』東京法令出版，1996。

10　現代の韓国人と英語
―― 「世界化」の潮流と言語観の変容 ――

樋口謙一郎

1　はじめに

　本稿は，韓国の「世界化」戦略と英語教育の関係について考察を加えるものである。

　日本で「韓国の英語教育」と言うと，大方の印象としては，何やら突飛な，矛盾めいた感じを受けるかもしれない。「韓国は韓国語の国であり，韓国人は英語についてはノンネイティブではないか。韓国の英語教育に注目してどうなるというのか」といった印象が一般的だろう。

　しかし実際には，そのように簡単に割り切れるものではない，と断言できる。日本の隣国にして，世界で最もモノリンガルな国の一つと位置づけられる韓国は，1990年代以降，「世界化」の旗印のもと，大胆な英語教育改革を展開しており，英語学習に熱をあげる学生，社会人，そして子どもの親の姿は社会現象にさえなっている。

　さらに言えば，この国の対米認識は，同じく米国と緊密な関係を持つ日本から見ても興味深い。さまざまな調査・研究が示すように，韓国人の対米認識は親米と反米が入り混じった，屈折とも二律背反ともいえる複雑なものであるが[1]，その様相や背景については日本の場合との共通点も多い。いまや「韓国の英語教育」は，英語教育にかかわる日本人にとって，知らないでは済まされないホットイシューとなっている。

　本稿では，韓国の英語教育が，いかなる環境や意図に基づいて展開されて

きたのかについて、特に初等英語教育を議論の出発点に据えて考えてみたい。初等英語教育を扱うのは、その経験が、日本で現在準備が進められている小学校英語教育の必修化の参考となる先進事例として、しばしば注目されるからでもあるが、それだけではない。韓国の初等英語教育をめぐる背景や状況は、1990年代以降の韓国において喧伝されてきた「世界化」の潮流を反映している。その観点から、本稿では、英語教育に織り込まれた現代韓国人の対外認識と言語観の変化に着目してみたい。

2 韓国の初等英語教育

1 概　要

　韓国では初等学校（小学校）での英語教育が正規教科化されている。教育部（現在の教育人的資源部）は1995年に国民学校（現在の初等学校）において英語を正規教科とする方針を決定、同年11月に第6次教育課程（1992年告示、1995年実施）を改定した。そして、1997年3月の新学年から英語を必修科目（週2時間）として第3学年より年次進行により導入し、2000年に第6学年まで導入した。

　この後、教育部は1997年12月、第7次教育課程を告示。2000年より順次実施されている。現在は同課程のもとで、第3～6学年を対象とし、第3、4学年には週1時間、第5、6学年には週2時間（1授業時間は40分）、英語教育が正規教科として実施されている。

　初等学校においては特に音声言語を中心とし、文字言語は音声言語の補充手段として使用することとされている。第3学年は聴解と会話のみで構成され、第4学年から読解、第5学年から筆記が、それぞれ追加される。基本的語彙は、第3学年が80～120単語、第4学年が80～120単語、第5学年が90～130単語、第6学年が90～130単語となっている。

　授業形態は、児童の学習能力の差異を考慮した「深化・補充型水準別授業」を採用しており、具体的には、共通課程である「基本課程」のほか、基本課程の達成水準に達しない児童を対象とする「補充課程」、もしくは基本課程の達成水準に達した児童を対象とする「深化課程」を追加的に実施

ことになっている。

　なお，この現行の第7次教育課程では，小中高一貫教育が目指されており，小1-高1は「国民共通基本教育課程」として一貫性のあるカリキュラムを編成し，高2-3は「選択中心教育課程」の水準別授業を実施するとされる。このような制度の下，英語教育においても，優秀な児童・生徒の学力はさらに積極的に伸ばすことが企図されている。

2　初等英語の教科化の背景

　以上に見たような今日の韓国の初等英語教育は，英語学習時期の低学年化とともに，従来の文法や読み書き主体の英語教育からコミュニカティブな英語の教育への転換という特徴を持つ。あまり触れられることはないが，この英語教育改革の背景は韓国人の対外認識，言語観と言語政策を考える上で重要である。つきつめていくと，それは1990年代の金泳三政権期の「世界化」戦略にたどりつく。

　韓国の「世界化」はしばしばグローバリゼーションと同義に扱われるが，金泳三政権が掲げたそれは，韓国経済が世界経済システムに組み込まれるなかで，それに見合った国家の競争力を養成・創出することを目指す政策的意味合いが強いものであった。なかでも教育における世界化が金泳三政権において重視されたことは，当時の教育政策が従前のものとは質的に大きく異なっていたこと，また，以下に述べるように，世界化推進委員会という教育部から独立した機関の影響を受けていたことからも推し量ることができよう。

　すでに述べたように，初等学校の英語教育を教科化することが決まったのは1995年のことである。金泳三政権期の1995年 2月（21日付），「世界化推進委員会」（国務総理諮問機関）が「世界化推進のための外国語教育強化方案」の一環として，国民学校3年生から英語を正規教科として指導することを政府に提案し，これが初等英語教育実施の決定打となった。

　この「強化方案」は，英語教育を韓国の対外的言語戦略として明確に位置付けた最初の公的文書だと考えられる[2]。この文書では「世界化のためのインフラストラクチャーとして海外情報の消化能力を向上させ，われわれが世界の中心的国家の役割を積極的に拡大していくためには外国語が必須の道

具」と指摘，当時の英語教育に対する基本認識を次のように示していた。

○世界化の過程で民族主体性の確立，歴史意識の向上，固有文化の保存などのためには，国粋主義的な外国語排斥より，むしろ世界文化の選別的受容能力と文化的均衡感覚を持つように誘導しなければならない。また，表現しようとする考えを，筋道を立てて集約できる能力の開発は，すべての言語学習において共通に要求されることであり，国語教育と外国語教育の間には相互補完の効果をもたらすことができる

○いままでの単語，文法中心の外国語教育から，理解技能（リスニングとスピーキング），表現技能（リーディングとライティング）中心，すなわち意思疎通中心の教育に一大転換することが必要である。いままでもこのような方向転換の試みがあったが，それらが失敗した大きな要因は，①教師の意思疎通能力不足，②外国語教育の動機が微弱であること，③意思疎通能力培養に不適切な，画一化された教材——などである

○このような失敗要因のうち最も重要なのは教師問題である。教師の意思疎通能力培養および授業技術の変化が，わが国の英語教育成敗のカギになる。このためには比較的長期間の集中的な訓練が必要である。従来の研修機関および方法では，このような目標が達成され難い。したがって，研修内容の画期的な転換および国家次元の果敢な投資と関心が切実に要求されるのが実情である

○基本的な意思疎通手段としての外国語は，すべての国民を対象にするが，一定水準以上の外国語意思疎通能力は，それを必要とする人材のみを対象として，集中的で効率的な訓練をしなければならない

続いて「強化方案」は，国民学校英語教育の強化のほか，教師養成，教師の国内英語研修の強化と海外研修拡大，外国語教材の開発・活用，英語接触機会の拡大，国際大学設立と外国大学分校設立の許可，大学入試における外国語使用能力評価の反映拡大，外国語能力検定制の導入・活用，第2外国語教育の強化など，国民の外国語力（特に英語力）の向上に向けた広範な施策を提言している。このなかでも，国民学校英語教育の強化は第1の施策に掲げられており，世界化推進委員会が，この施策を重視していたことも推し量

ることができるだろう。
　このような「強化方案」を受けた教育部は，1997学年度の国民学校3学年から学年進行で段階的に英語を正規教科とする基本方針を決定，1995年3月に教育課程開発作業を開始した。その後，同年11月に第6次教育課程(1992年告示，1995年実施)を改定，1997年3月新学年から英語を必修科目として第3学年より年次進行により導入し，2000年に第6学年まで導入した。
　以上の経緯は，韓国の初等英語教育の実施が，教育部ではなく大統領主導で進められたことを示している。実際，韓国の教育部は当初，早期英語教育の実施時期を1997年もしくは98年，実施対象を国民学校（現在の初等学校）5年生以上にすべきとの考えであった。しかし，世界化推進委員会が打ち出した1997年から国民学校3年生以上を対象に週2時間の英語教育を行うとの方針に従ったことになる[3]。
　韓国の初等英語の教科化は，このように金泳三政権の主導下で開始された。ただし，そうはいってもこの政策が唐突だったというわけでは必ずしもない。韓国ではすでに1982年から，国民学校（現在の初等学校）4学年以上の特別活動時間に週1時間程度の英会話教育が実施されていたし，1990年第初頭には，教育部が英語を国民学校上級学年から正規教科（選択科目）とする方針を決めながら，学校や教員養成の現場の限界やメディアの批判もあって実現しなかったという経緯がある。この意味では，韓国における初等英語の教科化は，1997年の時点で，すでに「満を持して」実現したものといえるだろう。

3　初等英語教育の評価をめぐって

　以上のような背景を持つ初等英語の教科化の成果はどうであろうか。初等英語の教科化開始から10年を経た今日，その評価に関心が集まっている。
　例えば2006年，韓国の英語教育研究チームが発表した報告書によれば，2003年の高等学校1・2年生（準拠集団）に比べて，初等学校で英語を学んだ2006年の高等学校1・2年生の英語の成績が良いことを示した（総点比較で03年の414.5点から06年には459.6点へと上昇している）[4]。
　ただし，このような数値をもって初等英語教育の成果とすることには若干

の留保が必要であるように思われる。なぜなら,韓国の英語教育は公教育よりも「私教育」,すなわちプライベート・セクターによってリードされており,生徒の英語力向上も私教育によるものである可能性があるからである(韓国の私教育の実態については後述する)。

　筆者はむしろ,既存の政策がときを経ていかなる修正を加えられようとしているかという過程にこそ,その政策の評価が最もよく反映されていると考える。政策を実際に運用してみて明らかになった,政策決定当時には測りきれなかった問題点に,いかに対処しようとしているかを見れば,その政策がどのように評価されているかを間接的に知ることができるだろうからである。

　現在適用されている第7次教育課程の初等学校と中学校の英語教科課程については,先ごろ修正が加えられ,2006年8月に「初・中等学校教育課程部分修正告示」として公表されている(教育人的資源部告示第2006-75号,以下,修正告示と略記。2009年3月より順次実施予定)。

　この修正告示においては,第7次教育課程で初めて登場し,同課程の大きな特徴の1つであった「深化・補充型水準別授業」の規定がなくなり,かわりに各学校が水準別授業運営を自律的に行えるようになった。この点をどう見るかは,実際にこの修正告示が運用されてみないとわからないことも多く,ここでは,このような短期間での方針変更はやはり韓国の英語教育が依然として試行錯誤の段階にあることを示していると指摘するにとどめる。本稿の関心からは,むしろ教育課程における英語の位置づけを比較してみると興味深い。第7次教育課程では,英語教科の項の冒頭で,英語の性格に関して次のように述べられている。

　「英語は国際的に最も広く使われている言語である。したがって,世界の潮流に乗り,国家と社会の発展に寄与し,世界人として質の高い文化生活を営むためには,英語で意思疎通を図る必要がある。」

　これに対して,修正告示の記述は次のようになっている。

「近年，国家間の交流は多様な分野で迅速に進行し，国家間の相互依存度はさらに深まっており，国際的競争とともに国際的協力の必要性も増大している。これに加えて，情報技術の発達により，知識と情報に基礎を置く知識基盤社会への移行は，個人の生活から国家政策に至るまで社会のあらゆる分野にわたって知識と情報を理解する能力とともに知識と情報を生産して伝達する能力を要求している。／このような環境で，英語は国際的に最も広く使われている言語として，それぞれほかの母国語を持った人々を理解し，彼らとの意思疎通と紐帯が可能にする国際語としての重要な役割を果たしている。したがって，未来を生きていかなければならない初等学校児童や中学生にとって，英語で意思疎通できる能力は学校で養うべき核心的な能力である。すなわち，国家と社会発展に寄与し，世界人として先導的な役割を果たし，幅広い文化生活をするためには，英語を理解して駆使する能力は必須だといえる。英語で意思疎通する能力は，すなわち国と国を結ぶ重要な架け橋であると同時に，国家間，文化間の理解と信頼を通じてわが国を発展させる原動力になるからである。」

　第7次教育課程の記述に比べ，字数が大幅に増え，人材育成という観点から英語教育の意義が具体的に述べられている。従来よりも大胆に，世界化戦略と英語教育の関連について述べられており，人材育成の側面がよりクリアに打ち出されているといえる。
　しかし，ここにある種の切迫感のようなものを同時に感じるのは筆者だけだろうか。この思いから，次章以降では，韓国社会における英語志向にかかわる問題をとりあげ，その展望について考察していく。

3　韓国社会の英語熱の実態

1　英語熱と私教育

　英語に対する切迫感という点については，韓国における英語の「私教育」を扱った2つの映画をとりあげて考えてみたい。
　2002年の韓国映画『神秘的な英語の国』（パク・ジンピョ監督）は，衝撃的

な作品である。

　≪1999年の冬，ソウルのある名門幼稚園でクリスマス会が開かれている。6歳のジョンウは，ほかの子どもたちとともに英語の歌をうたっている。だが，ジョンウの母親はがっかりした。息子の発音がネイティブの子どもに比べて劣ったからである。それから3年後，ジョンウは手術台の上に横たわっていた。両親はRとLの発音が上手になるよう，ジョンウの舌を一部切除する手術に踏み切った。手術の痛みに絶叫するジョンウ。嫌がるジョンウを押さえつけ，手術を進める医師と看護婦，そして母親。手術を終えて，ご褒美にもらったおもちゃを，ジョンウは力まかせに床に投げつけた——。≫

　あらすじだけでも十分におぞましいが，映像では，手術が進むにつれて高まる子どもの絶叫と，生々しい血まみれの「麻酔→固定→切開→縫合」シーンの大写しが延々と続く。正視できる観客がどれほどいるのかと思ってしまう映画であるが，さらに驚かされるのは，これが実話をもとにつくられた作品だということである。

　一方，2003年に韓国で公開された映画『英語完全征服』（キム・ソンス監督）は，英語にコンプレックスを抱く現代の韓国人をコミカルに描いたラブ・コメディであった。

　≪SorryとThank youしか言えず，空想の世界にのめりこむ癖のある平凡な地方公務員ヨンジュは，ある日，役所を訪れた外国人に英語で話しかけられ，まったく返答できなかったことをきっかけに英会話教室に通うようになる。ヨンジュはイヤイヤ授業に向かったのだが，そこでハンサムなクラスメイト，ムンスに一目惚れをしてしまう。ムンスは運命の恋人に出会ったときには必ず英語でプロポーズと決意している勘違いのお調子者で，クラス担任のブロンド美人教師に夢中だった。ヨンジュは彼のハートを射止めるために，英語を完全にマスターしてみせると張り切る。辞書を破って丸呑みしたり，家族を巻き込み英語だけの会話を強要したり，思いつくあらゆる方法を試す——。≫

　かたや告発，かたやコメディを基調とした作品であるが，両作品とも当の韓国人ですら違和感なりサプライズを受けるからこそ，映画になるといえ

る。

とまれ，この10年で韓国人の英語熱は急速にそして大きく高まった。そして，英語熱の高まりは，英語学習の低年齢化に拍車をかけた。例えば，英語幼稚園という，先生も外国人，授業も英語で行われる幼稚園は学費が高額であるにもかかわらず大人気である。早期留学も活発化し，「キロギアッパ」(雁のお父さん)なる言葉も登場した。これは，子弟の教育のために家族を外国に居住させ，自分は韓国で働きながらたまに家族を訪ねる父親ということである。それだけ留学や語学研修の低年齢化が進んでいるということでもある。

このような早期に私教育で英語を学んだ子どもが，初等学校3学年から始まる英語をつまらないと感じたとしても無理もない。つまり，いまの韓国は，私教育の後を公教育が追いかけているものの，追いついていないという状況にある。

また，こうなると，学校で英語を学ぶ初等学校3学年になるまでに，児童の間に英語力格差ができてしまっていることも多い。裕福な家庭は子どもを積極的に海外に送って語学研修を受けさせることができるが，それができない家庭も多いからである。そこで韓国ではいま，全国の自治体が「英語村」という英語学習テーマパークをつくっている。ここでは，イミグレーションや税関を通過して「入国」し，買い物や食事もすべて英語で，外国のシステムに沿って行う仕組みとなっており，スタッフもすべて外国人で英語以外は通じない。留学に行くことのできない子どもも外国体験ができるということになっている。

2 近年の英語熱の要因

問題は，このような近年において急速に高まっている英語熱はなぜ生じたのかということである。まず，1997年末のIMF危機が韓国人の英語熱の高まりに与えた影響が極めて大きい。IMF危機で韓国の株価が暴落した際，外国資本(特に欧米が積極的で，日本は相対的に少ない)が大量に流入したほか，外資は韓国企業のM&Aにも積極的で，金融部門をはじめ，機械，製紙，化学，電子などの主要業種に入り込んでいる。このように，外国資本の

韓国経済に対する影響力の増大によって,韓国経済は国際化が進む一方,米国式市場経済と,グローバルスタンダードを強いられるようになった。それは,韓国が長い間つくり上げてきた慣行や文化と衝突する側面もある。IMF危機後の1998年にはベンチャービジネスが活性化し,新設法人が倒産法人の2倍を超えた。このことはまた,韓国経済に活力をもたらしただけでなく,経営者の顔ぶれを入れ替えることにもなり,主要な企業や銀行のトップの若返りにも結び付いた。結果的に,IMF危機は韓国社会の伝統としての地縁・血縁の影響力を低下させ,一流大学から財閥企業へという就職慣行や,弁護士や会計士といった士(師)業の地位も変容させた。そして,個人主義,自由主義が強くなり,社会的成功のかたちも多様化した。

しかし,このことはまた,所得の不均衡を加速し,経済的格差を拡大するものもあった。IMF危機の前と後で比較すると,所得基準のジニ係数(所得や資産の集中度を示す指標・小さいほど社会の平等度が高いとされる)は,1997年の0.283から2004年には0.310となっており,これに所有不動産の価格変動などを加味すると,両極化の指数は1997年の0.0505から,2004年には0.1199となっているという[5]。

韓国の経済・社会のかような激変が,韓国人を英語に駆り立てるのに大きく作用したのは言うまでもない。韓国は現在,10万人近くの留学生(留学ビザ取得者)を米国に送り出しており,その数はインドや中国をも超え,全体の約15%を占める[6]。韓国の人口が約4800万人に過ぎないことを考えると,この数は他国を圧倒しているといえるだろう。これは留学経験が現在の韓国におけるキャリア形成に大きくプラスになるからにほかならず,韓国人はだからこそ英語を学び,また子弟に英語力を身に付けさせようと躍起になっている。

韓国の英語熱の高まりに関連して,もう1点注目しておくべきは,「韓国社会の国際化」という現象が注目される。韓国社会の国際化とはどういうことか。韓国は,従来,単一民族国家をなし,また政策的にもその擬制にこだわってきた。しかし,1990年代後半以降,韓国社会は国際化し,外国人労働者や在外コリアンを韓国社会に受容してきている。このこと自体が実に興味深い現象であるが,このことが韓国人の英語観にも変化をもたらしている

と考えられる。その変化とは，英語を「米国の言語」としてだけではなく，国際共通語として見る態度への転換である。

「国際共通語としての英語」などと言うと，何をいまさらと思う人もいるかもしれない。しかし，多くの韓国人にとって従来，英語とは事実上，「米国の言語」だったのであり，それは，日本統治終結後まもなく始まった米軍政（1945-1948年），朝鮮戦争，さらにその後の米国による対韓援助，38度線だけでなくソウル中心部にも存在する米軍の存在といった具合に，韓国社会において圧倒的だった米国の存在感に起因することでもあった。韓国人にとって最強の外国は米国，その次は日本…やや乱暴に決めつければ，韓国人の対外認識の根底にはそのような感覚があった。

かつて朴正熙政権期（大統領在任：1963-1979）の「国籍ある教育」は言語にもナショナリズムを持ち込み，「韓国人の言語は韓国語」という命題をより強固なものにした（このように，言語と国籍を結び付ける発想は日本人にはさほど違和感がないといえるかもしれないが，相応の国内的環境と政策的推進力が伴わないと一朝一夕に実現されるものでないことは言うまでもない）。だから，「英語は米国人の言語」であることが自明とされ，英語を学ぶときには米国人らしい英語を求め，それを与えてくれない韓国の英語教育は揶揄されもした。日本やほかのアジア諸国が国力と自信を持ち始め，それらの国々の人々が英語は米国人だけのものではなく，国際共通語，あるいは域内共通語だと考えるようになっても，韓国人がそのような意見に同調することは稀であった[7]。

この状況が近年，少しずつではあるが変わろうとしている。IMF危機を乗り切る際の構造調整は低賃金の外国人労働者の雇用を促進し，1992年に約4万人だった外国人労働者数は2005年には約40万人に増加した（非正規滞在労働者も同期間に約4万人から最大約28万人に増加）[8]。在外コリアンが韓国社会で活躍する機会も増え，先に見たように，海外留学も決してごく一部の富裕層のものというわけではなくなった。

このようにして，従来，「単一民族・単一言語」の枠組みを頑なに維持してきた韓国社会が国際化し，韓国人にとって英語が少しずつ身近なものになってきている。そして，多くの韓国人が英語を国際共通語とみなすようにな

り，だからこそ，英語の汎用性に気づいた韓国人が，さらに英語学習に力を注ぐようになってきている。先に見た教育課程の修正告示にも，そのことが明確に反映されている。

4 英語熱の裏で——国語をめぐる葛藤——

　上で取り上げた2つの映画は，ともに韓国人の英語熱を風刺したものであるが，一方は見る者を戦慄させるドキュメンタリー，もう一方は民族自虐的な面を持つラブ・コメディと，その内容や性格は両極端である。しかし，2002年，2003年という近い時期に発表されたこの両極端な作品の存在は，そのまま，韓国人の英語観の分裂を反映しているといえるかもしれない。つまり，韓国人の英語熱の行き過ぎを警戒する態度と，そのような英語熱を滑稽に思い，自虐的にとらえる見方の両方が，韓国社会には同居しているのである。さらに言えば，英語熱の高まりが英語を母語としない韓国人社会に何らかの弊害をもたらしているとか，いかに英語に熱をあげても英語力がすぐに向上するわけでもないという「英語志向への批判」と，それにもかかわらず，英語力を身につけることによるメリットの追求という「英語志向への追随」という背反する態度が，個人や社会の心理のなかに同時に存在しているということでもある。

　日本でも，小学校での英語教育必修化の是非をめぐって「英語よりも国語（日本語）の教育の方が先だ」といった主張が根強いが，これは韓国においても同じである。実際，すでに初等英語教育が教科化され，私教育においてはそれ以上に英語教育が過熱している韓国では，元来から言語ナショナリズムが強かったということもあって，国語に対する防衛意識もより明確なかたちで顕在化している。

　1990年代以降の韓国の国語関連の法政策は，このことを示唆するものである[9]。韓国では長らく言語政策法制は事実上不在であったが，1995年になって文化芸術振興法（1972年制定）が全面改正され，それまでなかった国語関連の各条文が盛り込まれた。同法律は「文化芸術の振興のための事業課活動を支援することにより韓国の伝統文化芸術を継承し，新しい文化を創造

して民族文化の暢達に寄与することをその目的とする」（第1条）というもので，その第2章を「国語の発展および普及」として，いくつかの条文を設けている。抜粋すると，「国家は国語の発展および普及のための計画を樹立・施行しなければならない」（第5条），「文化体育部長官の諮問に応じ，国語発展および普及のための諸般政策を審議するために，文化体育部に国語審議会を置く」（第6条①），「国家はハングル綴字法，標準語規定，外来語表記法，国語のローマ字表記法など国語使用に必要な事項（以下，「語文規範」という）を国語審議会の審議を経て定める」（第7条①），「国家および地方自治団体は，公文書その他書類を作成する場合において，語文規範を遵守しなければならない」（第8条①），「教育または公共用に提供するための印刷物，放送広告物などを作成する場合において，芸術創作のために不回避な場合を除いては，語文規範を遵守しなければならない」（同②）という具合である。

また，この法律の施行令には，国語発展計画の樹立（語文規範の制定，国語の情報化および科学化，韓国語の世界普及），「ハングルの日」行事，世宗文化賞，国語審議会の任務・構成などが定められていた。

さらに2005年には，今日の言語政策の要ともいえる国語基本法が制定された。同法は，第3条で「『国語』とは大韓民国の公用語としての韓国語を指す」としており，初めて法律レベルで韓国語が韓国の国語であり，公用語であること明示した。

また，言語政策の実効性の担保として，政府に具体的かつ大きな任務を課している。例えば，国語発展基本計画に関し，「文化観光部長官は国語の発展と保全のために，5年ごとに国語発展基本計画を樹立・施行しなければならない」と規定された（第6条）ほか，▽文化観光部長官は国語政策の樹立に必要な国民の国語能力・国語意識，国語使用環境などに関する資料を収集し，実態調査を行うことができる（第9条）▽国家機関と地方自治団体の長は国語の発展および保全のための業務を統括する国語責任官を指定する（第10条）──ことなどが規定されている。

この国語基本法は，それまでの文化芸術振興法における国語関連規定を独立・拡充したものである。国語基本法の方が，多岐に渡った規定を置いてい

るが，国家による国語発展計画樹立，国語審議会の設置，語文規範に関する規定など，その中心的内容・原則は変わらない。韓国の国語政策法制は1990年代以降，基本的に同一の路線を歩みつつ発展してきたといえよう。

　従来，目立った言語政策法制がなかった韓国で1990年代になって，国語をめぐる政策が法制化される（その必要性が認知される）に至った理由は，韓国が経済的，社会的に発展し，文化に目を向ける余裕ができたこと，また，グローバル化が進むなかで，国民の文化を守らなければならないという意識が醸成されたことにあると思われる。民主化と経済成長を果たした韓国が，グローバリズムの荒波のなかで，他国の文化的干渉への抵抗を表明すると同時に，そうしなければ言語文化の破壊（？）が進みかねないことへの危機感を示したものである。すなわち，1990年代以降の韓国の国語政策のキーワードも，やはり「世界化」だったのである。

　しかしながら，今日，韓国では英語の私教育が公教育に先行し，そのことが経済的格差に結びついているという事態を見るにつけ，韓国人の英語熱とは，公正な「競争社会」のなかで高まったものというよりは，英語を身につけることによって，それによるメリットを独占するという，いわば他人を「出し抜く」意識のなかで煮詰まってきたものだと思えてくる。英語という国際共通語を，いまの韓国人はだれと共有しようとしているのだろうか。「韓国人同士で共有しようとしている」あるいは「韓国内で共有しようとしている」ように思えてならない。

　また，シンガポールや香港などでは，英語の普及を肯定する立場と，それに対して母語や民族語を守る立場からの批判は同時に存在しても，それぞれの肯定・否定の論理は整然としている。少し荒っぽく概括すれば，言語をめぐる経済的合理性・必要性と，言語アイデンティティの主張が対立しながらも，棲み分けし，折り合いをつけているということである。良し悪しは別として，長らくモノリンガルを基調とした韓国社会の英語志向においては，そのような冷静で整合性のとれた英語観が十分に形成されているわけではなく，それこそ韓国人の英語志向の特徴といえるかもしれない。もっとも，この点は日本の言語政策（英語教育を含む）や日本人の言語文化理解にも，同様の問題を提起しているように思われる。

注

(1) 例えば，金炳局著（樋口謙一郎訳）「米韓同盟の危機——文化変動・世代交代・市民団体」，小林良彰，任爀伯編『市民社会における政治過程の日韓比較』慶應義塾大学出版会，2006年，所収，など参照。

(2) 「世界化推進のための外国語教育強化方案」1995年2月21日付（第5次世界化推進委員会・議決案件，主管委員：ファン・インジョン，研究幹事：キム・ソンオク）【韓国】。

(3) この経緯については，拙稿「韓国——初等英語教育政策の経緯と論点——」，河原俊昭編『小学生に英語を教えるとは？——アジアと日本の教育現場から』めこん，2007年，所収，参照。

(4) 教育人的資源部「初等英語教育10年の成果分析を通じた初・中等英語教育活性化方案模索」（人的資源開発政策研究2006-2, 責任研究者：権五良）【韓国】，参照。

(5) 「不動産所得が両極化の主犯」，『ハンギョレ』2007年6月11日付【韓国】。

(6) 米移民税関局（ICE）2006年12月基準の資料による。Student and Exchange Visitor Information System General Summary Quarterly Report For the quarter ending December 30, 2006 Final. http : //www.ice.gov/doclib/sevis/pdf/quarterly_report_dec 06 v 4.pdf 以下，本稿で利用したウェブサイトはいずれも2008年1月10日現在閲覧可能。

(7) 国際共通語としての英語やWorld Englishes，アジアの内発的な英語としての「アジア英語」に対する関心や理解は，従来，韓国においては目立たなかった。シンガポールに東南アジア文部大臣機構（SEAMEO）の付属機関RELC（Regional Language Centre）が設立されている状況などから考えると，様相を随分異にしているといえる。RELCはその英語教師の多くをアジア人とし，特にノンネイティブ・スピーカーの教師が発音指導を担当することで，アジア地域の人々の英語発音に慣れることを目指すなど，英語を母語としない人々同士が使う，アジア地域の言語としての英語という考え方を採用している。このほか，RELCの性格・特徴については，RELCのHP（http : //www.relc.org.sg/）のほか，本名信行「アジアの英語，日本の英語」『ぶっくれっと』132号～134号（HPは http : //www.sanseido-publ.co.jp/booklet/booklet.html）などを参照。

(8) 宣元錫「韓国の移住外国人と外国人政策の新展開」（情報化・サービス化と外国人労働者に関する研究 Discussion PaperNo.7. 一橋大学社会学部倉田良樹研究室，2007年）参照。http : //www.y-kurata.com/dpkaken/dp 07001.pdf

(9) 韓国の言語政策法制の歴史的展開については，拙稿「解放後の韓国における言語

政策の展開」，山本忠行・河原俊昭編『世界の言語政策第2集』くろしお出版，2007年，所収，を参照されたい。

主要参考文献（注で挙げなかったもの，和書のみ）

伊東順子『もう日本を気にしなくなった韓国人』洋泉社，2007年。
馬越徹『現代韓国教育研究』高麗書林，1981年。
大谷泰照（ほか）編著『世界の外国語教育政策』東信堂，2004年。
河合忠仁『韓国の英語教育政策』関西大学出版部，2004年。
河原俊昭・川畑松晴『アジア・オセアニアの英語』めこん，2006年。
川添恵子『アジア英語教育最前線』三修社，2005年。
砂岡和子・池田雅之編著『アジア世界のことばと文化』成文堂，2006年。
バトラー後藤裕子『日本の小学校英語を考える』三省堂，2005年。
本名信行『英語はアジアを結ぶ』玉川大学出版部，2006年。

11 中国の外国語政策と英語学習事情

砂岡和子

1 国際化を迎えた英語学習

1 フィーバーから実力主義へ

　北京首都国際空港から車で45分，建国門エリアはCBD（Center of Business District）や大使館街に隣接する北京屈指の繁華街である。ワールドトレードセンターをはじめ高層ビルが立ち並び，地下鉄1号線と2号線が交差する

写真1　建国門外駅構内の案内

ターミナル駅周辺には「エリート英語学習センター」「英語ぺらぺらトレーニングセンター」などビジネスマンの野心をくすぐる英語学校の看板がところ狭ましと掲げられている(写真1)。

中国の英語学習熱は1990年代初期,市場開放とともに始まった。2001年中国が世界貿易機関(WTO)に加盟して以来,国際化対応に迫られた従来の英語学習者に加え,2008年には北京オリンピック,2010年は上海万博と,国際大イベントを控える中国の英語熱は大衆にまで引火しつつある。カリスマ英語講師がスタジアムに集まった何万もの群衆へ,「金持ちになりたかったら英語を大声で叫べ!」と煽るクレージーな学習メソッドは日本のTVでも取り上げられた。TOEFL,TOEICを中国語でそれぞれ"托福(トオフー)""托業(トオイエ)"と訳すことから伺えるように,前途を託して外国語を学ぶ中国人の学習姿勢は今も変わらない。ただ昔に比べ最近は試験対策に勉強する人は大幅に減少し,英語運用能力向上,社交や出張,留学,教養,仕事など,外国人とコミュニケーションする必要性から学習する中国人が増えている(表1)[1]。

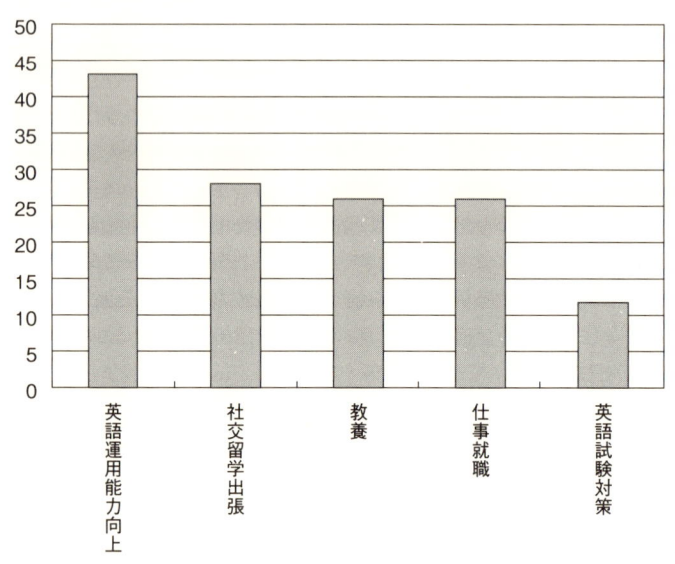

表1 中国人の英語研修目的

中国の英語教育の市場総額は約150億元（1元は約15円），2010年までには300億元に達するといわれる。大半は公立機関で行われるが，民間の英語教育機関も5万社。そのうち大手英語学習塾で知られる新東方教育科技集団の社内懇親会に偶然居合わせたことがある。新東方は子供英語教室が主な顧客源。レストン中央に陣取ったお揃いのTシャツ姿の社員に混って，社長自ら小学生たちと歌や踊りで盛り上がり，意気軒昂な集団の大音響に閉口した。海賊版書籍やノウハウ剽窃の横行から，大手新東方でもレッスン料は安く抑えざるを得ず，時間30-60元程度。しかし2006年収益は8億元と5年間で8倍に伸びたという。バス料金の3倍もする地下鉄運賃でもたった3元という物価水準と，知識は無料共有が当然と考える中国的習慣からすると，英語教育は中国の一大産業といえる。それでも学習者はまだ総人口の25％足らず，三分の一は学生で占められ，今後はビジネスマンや社会人向け市場を開拓して，長期にわたり高成長維持が見込まれる。

2　街の英語力

　何事も国家の政策主導で行われる中国のこと，2008年中国初の夏季オリンピックとパラリンピックの誘致成功に，全国民が歓喜と興奮に沸いた翌年から北京市が音頭をとって「市民が外国語を話す活動」計画が始動した。市民への英語啓蒙活動，警官・タクシー運転手の英語研修，ボランティア通訳の組織など，外国語対策が始動した。北京英語水平考試(Beijing English Testing System, 略称BETS)はさまざまなイベントを通じ，北京市民の英語力向上を目指している。合格者は"I Can Speak English"のネームカードと，オリンピックボランティア申請資格が授与され，職場から毎月特別労働手当が出る[2]。一方，筆者が北京で懇意にしていたタクシー運転手の話では，北京政府の指令で会社が全運転手に英語研修を実施したものの，アルファベットの練習から手ほどきの必要な中老年も多く，成果は上らずじまいとのこと。結局，各タクシーにオリンピック通訳センター直通の無線電話を設置する方針に変更した。世界からやってくる乗客がみな英語を解すると限らない。IT技術を利用した言語サービスは現実的選択だ。

　実際に街へ出て英語の通用度を試してみた。北京空港を一歩出ると，まず

は道路名，道路標識，交通規則，ビル名，ガソリンスタンド，バスの行き先と，漢字表記一色の世界に非漢字圏からの旅行者は戸惑うこと必至である。そもそも街中で外国人の姿をあまり見かけない。外人の多くは団体か中国人の随行員とともに行動し，街路に姿を現すことは少ないのだ。英語版の道路地図は大型書店以外，入手が難しい。道路交通マナーが悪く，道を横断するのも一苦労する。北京にもマクドナルドやスターバックスは進出しているが，東京に比べ洋食レストランやコーヒーショップ，コンビニの数は極端に少なく，店員の態度もいまいち。中国政府は有名スターを動員し，メディアを通じてオリンピック開催に向け庶民のマナー向上を呼びかける。世界から遠来の客人を迎えるオリンピックを機に，北京も外国人が住みやすい街に変わることを期待したい。

　地下鉄を降りて建国門外大街へ出てみる。交通整理のおじさんや通行人に京倫ホテルへの行き方を英語で聞いてみる。京倫ホテルは建国門外中心部にある日航系の有名なホテル。中国語は声調があるためアルファベット読みでは原音を正確に再現できない。「京倫」だけは中国語で正確に発音して4人に聞いてみたが，みな外見上中国人と見分けのつかない東洋人が英語で話しかけたことに奇異の眼差しを向けたあと，「中国語で聞いてくれ」「あっちに道路地図があるから」など中国語で答え，残念ながら英語のできる人には出会わなかった。北京市は2008年までに英語が話せる市民の比率を35％の500万人にまで増強しようと計画するが，中国が西方社会へ門戸を開放してからまだ20年足らず。英語教育の歴史も浅く，話せる層も就学世代に集中しており，中高年への普及には限界がある。

　しかたなく道に沿って歩き出す。建国門外大街の道路標識は漢字の下にアルファベットで「JIANGUOMENWAI DAJIE」と併記してある（写真2）。さきほどの駅構内の案内板は「JIANGUOMEN WAI STREET」，手元の地図の「JIANGUOMEN Outer St.」とみな表記が異なる。本来，中国の地名表示は一律ピンイン表示（漢字ローマ字注音法）と規定されていた。1999年になり国家質量技術監督局が必要に応じ漢字やその他の文字の使用を認める条例を発布し，以来全国の都市や町でピンインだけ，ピンイン＋英語混じり，英語だけといった複数表記が蔓延した。異なる監督局が出した条例が地名表示の

写真2　建国門外通りの道路標示

混乱を招いたわけだが，国音重視の伝統派と国際化のシンボルとしてのアルファベット派の国民感情の対立が背景にある[3]。

　街の看板や標語にもおかしな英語表記がたくさんある。"STAFFS ONLY"と訳すべきを"Gest go no further"，"LOOK OUT!"でいいものを"Carefully Fall Down The River"と中国語を直訳，"ETHNICITIES PARK"が"RACISIT PARK"と誤訳されると，可笑しさを通り越して危険誘発因子になりかねない。英語綴りの誤りはざらだ。看板職人や職場責任者がちょっと辞書を調べれば防げるミスだが，中間職以下は農村からの出稼ぎ労働者が多い。辞書など持っていないし，引く習慣もない。系統的管理経験の不足から部署間の連携ができない。中国人社会にいいかげんが蔓延する原因となっている。

3　浸透する英語

　中国社会は階級差が大きい。年10％以上の経済成長を誇る現代にあっても階級社会の構造は基本的に変わらない。一億総中流の日本から中国を観るさい陥りやすい盲点の一つである。街の英語音痴やアレルギー現象は庶民レベルの話である点，注意いただきたい。中国のエリート層の英語力はアジア

で群を抜く高水準である。インターネットや外国映画や小説を通して，中国の若い世代を中心に英語がじわじわ浸透しつつある。仲間と別れるとき"Byby"，エレベータを降りるときぶつかりそうになって"Sory!"，感謝の気持ちを伝えるのに"Thankyou!"，おどけて"why？（なぜ）"など，若者の会話に英語が自然に使われる。中国語にも同じ意味の用語があるのだが，英語のほうが当たり障りなく気軽に使えるのが魅力らしい。

ネットや携帯のショートメイルにも英語の使用が増えてきた。中国のネット人口は3億人を突破，携帯保有数は4億台と世界一，携帯機能でもっとも多用されるのはショートメイルである。中国語の漢字は形と発音が異なり，コンピューターでの漢字入力が面倒だ。地方間で発音が大きく異なり，正確にピンイン入力できない人も多い。アルファベットや数字を通信に使えばストローク数が少なく，愛用者が増えている。

"再見（さようなら）"は"88（Bybyと中国語の発音が近似）"，"886（Bybyに中国語の完了語気助詞"le"の近似音を数字で付加したもの）"，"CUL（See you Later）""CU（See you）""C（See youの略）"，"謝謝（ありがとう）"は"3 Q""39""3 X""3 KS""THX"な複数の表記がある。BBSには漢字では憚られる罵声語を，"PMP（"拍马屁"〔ゴマすり〕）"，"TMD（〔こん畜生〕他妈的）"，"BT（〔変態〕变态）"のように中国語の発音の頭文字で綴った略語がたくさん見られる。"暈倒（のぞける）"に英語進行形のingを足して"倒ing（fainting）""FTing（同左）"など，中国語語彙と英語文法を組み合わせた造語もある。火星文字と呼ばれる記号，例えば"^-^"は笑い，"*c*"は涙，"(^@^)"はラッキー，"<@-@>"は陶酔などは万国共通。

2006年中国新語ベスト171語には英語から中国語に翻訳された外来語がたくさんある[4]。"EMBA"は"EXECUTIVE MASTER OF BUSINESS ADMINISTRATION"の略語，"MBA"より入学資格が簡単で中国の企業人に人気ブレイク中の流行語である。"丁克"は"DINK（Double Income No Kidsの略）"，"丁克一族""丁克家庭"もいう。"房奴（銀行で住宅ローンを組んでいる顧客）"は"卡奴（クレジットカード破産者Credit card delinquency）"から派生した新語，"晒客"も"博客（Bloger）"を真似て"share"と組み合わせた造語，ネット上で自分のお気に入りを披露する人々を指す。どれも大都市中流

の生活スタイルを反映し、言語使用の変化から現代中国社会が観察できる。

　有史以来、中国は漢字を唯一の正統書記文字とし、西洋文字を一貫して排除してきた。つい最近まで中国の代表的な国語辞典にはローマ字表記の語彙がなかったほどであるから、英語由来の外来語がアルファベット表記で中国語に記述されること自体、画期的事件といってよい。中国民衆の生活に欧米文化が浸透している証拠である。『ダ・ヴィンチ・コード』『ハリーポッター』など欧米のベストセラーは発売と同時に中国語訳が出版され、映画の封切りとほぼ同時に海賊版を含むDVDが露店に並ぶ。

2　中国の英語教育

　中国の教育制度は日本と同じく6（小学校）・3（初級中学）・3（高級中学）・4（大学）制で、地域差はあるが義務教育年限も原則9年間である。中国では各段階を卒業するために統一卒業試験が行われ、留年や飛び級が認められている。

　都市部における中国の公共教育はすばらしい。語学機器や施設が乏しく、国際的給料格差から英語のネイティブを雇いづらい環境にあって、現場教員の能力に応じた待遇改善、再教育が熱意を引き起こし、やる気満々の学生とのコンビで教育効果をあげている。中国政府が80年代終わりから10年間実施した英語教育改革も成果が着実に実を結びつつある。以下、幼児、小中高、大学に分け、視察の見聞を交えながら報告する。

1　幼児英語教育

　約1000年の科挙制度が続いた中国では伝統的に教育熱心である。一人っ子政策が徹底する現代では、両親、祖父母が子供にかける期待は一層大きく、教育への関心はどの国より高い。北京、上海、広州など大都市に住む0-12歳の子供を持つ親へのアンケート結果では、家庭の消費の10-20%を子供の教育へ投資しており、うち半分が英語教育への支出という。中国の教育機関はほとんどが国公立で、私立は稀、10-20%は純粋に学校以外での教育支出と考えてよい。外資系企業が多く進出する都市では英語によるバイリン

ガル授業を謳う幼稚園が増えている（写真3）。2005年から上海・北京などの大都市では公立小学校1年次から英語教育が導入された。国内の熾烈な進学競争と就職戦線に勝ち残るため，幼児期から英語教育を望む親の期待が背後にある。

　幼児英語教育で先行する台湾では，97％の親が子供の将来には英語習得が欠かせないと考え，実際子供の40％が小学校入学前に英会話塾へ通っている。親の経済力によって教育格差が広がることに危機感を抱いた台湾政府は，幼稚園での英語学習を禁じたが，私立幼稚園や私塾には規制が及ばない。バイリンガル教育による母国語力低下など弊害が議論される一方，少しでも早く外国語学習を受けさせたいと，子供が生まれるとフィリピンやインドネシア，中東から英語が上手なお手伝いさんを自宅へ住み込ませ，バイリンガルの環境を準備する台湾人も少なくない。

　大陸でもバイリンガル教育を行う公立小学校が，上海市260校，遼寧省100校を先頭に，蘇州，常州など外資系企業が進出する地域で増加中であるが，授業に耐える教員の確保が難しいのが悩みの種だ。中国の英語教師は20数万人で，全国43万校，在学児童数約1億1700万人の小学生に対し100万人

写真3　北京市内を走るバイリンガル幼稚園の送迎バス

以上不足という。そのため大都市の大学生が夏休みを利用して地方の学校へ授業支援に出かけたり，遠隔教育を活用して教育環境の不均衡を是正している。

2　小学校の英語教育

悠久の歴史と民族の文化を誇る中国では，伝統教育への自負と愛国心から，バイリンガル教育や語学教育の低年齢化について抵抗が強い。しかし中国政府は2001年から大胆な英語教育の改革を行い，英語運用能力の向上と専門知識の吸収を，国際化対応のための戦略的政策と位置づけ，国家が言語教育政策を策定し，カリキュラムを実施監督する[5]。2001年に発布された「英語課程標準」は小学校，初級中学，高級中学までの義務教育9年間で習得すべき英語レベルとその学習内容を規定したもので，日本の学習指導要領に相当する。中国の多民族性と広大な地域間の格差，経済と教育発展度のアンバランスを考慮し，大都市の小学校では1年次から，地方は3年次から英語授業を導入する。

「英語課程標準」は小中等教育の一貫目標を制定，学習目標を9ランクに分け，標準第二級は小学校6年生修了レベル，標準第五級は初級中学修了レベル，第八級は高級中学修了レベルというように，上級学校進学時の到達目標を明示する。6年生の到達基準とされる標準第二級は，英語と外国の文化に対する関心の持続がメインで，語彙運用量は600-700語，50程度の慣用句を使って，自己紹介や自身に関わる情報の収集ができ，絵を見ながらストーリーを聞いたり読んだり，簡単な文が書けることを目指す。これは日本の公立中学の1-2年レベル，実際の運用能力ではそれ以上に相当しよう。

「英語課程標準」はまた学習者中心の授業，タスク中心の指導，学習プロセス重視の多様な評価，生徒自身を含めた評価主体の多様性，音声，テレビ，ネット，雑誌など豊富な教材使用を奨励し，言語技能，言語知識，意欲・態度，学習ストラテジー，異文化理解能力を言語運用能力として，具体的に指導法を記す[6]。

中国の英語教育の強みは政府主導による学習指導要領の制定と実施で，小中連携を前提にした英語教育を可能とし，一貫した指導要領に準拠した教材

編集，都市中心ではあるが教員の研修制度，公的機関による教学リソースへのアクセス環境が整備されている点である。

3 北京大学附属小学校3年生英語授業参観記

2007年6月15日，北京大学附属小学校へ英語授業を見学に行った。中国の大都市の小学校は1年次から英語授業を導入している。3年生まではコミュニケーション中心の授業を週4駒，4年次以上は中学進学の準備を兼ね，リーディグや作文の授業が増える。当日申し込んだにも拘らず参観した授業は文句なく素晴らしかった。以下当日の参観の様子を紹介する。

指定された3年2組の教室に早めに着いて廊下で待つ。休み時間，ぎゃあぎゃあ歓声をあげ走り回る小学生らは日本の子供と変わらない。驚いたのは授業開始15分前，クラス担任の若い男の先生が教室に入って来て，机の上が未整理の子と宿題未提出者を叱り付け，「来週の数学授業は教育視察団の参観があるのでコンピュータを持参し，規律に従うこと」と断固とした態度で指示を与える。教室は瞬時に静まり，生徒は一斉に背筋を伸ばす。前の席に座っている子供が筆者にさっと椅子を運んでくれる。スピーカーから北京政府の子供向けオリンピック教養番組が流れる中，範氷という名前の若い女の英語の先生が入ってきて，定刻ぴったりに英語授業が始まった。

3年2組は42数名，男の子が少し多い。各教室前方には情報ボックスが備え付けられ，範氷先生がパワーポイント教材を立ち上げている間に，生徒の中から英語委員[7]が前に出てきて，癖のないきれいな英語で同級生のテキスト朗読をリードする。この日の学習テーマは英語の比較級。コンピュータの調子が悪く，範氷先生がインターホンで先ほどの担任とPCサポート員を教室に呼びだす。駆けつけた2人が復旧を試みる中，範氷先生はすかさず今日の学習ポイント解説を始める。教材は義務教育課程標準実験教科書『PRIMARY SCHOOL ENGLISH（中国語名；『小学英語』）』の4B冊（清華大学出版社），45分授業でユニットを2つ進む。オールカラーでふんだんにイラストが使われているが，中国語の解説はなくすべて英語だけ（写真4）。生徒は全員EnglishNameを持ち，文法解説も授業指示もすべて英語で行われる。10分ほどでPC画面のスクリーン投影が回復すると，範氷先生はCALLを使っ

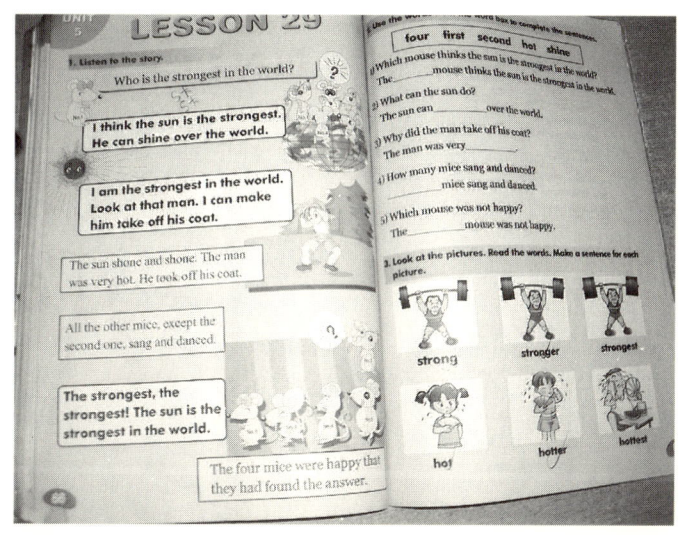

写真4　小学英語の教科書

たインタラクティブなパワーポイント教材を生徒にも操作させながら，文法解説，ペアワークへと進む。この間，授業は少しの間断もなく，範氷先生のネイティブ並みの流暢な英語とパワフルな授業に，子供達はぐんぐん引き込まれ，全員が活発にコミュニケーションを盛り上げてゆく。質問にも次から次へと手が挙がる（写真5）。正解するとシールがもらえ，一定数ためると成績に加点されるから真剣だ。最後に宿題課題を申し渡し，眼の体操をして英語授業は終了した。

　北京大学附属は名門小学校で教師と生徒の質がずば抜けて高く，このような見事な授業が展開できることは否めない。しかし他の授業報告や，筆者自身，もっと田舎の学校授業を見学した経験からも，英語に限らず一般に中国の学生は高い学習モチベーションを維持し，教員の熱意と質も相当に高いといえよう。授業終了後，範氷先生への質問を通して，教材作成はこの小学校を管轄区域にもつ北京市海澱区教師研修学校が定期的に実施する教科法や教材研究会での知識が役立つこと，同所や教員同士で作るインターネットサイトで各種フリーコンテンツを常時ダウンロードして使用可能なこと，教員同士BBSや遠隔会議室での経験交流が盛んなことを知った。おかげで授業準

152　Ⅲ　非西欧世界における英語の受容

写真5　質問に挙手する生徒たち

備の負担が軽減し，専門教科の研究に集中できるという。後日同校のホームページで，彼女が北京市や全国の教科研究会で多くの受賞経験を有し，最近も政府派遣で3ケ月のイギリス研修を終え帰国した高級教師であると知った。北京市ではこのように教員同志が授業研究と経験交流用の遠隔サイトを共同運営している。

4　中学，高校の英語教育

中国政府は2001年，日本の学習指導要領に相当する『全日制必務教育普及高級中学英語過程標準（実験稿）』を発布。初級中学修了時に標準第五級を，高級中学修了までに第八級レベルに達するよう規定した。五級レベルはTOEIC 450-500点相当，早稲田英語Tutorial B 1準中級と同レベル，日本公立高校の1-2年の水準で言語技能と語彙運用量の要求はそれぞれ以下の通り。

　語彙運用量1500-1600語，200-300程度の慣用句と固定表現。

　リスニング―自然な速度の物語や記述文の聞き取り，物語の因果関係の理解。

スピーキング―平易な話題の情報提供，意見の簡潔な表現，ディスカッション参加。
リーディング―基本的リーディング・ストラテジーを使った情報の取得。
ライティング―独力で短文や手紙を書く，教師の指導で修正ができる。

中国の高校生が大学に進学するには，国の統一入学試験を受ける必要がある。熾烈な進学競争にあって成績が進路に与える影響は日本より大きい。大学入試英語の配点は国語や数学と同じ750点中150点と非常に高く，中学，高校とも平常授業は入試と連携した指導法が行なわれている。北京市初級中学の英語卒業試験は午前中，ラジオ放送による聞き取り，午後ライティング試験が課される。良質の外国語を暗誦朗読することはコミュニケーションの基礎力となり，作文力を鍛えるとの観点から，高校では速読練習，パラグラフリーディングに加え，毎回暗誦，集団朗読の時間がとられる。授業参観記によれば，どの学生も漏れなく暗記してきた文章を朗読できるといい，基本的な学習態度の定着が伺える。大都市の中高では数学，物理，化学，生物，地理，歴史などの科目を中心に，英語によるバイリンガル授業が増えているのは幼児，小学校と同じである。

5 英語による北京大学西方科学史講義参観記

2007年6月6日，北京大学で「西方学術精華」という授業を参観した。欧米の自然科学の精華を英語で講義する課目で，夜7時始まり9時終了という遅い時間帯にも拘わらず，70名近い受講生は熱心にメモを取り，時折教授からの質問に英語で答える。中国人の先生はきれいなキングズイングリッシュで，アインシュタインの相対性理論，トプラーの法則などを解説してゆく。A4一枚の簡単な参考文献と，黒板への板書以外，デジタル素材は使わない。学生は電子辞書を引きながら，ひたすら先生の英語の解説を聞き取ることに集中する。教員は学生が理解困難と思われる個所にはポーズを多く入れて聴解を促す。教室で堂々と飲食をしたり，中途退座する行儀の悪い学生も少なからずいるが，教授は咎めることもなく授業はだんだん熱がこもってきた。平易で楽しい西方科学史講義に，最後は学生から自然に拍手がわきあがって授業終了。北京大学は清華大学と並ぶ中国屈指の名門校で，粒ぞろい

の学生がそろってこそ可能な授業と言えるが，理系学生にしてこの英語聴解力には驚いた。ここ10年の中高等英語教育効果が大学へまで波及している。

6　大学英語統一試験 CET

　中国の大学は日本の大学より外国語の習得に対して厳しい。これは第一外国語の統一試験を卒業条件に課していることにも起因する。CET（College English Test）は非英語専攻大学生の英語能力を測る統一試験で，1987年教育部（日本の文部科学省に相当）が制定し，年2回実施，毎年100万人以上の大学生がこの試験を受験する。リーディング，リスニング，ライティング，スピーキングの4技能あり，試験は4級と6級の2種で，ほとんどの大学が4級取得を卒業条件とし，トップ6大学は入学時にすでに4級レベルに達している。CET試験結果は統計処理され，全国の大学別，省別，学年別のデータが公表される。大学は英語教育に力を入れざるを得ず，学生も大学卒業条件のため必死で勉強する。

　しかし受験に費やす時間が多い割には実力につながらないことや，大学間の成績競争の結果，カンニングが増えてCET批判が起こり，教育部は2004年「大学英語課程教学要求（試行）」を発布，3000万元を投入して改革に乗り出した。内容は総合力の向上，リーディング中心からヒアリングとスピーキング中心へ，単方向授業からインターネットや教育ソフトを組み合わせた双方向教育への改革である。同時に大手出版社と組んでネット教材やマルチメディア教材を開発し，試行3年を経過して，現在少しずつ良い結果が出始めている。政府介入の強制試験制度を廃止すべきとの声もあるが，17年かけて開発したCETは他の試験に比して作問，評点基準が厳正なため，支持する声が強い。今後は国際化対応と，小中英語教育との連携を視野に入れた改革が課題とされる[8]。

7　実学志向と大学の変革

　国民所得の向上により，中国でも大学教育の大衆化が始まっている。2005年には都市部の大学進学率が21%，北京や上海では60%に達した。各大学

は優秀な人材を確保しようとカリキュラムの独自性や奨学金制度の充実をアッピールして，学生の獲得競争を繰り広げる。数年前までは清華大学や北京大学といったブランド校に人気が集中していたが，最近では香港やシンガポールなど英語が使える華人圏の大学で，経営学や国際公務員など実学を学びたいと希望する学生も出てきた。学生の選択肢が広がった結果，大学も魅力ある授業で個性を訴える時代を迎え，その目玉が英語教育である。

南方の華東理工大学が開催する英語サマーキャンプには，毎年1200~1400人の学部生が参加し，3週間の強化訓練を行う。月曜から金曜まで毎日6時間，ヒアリングとスピーキング中心のレッスン，午後は少人数クラスによる会話3クラス，夜は7時から9時まで英語会話実践コーナーを設け，外国人教師6名とTeaching Assistant 6名を常駐させて学生の会話訓練を促す。同大卒業生の知人は英語力に秀でているばかりでなく，中国の社会問題を外国人に的確に説明し，討論できる実践的会話力を備えている。

政府も大学学部生の英語力水準引き上げ策に乗り出した。2004年には全国36大学による英語バイリンガル教育推進教師に対する奨学金制度など啓蒙活動を行い，教学評価基準評定綱領を作成して，生命科学，情報技術，金融，法律の各部門から優先的に，各大学100科目の英語授業科目増設計画を施行する。米国MITとの英語共通科目提供校も200数校に及び，中国の英語教育も総合力を養成する時代になった。

8 街角英語コーナー

中国には各地に英会話を実戦できる「英語コーナー（英語角）」と呼ばれるコミュニティーがある。無料のカルチュアセンターのような組織で，多くは週末に公園の一角や大学構内に三々五々集い，英語や他の外国語のネイティブを囲んで討論を楽しむ（(写真6)は天津の名門南開大学の英語コーナー）。ネイティブは中国滞在中の外国人ボランティアや大学教員が多く，高学歴者が中心である。

中国人はおしゃべり好きだ。バスや電車の中でも初対面同士が個人的な情報交換に興じている。タクシー運転手は相手が外人でもお構いなく世界知識

写真6　南開大学の英語コーナー

を披露し，議論をふかっけてくる。儒教的教育下にあって大衆は多く善良で，プライバシーの垣根が低く，濃厚なコミュニケーション力を保持している。開放的で政治議論好きな国民性が英語コーナー繁栄の基盤となっており，インターネットには全国各都市無数の英語コーナー情報が公開されている。上海の人民公園英語角，北京の朝陽公園，北京外国語大学の英語コーナーは規模が大きく，討論の質も高いことで有名である[9]。

3　中国の言語政策

1　アイデンティティと外国語学習

　経済・情報分野で進展するグローバリゼーションと，それに抗するかのように各地で発生する地域主義の高まり。グローバル化とアイデンティティの堅持は老大国中国の新たな挑戦である。中国語は世界でもっとも使用人口が多く，国連公用語のひとつである。しかし現実には英語の実力が抜きんでており，世界の三分の一が英語を話し，国連各種会議の95％は英語で行われ，インターネット情報の40％，TV番組の75％が英語で発信されてい

る。英語力をつけなければ国際競争に勝てないとの危機意識から，中国は80年代終わりから国を挙げて英語教育改革に傾注し，学習人口はもうすぐ5億人，エリート層の英語力はアジアで群を抜く高水準となった。留学や英語ネイティブ雇用が難しい環境にあって，中国の教育システムと理念，目標設定と社会的合意，指標達成度の検証において学ぶべき点は多い。台湾，韓国も英語習得に極めて重要な地位を与え，国が戦略的に対策を講じている。

対して日本はアジア諸国に先駆け欧米文化を吸収し，英語学習環境も格段に恵まれているにもかかわらず，遅れを取っているかに見えるのはなぜだろうか？外国語教育開始の時期，学習時間の絶対的不足など教育政策の欠落が原因であるが，政策決定への国民の合意形成がないことがより根本的な問題と考える。

日本の戦後60年は過去の軍国主義への反省と平和への希求の歴史であると同時に，民族の自尊心を求めて模索した半世紀であった。民主国家日本にあっては，伝統，右派，左派，軍国主義の誰もが発言自由であり，行動する権利を持っている。国民としてのアイデンティティを求めて模索する中，国際化の波が押し寄せ，じわじわと日常生活の多元化が始まっている。2005年度の留学生数は12万人を超え過去最高。2025年までに留学生100万人増員計画も示された。外国人労働者数も不法残留者を含め（相当数の資格外就労や不法入国者等は含まない）2003年推計で約80万人，1990年から3倍に増加した。年々不足になる労働力を補うため，将来外国人労働者数を3％にまで増やすべきとの意見もあるが，国内の多言語，多文化の受け入れ環境がなければ絵に描いた餅に終わる。

眼前で進む多言語化と多文化，対して過去の単民族，単言語の観念を捨てきれない政府と国民。このような状況下で提案される言語政策に賛否両論が起こるのは当然である。母語は人間のアイデンティティの源泉である。源流が潤ってこそ支流の豊穣が保障され，自国文化と言語に対する自信があれば少数言語保護の寛容性が生まれよう。日本の場合，自国内に移民を受け入れ，少数言語話者の権利を容認しても，独立運動などの政治運動へ発展する可能性はほとんどない。英語偏重，英語以外の外国語の軽視は，どちらも国民としてのアイデンティティ欠如を映す鏡である。

台湾も同様に，言語政策が政治家，民衆を巻き込んでの論争に発展した。17世紀中期以来，台湾は大陸本土各地域からの移民の方言や，諸外国植民地時代の外来語の影響を受け，本来その言語地図は多様かつ重層的な文化に色彩られていた[10]。英語公用化論にせよ，台湾語公用化論にせよ，多元性への逆行であり，言語政策が政争の手段に使われたことに世論が反発した結果，政権の意図に反して成功を見ることなく，かえって国内の社会不安を引き起こし，台湾アイデンティティの確立を阻害している。

2　域内の多様性と他言語への寛容性

総面積960万平方キロメートル，南北の最大気温差30度，東西の時差3時間の広大な領土に56の民族が暮らす多民族国家中国は，長期にわたって地方ごとに固有の言語と文化が形成された。現在でも標準語に加え，ひとつか2つ以上方言をしゃべるバイリンガルは無数におり，方言を含め母語への愛着が強い[13]。

中国政府は標準中国語による出版以外に，モンゴル語，チベット語，ウイグル語，韓国語など20数種類の少数民族語による出版を行っており，少数民族専門の出版社は37社ある。外国向けには英語以外に，フランス語，ドイツ語，スペイン語，イタリア語，日本語，韓国語，エスペラント語など世界26の言語による出版活動を続けている。ラジオ，テレビは標準中国語による放送が主ではあるが，方言や少数民族語による放映が許されている。また在住外国人向けに，国営中央TVと広東TVには英語専用のチャンネルがある。外国人向けだが中国人参加の討論番組やバラエティーがあり，英語の勉強に役立つと人気が高い。このほか外国と国境を接する黒竜江や雲南，広西チワン族自治区，新疆など辺境地域も独自の英語番組をもっている。中国国際放送は37の外国語で中国のニュースを世界に放送しており，近年はインターネットでの発信にも力を注いでいる。

こうした中国メディアの多言語政策は，政府によるプロパガンダを含むとはいえ，多民族，多文化国家ゆえに不可欠の言語政策である。中国人は元来，他民族の生活習慣や言語に寛容で，下手でも臆することなく外国語を使い，様々な手段を用いて臨機応変にコミュニケーションをとる。日本の英

語教育論争に見られる英語帝国主義論，言語差別論は，一部中国の識者に見られるものの，大きな問題とはならない。英語はあくまで実用的だから使うのであり，一時的な英語フィーバで自己や国家のアイデンティティが脅かされることはない。域内の多様性から見て英語が中国の公用語になることもあり得ないであろう。

3　中華文明発掲と中国語普及攻勢

急激な経済興隆に支えられ世界に台頭する中国は，国力の増大がその国の文化と言葉の興隆を促進することに自信を示す一方，テクノロジーとエンターテイメントの両域で英語圏，ことに米国の文化が世界を圧倒し，中国語が真の言語権を発揮できていないと対抗心を燃やす[11]。英語による寡占を食い止めようと，国内の学習環境整備を強化する一方，世界へ中国語の普及活動を推進し，戦略的な中華文明の浸透政策を試みる。

その象徴とも云うべき孔子学院は，中国語と中国文化普及の拠点作りを主導する国家プロジェクトである。2004年創設から3年間で世界64ケ国，210箇所に広がった。中国教育部はボランテイアを含め毎年2000名以上の中国語教員を各地へ派遣，2010年までに孔子学院を世界500ケ所に増設，応じきれない地域へはラジオ孔子学院を開設して対応するなど，次々に中華ブランド輸出戦略を打ち出している[13]。

中華文明のもつ吸引力に加え，国家主導の文化言語政策のかいあって，世界の中国語学習者は現在3000万人，このほか5000万以上の海外在住華人とその子弟を加えると，将来の潜在需要は3億人ともいわれる。"老外"と呼ばれる中国在住の外国人は中国語の水準も非常に高く，中には中国国営TVにレギュラー出演し，CMの人気者もいる。中国人が"老外"に求めるのは「変なガイジン」ではなく，流暢な中国語を操り，異文化の視点で発言をする「対等なガイジン」である。

4　上意下達から尊厳重視のコミュニケーションへ

世界における中国の役割に注目が集まる中，今後中国に期待されるのは，対内的には経済至上主義を見直して，貧富や教育の格差を是正し，対外的に

は平和と友好を基調とする外交政策をリードすることであろう。しかし専制的国家権限，封建的儒教社会の体質はすぐには変らず，個人の自由は制限され，公権力の干渉が起こりやすい。中国のエリートたちは子供のころから上意下達のコミュニケーションに慣れており，それが時に個人の尊厳や創意の欠如となって現われる。最近，英語圏や外国との接点をもつ中国人から，次第に思想の変化が始まっている。まだエリート主体の外国語教育ではあるが，言語政策を見る限り中国は着実に他世界との共存関係に向け歩んでいるといえよう。

　英語学習は地球規模の問題を考える訓練場である。国際協調がますます必要な時代に，真のコミュニケーション能力を身に付けるには，情報を峻別する見識と，互いの尊厳を認め合う共感力が最も求められる。英語に限らず語学力は国際競争を生き抜くスキルである以上に，言語を通じ視野を広げ，多文化への対応力を養う安全装置である。したたかな外交力で悠久の歴史を生き抜いてきた中国の外国語政策に学ぶべき点は多いが，個人の尊厳を重視するコミュニケーションスタイルへの転換が，今後の課題といえる。

注

(1) 『中国言語生活状況報告 2005』(以下『報告』と省略) の，8 大都市市民 1500 人へのアンケート結果によって筆者作成。
(2) 同検定協会 HP より
(3) 『報告』言語政策法規 pp 84-86
(4) 『報告』22-31 頁
(5) 木村裕三 2005 完訳版『全日制必務教育普及高級中学英語過程標準』(2001 年) 同 (2003 年)
(6) 同上 2001 年版
(7) 各教科ごとに生徒の中から先生の授業を補佐する委員が選ばれる。
(8) 『報告』教育領域言語状況
(9) 全国各城市英語角汇总http://www.52en.com
(10) 滝沢雅彦「台湾文化の重層構造と言語」『アジア世界のことばと文化』所収
(11) 砂岡和子「セキュリティ資源としての中国のことばと文化」同上書所収
(12) 『報告』上冊 283 ページ

(13) 新華社 2007 年 1 月と 12 月の記事による。

参考文献

『中国言語生活状況報告 2005』LanguageSituation in China 2005（上下冊）商務印書館出版，2006。

砂岡和子・池田雅之編著『アジア世界のことばと文化』成文堂，2006。

木村裕三 「日本にもこんな英語教育政策を：韓国・中国の英語授業とそれを支える政策」The English Teachers' Magazine Oct.2006 増刊号，2006。

木村裕三 『全日制必務教育普及高級中学英語過程標準』2005 年完訳版，中華人民共和国英語教育の基礎資料『研究紀要富山医科薬科大学一般教育』第 33 号，pp.91-130。

木村裕三 『全日制必務教育普及高級中学英語過程標準』2005 年完訳版，中華人民共和国英語教育の指針『研究紀要富山医科薬科大学一般教育』第 33 号，pp.131-175。

河原俊昭他『多言語社会がやってきた』くろしお出版，2004。

宮原文夫他，大学英語教育学会九州・沖縄支部プロジェクトチーム

『このままでよいか大学英語教育―中・韓・日 3 か国の大学生の英語学力と英語学習実態』松柏社，1997。

阿部美哉編『国際文化学と英語教育』玉川大学出版部，1992。

海外の英語教育事情

http://www.edvec.co.jp/research-institute/educative-info/overseas-info/2.html

国家課程標準専輯英語課程標準

http://www.being.org.cn/ncs/eng/eng.htm

12 インドの英語

町田和彦

1　インド人と英語

　インドの英語について一つの神話がある。「インド人は英語がよくできる」という神話である。インド人IT（情報技術）技術者に会った日本人，商談でインドに行った日本人の中にはこの神話を事実としてあらためて確信にいたる人も少なくない。さらに空港からホテルへ，ホテルから観光地へと移動するだけの日本人旅行者も，やはり「インド人は英語がよくできる」と納得して帰国することになる。

　英語ができるインド人とは一体誰なのか。広大な多言語国家インドの中で，個人の言語空間と英語はどう交差しているのか。ここでは，一見確かそうで必ずしも確認できていないこの神話について，統計数字をもとに探ることから始めることにしよう。

2　インド国勢調査と母語人口の把握

　2007年現在，インド人の使用言語の実態を数字として把握する上で最も信頼のおけるソースは，2004年にインドで公刊された『インド言語地図1991』（以下『言語地図』）である。この大分なサイズ（縦42.5 cm×横29 cm）の単行本は，12ページの前文と247ページの本文とで構成されている。内容は，インドの言語と話者人口の分布に関する選ばれたトピックを中心に，

12 インドの英語

　表題のとおりカラー刷の言語地図とそれを補足する統計数値表と解説文が細かな文字で印刷されている。この本は，1991年度インド国勢調査結果の一連の報告書の一部をなしている。最新の調査年である2001年の調査結果の詳細を私たちが見ることができるのは，後述するように回収された膨大なデータの客観的かつ科学的な統計的処理の困難さのために，もう少し時間がかかりそうである。本稿では，この『言語地図』の数値を利用することにする。

　インド国勢調査は1872年以来2001年まで10年ごとに末尾に1のつく年に，英国植民地時代そして独立後と一度の途切れもなく実施されている。次回は2011年に予定されている。個人の言語の実態に関する調査（いわゆる母語の調査）は1881年の第2回調査から始まった。

　多言語国家インドにおける国民一人ひとりの母語を確定させるプロセスは，簡単単純ではないことは容易に想像できる。「いつ，どこで，誰と，何を」話す言語が母語といえるのか。またそれが客観的回答であることを何が保証するのか。初期の母語調査（1881年，1891年）では，被調査者の母語を直接問うのではなく「自身の両親によって世帯で普通話されている言語」という設問によって個人の言語についての統計がとられた。この後，母語と使用言語とを混同した回答が回収されることになる「自分が普通使用する言語」（1901年）に対する修正を含め，設問内容は幾度もの修正を経て，1991年の設問「子供時代に母から語りかけられた言語。もし母が子供時代に死亡している場合は，子供時代に家庭で主に話された言語。幼児や耳や口が不自由な人の場合は，母が普通話す言語。疑わしい場合は，世帯において主に話される言語」に至る。ちなみに「世帯」は「火急の仕事が妨げない限り，通常，一緒に住み，共通の台所からの食事を摂る人間の集まり」と定義される。つまり「世帯」は，通常の家庭以外に，寄宿舎，寮，仮住まいのホテル，避難所，刑務所なども包含することになる。

　文盲の者や設問が正確に理解できない者などが予想され，調査には訓練された大量の調査員が動員された。調査の公平中立性と無偏向性を保持するため，調査員には，回答された言語名が何であれ，そのまま記録する指示が与えられた。当然の結果として，膨大な量の言語名が回収されることになる。

164　Ⅲ　非西欧世界における英語の受容

写真1　ニューデリーに設置されている現在の人口を表示する「人口時計」

　『言語地図』には，手を加える前の段階で10,400の異なる母語名が回収されたことが記載されている。この気の遠くなるような集計結果に対し，いいかげんなものを除き，また言語同定による分類整理などの吟味を重ね，「理にかなう」母語名として3372言語のマスターリストが用意された。このうち，1576言語は言語系統別に分類可能であり，残りの1796言語は分類不能として一括して「その他の言語」に分類された。ちなみに，分類可能な1576言語の内，全インドで話者が1万人を超す言語の数は114，これらの言語の母語総人口は8億3800万1987人である。
　1991年国勢調査では，ジャンムー・カシュミール州など諸般の事情で調査ができなかった地域を除き，総人口8億3858万3988人と報告されている。ちなみに2007年11月現在の推定人口は11億5000万人を超えている（参照写真1）。

3　インド人の母語

　表1は，言語調査で母語と申告された言語を言語系統別に分類したものである。言語系統名は『言語地図』に従う。なお表1には言語系統が不明な母語は含まれていない。パーセントは少数点以下第3位を四捨五入してある。ただしセム・ハム語族に分類される唯一の言語であるアラビア語話者のパー

	言語系統	言語数	母語人口	%
1	インド・ヨーロッパ語族			
	(a) インド語派	19	631,273,191	75.28
	(b) ゲルマン語派	1	178,598	0.02
2	ドラヴィダ諸語	17	188,945,126	22.53
3	オーストロアジア語族	14	9,490,157	1.13
4	チベット・ビルマ語族	62	8,092,940	0.97
5	セム・ハム語族	1	21,975	0.01
	総計	114	838,001,987	99.94

表1　インド人の母語の言語系統

セントは低すぎてこの範囲に入らないので，便宜的に 0.01 にしてある。

　表1でインド・ヨーロッパ語族ゲルマン語派に分類されている唯一の言語は英語である。英語の母語人口 17万 8598 人は，8 億 3800 万 1987 人の中で全体の 0.02 パーセントを占めるにすぎない。つまり1万人中2人の母語が英語という割合になる。この英語の母語話者の割合は，インドの英語を考えるとき大きな要素とは考えにくい。

4　個人と多言語国家

　インドが多言語国家であることはよく知られているが，個人のレベルにおける言語使用の実態と国家が多言語であることとの関係について，具体的な統計的数値に裏付けされた明確な説明が必ずしもされていたわけではない。

　図1は，多言語の分布の2つのありかた（水平分布と垂直分布）を同時に示したモデルである。多言語環境が身近にない多くの日本人にとって，多言語分布のイメージは水平方向に平面的に広がるジグソーパズルに近いものかもしれない。このイメージに近いのは，ロシア語，ドイツ語，フランス語，スペイン語などがそれぞれ均質なまとまりをもって分布しているヨーロッパ大陸部の諸言語である。しかし，南アジアの多言語状況はこうした水平方向の平面的分布（図1の A_1, A_2）以外に，時と場合によって使い分けざるをえない母語とは別の言語が日常的に存在することが特徴である。この場合の

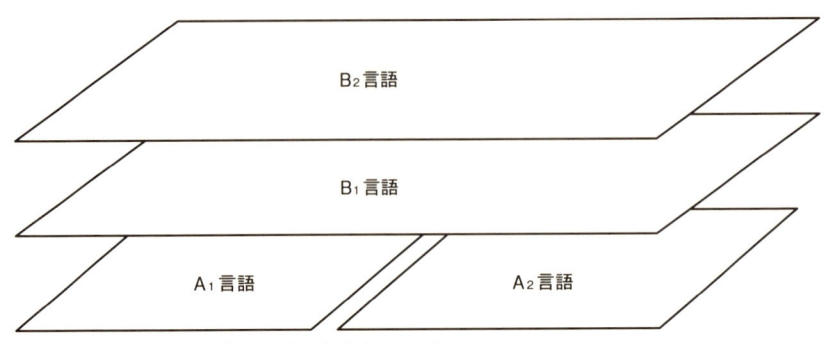

図1　多言語の水平分布および垂直分布のモデル

別の言語は，必ずしも特定の地理的広がりに分布するとは限らない，複数の個人あるいは集団の母語の上に重なり合うように存在する媒介言語 (link language) である。さらにこの媒介言語は1層とは限らず，垂直方向に多層構造（図1の B_1, B_2）になっていることが珍しくない。

　個人の多言語使用を説明するモデルでは，多言語国家の文脈で普通言及される言語分布（水平分布）よりはむしろ媒介言語の多層性（垂直分布）が問題となる。媒介言語は，その広がりの程度や他の媒介言語との相対的高さに関してさまざまな在り方がある。ミクロ的にはインドのいたるところで，たとえば複数の方言また言語系統の異なる言語が共存するか又は接する境界地域で，媒介言語として地域の有力な地方言語（の標準形）が個人の母語の上に覆いかぶさっている事例がみられる。北インドであれば，さらに上の層に共通語としてのヒンディー語がしばしば観察される。ヒンディー語の層は，多くの大言語（パンジャービー語，グジャラーティー語，マラーティー語など）の境界すら越えて拡がっている。また，ヒンディー語はラジオ，テレビ，映画などの各種のメディア，公共施設の表示，あるいは学校教育の場における必修選択科目の学習言語として，必ずしも相互コミュニケーションを前提としない受動的な言語としてさまざまな濃淡を示しながらインド全体を覆っている。

　一方英語は，インドのいかなる地域の言語でもないにもかかわらず，建前はどうであれ現実としては垂直方向に最も高い層の媒介言語として機能している。21世紀の今日，これを単に英国植民地時代の負の遺産としてだけ捉

えるのはあまりに素朴な見方と言わざるを得ない。独立後のインドの公用語問題は、ここでの用語を使えば、それが州レベルであれインド全体のレベルであれ、個人にとって垂直方向に多層分布する言語が何であるべきかという問題でありまたそれらの相対的高さの問題でもあった。本音として英語を最上位言語として支持するグループはグローバリズムや科学的知識など実利的な面を強調し、ヒンディー語を支持するグループは国民国家としてのアイデンティティに訴えた。しかし英語はインドの言語ではないという単純明快な事実、ヒンディー語については多言語・多民族・多宗教国家インドの国語たりえるかという資格に対する疑問などが、問題の明快な解決を困難にしてきた。また問題の背後には、上層言語とそれを操る能力をもつ社会階級に対する羨望とその裏返しである反発や妬みなど屈折した心理が、民衆の底辺に存在することも指摘できる。そしてこれらは、一方で子弟の英語教育への過度な傾斜を深めると同時に、他方で排他的な民族運動に走る危うさの原因ともなっている。

5 母語と多言語併用

1881年から1921年までの4回の国勢調査では、質問票の母語の定義がどうであれ、被調査者の1言語のみが対象であった。しかし1931年から副言語に関する質問事項「母語以外の、日常あるいは家庭で普通に使用するか習慣上話す言語」が追加されることになる。さらに1961年の調査からは、母語以外に、被調査者が「巧みに会話のできる」副言語を2つまで記録することになる。ただし1981年の調査までは、公刊された統計資料には第1副言語（2言語併用）のデータしか使用されていない。1991年調査結果の公刊が多言語国家インドの実態を示す上で歴史的意味をもつのは、初めて第1副言語の実態（2言語併用ないし3言語併用）に加えて、第2副言語の実態（3言語併用）が部分的にせよ明らかにされたからである。

表2は、母語人口の多い上位3言語であるヒンディー語（インド・ヨーロッパ語族インド語派）、ベンガル語（インド・ヨーロッパ語族インド語派）、テルグ語（ドラヴィダ諸語）を母語とする個人について、多言語併用の割合を示

	母語人口	単言語使用	2言語併用	3言語併用
ヒンディー語	337,272,114	300,132,502 (88.99%)	27,074,421 (8.03%)	10,065,191 (2.98%)
ベンガル語	69,595,738	60,486,284 (86.91%)	5,842,675 (8.40%)	3,266,779 (4.69%)
テルグ語	66,017,615	52,366,584 (79.32%)	8,163,683 (12.37%)	5,482,348 (8.30%)
その他の言語	365,682,469	262,567,253 (71.80%)	61,039,792 (16.69%)	42,075,424 (11.51%)

表2　主要3言語別母語人口と多言語併用人口

したものである。表2の「その他の言語」は，これら上位3言語以外のすべての言語を含んでいる。

　言語別に，母語人口，母語のみ使用する人口（単言語使用），母語以外にもう一つの言語を併用する人口（2言語併用），母語を含めて3言語併用する人口（3言語併用）を示している。（　）内のパーセントは，母語人口に対するそれぞれの割合を小数点以下第3位で四捨五入したパーセント値である。

　共通して言えることは，どの母語においても相対的に単言語使用人口の割合が多く，2言語併用，3言語併用の順に割合が低くなる。また表2で見る限り，言語別の一般傾向としては，母語人口が多いほど単言語使用の比率が高く，多言語併用の比率が低いといえる。別の言い方をすれば，母語人口が小さいほど，2言語併用，3言語併用の相対的な比率が高くなる。これは，母語人口の多少が個人の言語生活の中での優位言語あるいは垂直方向の多言語分布の多層性を決める一つの要因であることを裏付けている。特に2位以下を大きく引き離す母語人口を抱え，またインド憲法に規定されているインド連邦全体の唯一の公用語であるヒンディー語の場合，母語話者の中で占める3言語併用の割合（2.98%）は，人口総数では大差ない「その他の言語」（上位3言語以外の言語すべて）の母語話者の3言語併用の割合（11.51%）と比較して極端に低いことがわかる。またヒンディー語母語話者の2言語併用の割合（8.03%）は，この「その他の言語」母語話者の3言語併用の割合（11.51%）すら下回っている。

6 副言語としての英語とヒンディー語

　多言語併用の中で英語とヒンディー語の占める比率については，インド全体を一つの単位として捉えることも可能であるが，ここでは多言語が多様に分布（水平分布と垂直分布）するインドの特性を考慮して，具体的な行政単位である州の統計数値を見ることにする。現在の州区分はインドが独立して約10年後の1956年に実施された言語別州再編成の枠組みが背景にあり，別名「言語州」とも呼ばれる。ただ近年は，民族・言語マイノリティの要求をある程度受け入れる方向でさらに州分割が進みつつある。

　表3は，6つの言語州について各州の主要言語の母語話者に関する多言語併用の実態の一部数値を示したものである。選んだ州は，表2でとりあげた上位3言語をそれぞれ主要言語とするウッタル・プラデーシュ州（ヒンディー語），西ベンガル州（ベンガル語），アーンドラ・プラデーシュ州（テルグ語）に加えて，最大の商業都市ムンバイー（旧ボンベイ）を州都とするマハーラーシュトラ州（マラーティー語），激しい反ヒンディー語公用語化運動の歴史をもつタミル・ナードゥ州（タミル語），教育水準・識字率の面でインドの中で最も高水準を示すケララ州（マラヤーラム語）が含まれる。なおインド全体におけるマラーティー語とタミル語の母語人口数は，それぞれ上位第4位と第5位である。マラヤーラム語は，ウルドゥー語，グジャラーティー語に次ぎ第8位を占める。

　A欄は各州の基本情報として，州名，州人口（および識字率），主要言語（L），主要言語の言語系統の順に示す。識字率は1991年のデータではなく，インド政府が毎年刊行する年次参考書の最新版『インド2007』記載の2001年国勢調査結果を利用した。なおインド全体の平均識字率は，1991年（52.21％）に比較し2001年（64.84％）は大幅に伸びている。

　B欄は，各州の主要言語（L）の母語話者に関する統計数値を示してある。母語話者総数，母語のみ使用する（L）人口，母語以外に第1副言語（X_1）を併用する2言語併用（L+X_1）人口，母語以外に第1副言語（X_1）および第2副言語（X_2）を併用する3言語併用（L+X_1+X_2）人口を示す。直後

A	B		C	
州名 州人口(識字率) (L=主要言語) 言語系統	母語(L)話者総数 単言語使用者　　(L) 2言語併用者　　(L+X₁) 3言語併用者　　(L+X₁+X₂)		英語(E)併用 第1副言語(X₁=E) 第2副言語(X₂=E) ヒンディー語(H)併用 第1副言語(X₁=H) 第2副言語(X₂=H)	(L+E+X₂) (L+X₁+E) (L+H+X₂) (L+X₁+H)
ウッタル・プラデーシュ州 139,112,287(56.27%) (L=ヒンディー語) インド語派	125,348,492 115,579,492 6,512,666 3,256,334	(100.00%) (92.21%) (5.20%) (2.60%)	8,433,768 667,616	(6.73%) (0.53%)
西ベンガル州 68,077,965(68.64%) (L=ベンガル語) インド語派	58,541,519 52,912,952 3,853,144 1,775,423	(100.00%) (90.39%) (6.58%) (3.03%)	4,438,559 585,415 1,190,008 1,190,008	(7.58%) (1.00%) (2.03%) (2.03%)
アーンドラ・プラデーシュ州 66,508,008(60.47%) (L=テルグ語) ドラヴィダ諸語	56,375,755 49,018,963 3,389,530 3,967,262	(100.00%) (86.95%) (6.01%) (7.04%)	5,094,776 1,134,502 2,832,760 ?	(9.04%) (2.01%) (5.02%) (?%)
マハーラーシュトラ州 78,937,187(76.88%) (L=マラーティー語) インド語派	57,894,839 43,326,623 7,566,831 7,001,385	(100.00%) (74.84%) (13.07%) (12.09%)	875,173 6,126,212 13,693,043 875,173	(1.51%) (10.58%) (23.65%) (1.51%)
タミル・ナードゥ州 55,858,946(73.45%) (L=タミル語) ドラヴィダ諸語	48,434,744 40,906,120 7,283,416 245,208	(100.00%) (84.46%) (15.04%) (0.51%)	6,559,929 0 0 245,208	(13.54%) (0%) (0%) (0.51%)
ケララ州 29,098,518(90.86%) (L=マラヤーラム語) ドラヴィダ諸語	28,096,376 20,945,968 2,098,728 5,051,680	(100.00%) (74.55%) (7.47%) (17.98%)	6,313,184 280,964 418,612 4,770,716	(22.47%) (1.00%) (1.49%) (16.98%)

表3　言語州別主要言語母語話者の多言語併用

の（　）内にそれぞれの母語話者全体に対する割合を，小数点以下第3位を四捨五入して併記してある。

　C欄は各州の主要言語母語話者に関する多言語併用の具体的な実態情報である。ここでは，多言語併用として英語およびヒンディー語に焦点をあてる。『言語地図』は多言語併用における英語とヒンディー語の量的質的差異について直接的には扱っていないが，公にされた数値を組み合わせることで

ある程度の推論が可能である。

州ごとに上段は，主要言語（L）母語話者の中で英語（E）を第1副言語と申告した（L+E+X_2）人口（2言語併用者かもしれないし，3言語併用者かもしれない）と，英語を第2副言語（L+X_1+E）と申告した人口（3言語併用者）を示している。直後の（ ）内にそれぞれの人口が母語話者人口全体に対する割合を，小数点以下第3位を四捨五入して併記してある。

州ごとにC欄下段（網掛け部分）には，ヒンディー語（H）についても英語と同様な統計をあげた。すなわち，主要言語（L）母語話者の中でヒンディー語（H）を第1副言語と申告した（L+H+X_2）人口（2言語併用者かもしれないし，3言語併用者かもしれない）と，ヒンディー語を第2副言語（L+X_1+H）と申告した人口（3言語併用者）の順である。ヒンディー語が主要言語であるウッタル・プラデーシュ州では，ヒンディー語を第1副言語，第2副言語とするデータを示していない。

言語州という呼称が示すように，表3にあげた州ごとの主要言語母語人口は，州人口の中で大多数を占めている。また主要言語のみを使用する個人（単言語使用者）が，程度の差はあれ，大多数を占める点も共通している。しかしマハーラーシュトラ州のように，表2でみたような母語人口の絶対数の多さと単言語使用者の比率が連動する傾向と一致しない州もある。ちなみにマハーラーシュトラ州は，州人口に対する主要語（マラーティー語）母語人口の割合が相対的に低いことも指摘できる。この事実は，理由は別にして，マハーラーシュトラ州の多言語環境の程度が表3にあげた他の州と比較して著しいことを示している。

州ごとの多言語併用とその中で占める英語あるいはヒンディー語の地位については量的質的にかなりばらつきがあり，以下，表3にあらわれた統計数値をもとに州ごとの特徴を抽出することにする。

〈ウッタル・プラデーシュ州〉

単言語（ヒンディー語）使用者の比率（92.21%）が最も高い。従って，2言語併用（5.20%），3言語併用（2.60%）の比率が他の州と比較して低いのも特徴である。多言語併用に関しては，2言語併用にせよ，3言語併用にせ

よ，第1副言語（X_1）は英語（E）がほとんどを占める（6.73%）パターン（$L+E+X_2$）を示している。このパターンは，ウッタル・プラデーシュ州をはじめとするヒンディー語を主要言語とする北部インドのいわゆる「ヒンディー語州」に共通するパターンでもある。皮肉なことに，最大の母語人口を擁するヒンディー語を主要言語とする「ヒンディー語州」は全国でも識字率が著しく低い。特にビハール州（全体平均47.00%，男性59.68%，女性33.12%）は全国最低である。

〈西ベンガル州〉

単言語（ベンガル語）使用者の比率（90.39%）が高い。多言語併用は，2言語併用（6.58%），3言語併用（3.03%）と比率が下がる。また2言語併用にせよ，3言語併用にせよ，第1副言語（X_1）は英語（E）がほとんどを占める（7.58%）パターン（$L+E+X_2$）である点もヒンディー語州と似ている。『言語地図』には，ベンガル語と言語系統的には同じインド語派であるヒンディー語を第1副言語（X_1），第2副言語（X_2）とする各比率（2.03%）が全く同じであることの説明は特にない。

〈アーンドラ・プラデーシュ州〉

単言語（テルグ語）使用者の比率（86.95%）が高い。多言語併用に関しては，2言語併用者（6.01%）と3言語併用者（7.04%）がほぼ同率となっているのが特徴である。2言語併用にせよ，3言語併用にせよ，第1副言語（X_1）は英語（E）が有力な（9.04%）パターン（$L+E+X_2$）を示している。第1副言語（X_1）をヒンディー語（H）とする（5.02%）パターン（$L+H+X_2$）は，テルグ語（ドラヴィダ諸語）とヒンディー語（インド語派）の言語系統が異なることを考慮すると，比較的高い。なお『言語地図』では，理由は不明であるが，アーンドラ・プラデーシュ州のヒンディー語を第2副言語（X_2）とするテルグ語母語話者数が与えられていない。

〈マハーラーシュトラ州〉

表3にあげた言語州の中では，州人口に対する主要語（マラーティー語）

母語人口の割合は低く約 73% である。2 言語併用者（13.07%）と 3 言語併用者（12.09%）の比率はほぼ同じでいずれも高いレベルである。多言語併用の内訳は特徴的で，英語（E）を第 1 副言語（X_1）と申告した個人は極端に少ない（1.51%）が，第 2 副言語（X_2）として申告した個人はその約 7 倍（10.58%）に達する。またヒンディー語を第 1 副言語（X_1）と申告した個人は突出していて（23.65%），多言語併用者のほとんどを占める。このことから，マハーラーシュトラ州のマラーティー語母語話者の 2 言語併用は（L+H）のパターンであり，3 言語併用は（L+H+E）のパターンであることがほぼ確実と言える。

〈タミル・ナードゥ州〉

統計数値で見る限り，タミル・ナードゥ州の多言語併用はかなり偏っている特徴を示す。2 言語併用者（15.04%）に対して，3 言語併用者（0.51%）は極端に少ない。さらに第 1 副言語（X_1）を英語と申告した個人が圧倒的に多数（13.54%）であり，タミル・ナードゥ州のタミル語母語話者の多言語併用はほとんどが 2 言語併用（L+E）のパターンであると言える。また，極端に少ない 3 言語併用者（0.51%）と第 2 副言語（X_2）がヒンディー語であることを申告した個人（0.51%）が同数であるため，統計数字をそのまま信用すれば，数少ない 3 言語併用者は全員（L+X_1+H）のパターンということになる。

〈ケララ州〉

ケララ州の特徴は，タミル・ナードゥ州と逆に 2 言語併用者（7.47%）よりも 3 言語併用者（17.98%）がはるかに上回っている点である。しかし英語併用に関しては，タミル・ナードゥ州と同じ傾向を示し，2 言語併用者および 3 言語併用者の第 1 副言語（X_1）は英語（E）がほとんどを占め（22.47%），3 言語併用者（17.98%）の第 2 副言語（X_2）のほとんどはヒンディー語（H）である（16.98%）ことがわかる。したがって，2 言語併用は（L+E）のパターンであり，多数を占める 3 言語併用は（L+E+H）のパターンである。これは，マラヤーラム語（ドラヴィダ諸語）とヒンディー語（インド語

派）の言語系統の違いや，ヒンディー語が優勢な北インドからはるか離れたケララ州の地理的位置などを考慮するとかなり奇異に映る。一つ可能な説明として，識字率の高さが示す学校教育の浸透の中で，ケララ州では中央政府が進める3言語方式（初等中等教育において母語以外に2言語を必修選択させる教育制度）にヒンディー語を選択学習した世代が育ちつつある優等生的な州の特徴が表出したと考えられる。

7 再び神話について

　以上『インド言語地図』の統計数値をもとに，インドにおける個人の多言語使用とその中における英語とヒンディー語の占める傾向についておおまかな分析を試みた。本稿の冒頭にあげた神話「インド人は英語がよくできる」の「インド人」とは誰なのか，についてのささやかな分析の試みである。表3には含めなかった主要言語母語人口の絶対数が少ない州では，第1副言語および第2副言語として特に英語の占めるさらに顕著な傾向が出る可能性が予想される。また本稿では扱わなかった男女別および世代別の差異の分析は多言語国家インドにおける「英語（とヒンディー語）」の将来の傾向を示唆するはずである。

　本稿では紙数の関係上触れることができなかった「インド人の英語」の特徴については，稿を改めて論じるつもりである。

　（本稿は，総務省の戦略的情報通信研究開発推進制度（SCOPE）による委託研究「次世代インターフェースとしての多言語コンシェルジュの研究開発」（課題番号071703017）の研究成果の一部を利用した）

参考文献

Baumgardner, Robert J. (ed.). *South Asian English*. Oxford University Press. xviii, 1996, p.286

Bhanthia, Jayant Kumar. (ed.). *Language Atlas of India 1991*. Government of India. xii, 2004, p.247

町田和彦，「多言語社会の実験場インド」『アジア世界のことばと文化』，成文堂，2006。pp.225-236.

町田和彦,「多言語国家インドの母語と国語」『言語』, 大修館, 2007。pp.54-61.

Research, Reference and Training Division (ed.). 2007. *INDIA 2007*. Ministry of Information and Broadcasting, Government of India, 2007, p.1199

Singh, K. S. and Manoharan, S. (eds.). *Languages and Scripts*. Anthropological Survey of India. xv, 1993, p.431

13 アラビア語圏と英語

阿久津正幸

1 はじめに——アラビア語圏とは

　外国語の影響力を考えるに際しては，地域に固有の歴史をともに検討することが有益になるだろう。本章では，アラビア語が実勢的な地域に焦点を絞り，外国語のなかでも特に英語の及ぼした言語面や社会に対する影響について，その背景となる事情とともに検討していきたい。その前にまず，アラビア語が実勢的な地域というと，アラブ諸国や中東，イスラーム世界などといった地域が連想されるのではないだろうか。それぞれは漠然と理解されていることもあるため，最初に確認しておきたい。

　まず，明確な単位であるアラブ連盟 League of Arab States を手がかりにしてみよう。現加盟 22 カ国には，アラビア語を公用語と謳いつつも，現実にはフランス語などが実勢的な国があったり，アラビア語を公用語としていない国もある[1]。それらを除いた大半の国々では，実質的にアラビア語が主要な言語となっており，主にアラビア半島の国々やシリアやエジプト，北アフリカ諸国などから構成されているが，さまざまな要因によって多様な方言にわかれている[2]。

　次に，アラブ人がその多寡に応じた影響力をもつ，漠然とした地域単位がある。これらはアラブ諸国と呼ばれ，メディアや政治・外交的な局面で用いられることが多い。上記のアラブ連盟には含まれないが，アラブ人が多数を占め，アラビア語とともにスペイン語も公用語に掲げる西サハラなどはこれ

に含まれることもある。一方, アラブ人が少数であっても, その存在を無視できないためにアラブ諸国に関連づけられるが, アラビア語は公用語となっていない国もある[3]。

そして最後に, アラブ諸国や中東と同一視されることが多い, イスラーム世界という枠がある[4]。アラビア語を公用語とする国々は, おおむねイスラーム諸国（世界）ということができるが, 少数ながらも他を信仰する集団の存在を忘れてはならない。しかし逆の, イスラーム世界＝アラビア語使用圏の定式は成り立たない。非アラビア語使用の国々であっても, 公式・非公式を問わずイスラーム世界を構成していることは確認しておきたい[5]。

このように, アラブ連盟, アラブ諸国, そしてイスラーム世界は, 本章で対象とするアラビア語の実勢的な地域（以下, アラビア語圏とする）と重なり合う部分をもちながらも, そうではない部分もある。国連の定める公用語でもあるアラビア語は, 推計によるとその話者人口は1億人の前後と考えられている[6]。以下では, アラビア語圏のなかでも, マシュリクと呼ばれる東方地域（シリアやエジプトなど）, それらと共通点をもちながらも独自性を保持するマグリブ（西方地域＝北アフリカ諸国の一部）にも言及しながら, 英語のもたらした影響力を検討していきたい。

2 氾濫するIT英語

カイロやダマスカスで, 賑やかな繁華街をぶらりと散策してみることにしよう。携帯電話を片手にした人々を当たり前のように見かけることができるだろう。携帯メールを覗き込みながら, 退屈な待ち合わせの時間を過ごしているのだろうか。いまやすっかり生活にとけ込んだ携帯電話であるが, アラビア語の話し言葉ではこれを, mobileの音訳借用によりムーバーイル mūbāyl と呼んでいる（表1参照）。

実際の通りでみかける商店の看板やウェブ上の広告をみても, 携帯電話関連の広告が溢れかえっており, ナッカーラ naqqāla とかマフムール maḥmūl と記されることもある。こちらの場合は, 「持ち運べる, 携帯できる」という意味の翻訳借用だが, 会話で耳にすることは少ない。もっとまれなもの

III 非西欧世界における英語の受容

日本語	英語	アラビア語	アラビア語の読み
携帯電話	mobile phone	موبايل	ムーバーイル
インターネット	internet	انترنت	インターネット
電話	telephone	تلفون	ティリフーン
ファックス	fax	فاكس	ファークス
コンピューター	computer	كمبيوتر	コンピューター

表1　音訳借用の例

　は，cellular phone の cell を翻訳して，ヒルヤウィー khilyawī という単語が当てられることもあるが，やはり書き言葉に限られるようである（表2参照）。

　インターネット・カフェも，携帯電話と同様に爆発的に普及したが，その店内をのぞいてみれば，友人からの e メールを確認している人々を見かけることだろう。この e メール，そのままイーメールと音訳して会話で用いられるが，書き言葉ではバリード・エレクトローニーと表記されることが多いようだ。駅逓を意味する固有語バリード barīd が，新しい時代の類似した役割から郵便の意味で用いられるようになった。そこに，electronics の一部を音訳して，固有の文法規則（イー-yy という語尾の追加）を適用して形容詞化し，組み合わせた表現である（表3参照）。

　カフェの店内をさらに見渡してみよう。宿題をかたづけるために，パソコンに向かって「ググっている」学生がいるかもしれない。もしもそんな学生

日本語	英語	アラビア語	アラビア語の読み（意味の解説）
テープレコーダー	tape recorder	مسجل	ムサッジル（記録するもの）
電話	telephone	هاتف	ハーティフ（叫ぶもの）
バス	bus	حافلة	ハーフィラ（満たされたもの）
エアコン	air conditioner	مكيف	ムカイヤフ（調整するもの）
銀行	bank	مصرف	マスラフ（換金・両替する場）
コンピューター	computer	عقل الإنسان	アクル・アルインサーン（人工知能）
		حاسوب	ハースーブ（計算機）

表2　翻訳借用の例

日本語	英語	アラビア語（複数形）	アラビア語の読みと解説
CD	compact disc	سيدي (سيديات)	シーディー（シーディーヤート）。固有文法に従った規則複数形
銀行	bank	بنك (بنوك)	バンク（ブヌーク）。固有文法に従った不規則複数形
バス	bus	باس (باسات)	バース（バーサート）。固有文法に従った規則複数形
食堂	buffet	بوفية	ブーフィーヤ。抽象概念化・一般化する語尾を追加

表3　固有文法規則が適用された例

を見つけたならば，「問題はググらないこと！（Don't google the question!）」と教師は注意をするに違いないだろう。口語英語の場合でも動詞化された検索エンジン google の名称は，アラビア語の場合でも jwjl という四語根動詞化され，固有の時制や人称変化が当てはめられ用いられている（完了形 jawjala，未完了形 yujawjil)[7]。

　このように，コンピューター英語の影響を受けた，身近な IT 機器にかかわる日常語をみてみると，音訳借用や翻訳借用，固有の文法規則の適用など，さまざまなパターンの借用が溢れている。外来語を取り入れる際の独自の工夫は，特にアラビア語だけに限らないが，その方法の背後に目を向けると，長い歴史の一端をかいま見ることができる。そこで，アラビア語圏の定義として冒頭で言及した中東 Middle East という表現を例にしてみよう。アラビア語ではこれを，東を意味する名詞シャルク sharq に，中間を意味する形容詞アウサト awsaṭ を組み合わせて，定冠詞 al をつけてアッシャルク・アルアウサト al-sharq al-awsaṭ と翻訳借用し，現在では新聞などのメディアで頻繁に目にする表現となっている。しかしその概念自体に注目すると，言語や文法の次元を超えた，アラビア語圏と外の世界とのかかわりが隠されていることがわかる。

　ヨーロッパ諸国が海外に勢力を拡大していったなかで，特に 19 世紀以降，それまで強く意識されていなかった遠隔地が極東として区別されるようになった。そこで，より身近な東洋との中間に存在するという意味で，中東と呼ばれるようになったことにこの名称の由来がある[8]。先にみてきたよう

写真　溢れかえる通信機器販売店。右端の商品イメージと，下段に記されたメーカー名から，通信機器を取り扱う店舗の看板であることがうかがえる。2007年3月ダマスクスで筆者撮影。

に，コンピューターや通信機器にかかわる表現が溢れかえり，アラビア語の語彙に影響を与えているが，こうした日常的な側面以外に，地域を取り巻くより広範な次元からの言語に対する影響を，他称としての中東が用いられていることからうかがい知ることができるのだ。そこで次に，アラビア語圏に対する外国勢力の進出過程とともに，本章の目的である英語の影響の検討を続けたい。

3　外国語の波及と文化的反応

　アラビア語圏に対して外国語の影響力が決定的となったのは，19世紀末以降と考えてよいだろう。この時期は，アラビア語圏を含む中東の大半を支配してきたが，すでに「瀕死の病人」と称されるまでになったオスマン朝（1299-1922）が，国力回復策の一環として教育制度にもメスを入れたときであった[9]。中央政府による改革の産物として，技術や軍事などの新しい学校

が誕生し，思想や文化，自然科学など新しい知識に影響を受けた支配エリートを排出するようになった。これらと平行して，ヨーロッパやアメリカの政府や宣教団によっても，各種の学校が各地で設立された[10]。

たとえばフランスは，カトリックのミッション・スクールの創設を各地で支援した。その一つとしてマシュリクでは，ベイルートに設立 (1875) された聖ヨセフ大学 Université St. Joseph があり，現在でもレバノンを代表する学術機関となっている。一方プロテスタントは，歴史的背景から，中東全域で小規模だったが，アメリカ人宣教団のてこ入れによって，他宗派のキリスト教徒やムスリムも含めた教育を行うようになった[11]。そのなかの一つが，やはりベイルートに創立 (1866) されたシリア・プロテスタント・カレッジである。これは，その後名称を変更していまも続く，ベイルート・アメリカン大学 American University of Beirut の礎となった[12]。

諸外国によるこうした学校は，当初から自国の言語や文化を広く普及させることを主眼としていなかった。聖ヨセフ大学の場合は，キリスト教の神学と哲学の高等教育のみを行っていたが（フランス語），次第に医学や薬学，東洋学などにも分野を広げていった。シリア・プロテスタント・カレッジの場合も，布教中心から次第に対象を拡大していった点は同じだった。しかし，地域の学術的発展に資するという目的で，諸言語に精通したオリエンタリストたちによってアラビア語で教育が行われていた点が特徴だったが[13]，やがて英語へと切り替えられた[14]。一方，事情の異なるマグリブのアルジェリアやモロッコでは，フランスによる教育支援策として，初等・中等教育が早くから行われていたが，その恩恵を受ける地域住民はまだ圧倒的に少なかった[15]。

新しい学校教育を受けるようになった人々は，比率からいえば少数ではあったが，その存在感は着実に増していった。二カ国語使用が常識となっていった人々の間では，外国語で書かれた書物を読む習慣が広まり，カイロやアレクサンドリア，ベイルートでは，新しい読者層を対象とした新聞や雑誌などの出版活動が活発になっていった[16]。やがてこれらの都市部では，フランス語や英語が，家庭内でもアラビア語に取って代わるようなこともあった。19世紀も半ばになると，フランス語は，貿易や金融上の仲介語とし

て，かつてその役割を担っていたイタリア語に取って代わっていたが[17]，中東全体からみるとフランス語の影響は限定されていた。アラビア語教育が制限を受けて，フランス語が着実に拡大していったマグリブ地域では，英語はその逆にほとんど知られていなかった[18]。

諸外国との関係の変化によって，社会的な変動が必然的に生じた。外国語能力を通じた外部とのつながりで恩恵を受けた例として，英語の語彙にも取り入れられたドラゴマン dragoman（通訳者を意味するアラビア語 tarjumān，語源はアラム語などさらに遡及する）が挙げられる。17世紀以降のオスマン朝との外交で，ヨーロッパ諸国の大使館に通訳として採用され，ヨーロッパ人と同等の身分的特権を与えられたギリシア正教徒などのジンミー（庇護民）である[19]。信仰を保障されつつも，ムスリム社会のなかで二級市民に甘んじていた彼らが，外国語の能力をきっかけとして社会的な地位を浮上させたことは，外国語のもたらした一つの作用だろう[20]。

しかし，既存の多数派社会では，こうした新しい言語の教育や知識の摂取に対する反応は一面的ではなかった。容易に予想されることだが，それらを歓迎し，対して従来の伝統的な学校教育を過去の遺物とみなす考え方がみられるようになった[21]。その一方で，伝統を新しく変化させるために，外来の知識や思想をどう取り入れるか腐心する見解も存在した[22]。チュニジアで近代化改革を目指したハイル・アッディーン（1822-90）は，外国からの制度や知識を受け入れようとしない頑迷な考え方を批判したが，その主張はアラビア語による著述活動で展開された。知的刺激を受けて，アラビア語による学術や文芸が活性化し，レバノンのブトルス・ブスターニー（1819-83）は，豊富な語学力をもとにアラビア語辞書『ムヒート・アルムヒート（言海）』（1869）を編纂した[23]。エジプトで，翻訳や教育改革に心血を注いだタフターウィー（1801-73）は，ヨーロッパ由来のさまざまな観念に対する多くの訳語を編み出し，アラビア語に新しい風を吹き込んだ。たとえば，地縁的結合にもとづくワタン（郷土，祖国）を社会統合の理念ととらえ，のちに民族や宗教など諸要素を交えて活発化した，今日的課題につらなるナショナリズム論の先駆けとなった[24]。

そもそも，イスラーム期以降のアラビア語は，『コーラン』の言葉を規範

日本語	英語	アラビア語の相違	解説	出典の有無	
				ムヒート	アサーシー
中東	middle east	الشرق الأوسط	本文参照	×	○
		الشرقأوسط	中，東の二語を一単語として扱う新しい用法	×	×
資本	capital	رأس المال	協業のための双務契約（コンメンダ）で，資本提供者が事前に支払う金額のこと。現代的意味の資本とは異なる	○	○
		رأسمال	頂点と財の二語を翻訳借用して一単語化。現代的な意味での資本	×	○

表4　新しい複合表現
出典の詳細については，本文の注26を参照

として，その影響のもとに標準文法や語彙論，形態論などを発展させてきた[25]。こうした伝統の延長線に位置づけられる外国語の借用方法は，タフターウィーらの時代でも継承され，また現在でも一部引き継がれていることは先にみてきた通りである。しかし，そうした伝統を飛び越える外国語の浸透力が進行中であることをみてみよう（表4参照）。ブスターニー（『ムヒート』）の時代はまれであっても，その後定着した中東という用語だが（『アサーシー』），英語における複合語をつくるハイフンの用法に類似した表現もみられるようになってきている[26]。

　実際，メディアなどのアラビア語では，英語的な文章構文の影響を受けていることが，非アラビア語圏向けの現代標準アラビア語の解説書でも指摘されるようになった[27]。こうした状況に対してアラビア語圏では，現代的な文法や表記に対応しようとする，カイロのアラビア語・アカデミー Academy of the Arabic language（1934年設立）の取り組みがある[28]。自由な口語的表現や語彙を取り入れようとする姿勢があるなかで，完成された古典文法に対してどう配慮をするかという観点もあり[29]，英語を主とした外来語起源の単語や表現を固有化するプロセスはいまも進行中である。次には，こうした影響を現在進行形で拡大させる要因ともなっている，まさしく英語の現状を，現代の学校教育からみてみよう。

4　外国語教育の現在

　アラビア語圏に属する多くの国は，両大戦前後の独立以降，近代的な教育体制の整備を急いできた。そのなかでも早くから教育制度を充実させ，アラビア語圏の各国に知的専門職の人材を提供してきたのがエジプトである。6-3-3制をとり，英語教育は中学校（前期中等）で必修だったが近年になって前倒しされ，小学校高学年でも学べるようになった。高校（後期中等）からは第二外国語（独仏語なども含む）も必修となるが，近年では英語に限らない，外国語教育全般が重点化された高校の整備が進展しつつある。高等教育では，国立大学の理工系学部で早くから英語の授業が実施されていたが，現在では，商学部など一部の文系学部でも学問上の必要性から実施されるようになってきている。しかし 2004 年の高等教育就学率をみると，中等教育就学率の 87％ と比べて 33％ と低くなっているため，学校教育制度のなかで高度な外国語を習得する機会をもてる者は，限られた存在であることがわかる。事実，私立の学校では，早期から外国語教育（英仏語など）を行っており，通学が可能な階層の子弟の人気となっている。1990 年代後半の制度改革で，今後は私立大学の増加が見込まれるが，やはり学費の面から，進学可能者は限定されることが予想され，英語を初めとした外国語教育の全体的底上げにつながるかどうか，注目したい[30]。

　エジプト同様に，教育制度改革に力を注いできたのがヨルダン（6-3-3制）である。初等・中等教育の就学率はエジプト同様に高いが，小学校1年から英語が必修化されている点が，外国語教育を重視する特徴となっている。第3次教育制度改革（2000-2005）では，国際社会に対応できる情報処理やコミュニケーション能力の向上が目標として掲げられていることから，英語教育重視の傾向は今後も継続していくものと思われる[31]。

　豊富な石油収入を背景に，急速にインフラ面の整備を拡充してきた湾岸諸国のなかで，サウジアラビア（6-3-3制）は，宗教とアラビア語，職業訓練に重点をおいた教育を実施してきた。そのためか，従来外国語教育はあまり重視されていなかったが，現在では小学校6年から英語が必修化されてい

る。また高等教育レベルでは，英語圏への留学援助プログラムが近年充実してきており，英語教育に対する比重だけでなく，国際的水準での教育の重点化政策が求められていることがうかがえる[32]。アラブ首長国連邦（5-4-3制）でも同様に，英語重視へと方針が転換され，小学校1年から英語が必修化されている[33]。

ピジン・フランス語を使用するモロッコでは，近年6-3-3制に改編され[34]，従来は小学校2年生から第一外国語（フランス語）が学習されていたが，現在では第二外国語の学習開始年数を早め，9年生（前期中等教育3年生）から第二外国語を選択・履修することになった。しかしその中身はというと，実質的に英語が教育されている。私立の学校では，小学校1年生からフランス語教育が行われ，各教科もフランス語で学習されている場合もあり，英語重視の比率は高まっているものの，フランス語の重要性がまったく低下したわけではないようだ[35]。

以上，手短にアラビア語圏各国の概要をみることによって，各地で英語の影響が拡大している傾向を認めることができるが，それを決定づけるものとして，「米国・中東パートナーシップ・イニシアティブ U. S. -Middle East Partnership Initiative」（アメリカ国務省近東局，2003年4月3日）を最後に指摘しておきたい。アラブ各国の政治や経済など広範な分野にアメリカ政府が援助を行う，対テロ戦争のソフト面からの戦略である。そのなかの教育面に注目すると，英語教育はもちろん，インターネットの利用促進やアメリカ国内の大学での教育に対応できる教育準備などが目標として掲げられていることから，英語の影響力はさらに増大していくことが予想され，今後の動向に注意が必要であろう。

5 おわりに——英語のもたらす新しい波

かつて，外国語能力によって地位向上を果たしたドラゴマンを先に挙げたが，それは社会のなかに属する一集団でしかなかった。現代において，カイロでも東京でも，就職を考慮して外国語能力の向上に努める学生たち個々人の姿は，彼らと重ね合わせることができるのかもしれない。英語の影響は，

学校教育制度面でみてきたように拡充の方向にあるが，依然として就学率や識字率，社会教育や女子教育などが，アラビア語圏各国では重要課題として継続しているのだ[36]。つまり社会全体からみれば，英語教育の恩恵にあずかれる比率はいまだ少数という状況なのだ。だが，そうした個人や集団に対する影響を超越する可能性が，国際衛星放送局アルジャジーラの新しい取り組みのなかにみてとれることを，最後に言及しておきたい。

　衛星放送時代の象徴として，カタールのアルジャジーラは，アラビア語圏で揺るぎない地位を確保した。その成功を経て同局は，2006年から英語放送にも乗り出した。海外のソースに頼らない独自取材によって，アラビア語圏に情報発進を積極的に行ってきたために絶大な支持を得てきたのだが，この英語放送という新しい試みは，アラビア語圏よりはむしろ非アラビア語圏，つまり外の世界に対する情報発信として強く意識され，そのため各国の国際放送政策に多大な影響を与えている[37]。冒頭で説明したように，中東やイスラーム世界とも重複するアラビア語圏が，蔓延する誤解や偏見を払拭して[38]，新たに国際的な地位と役割を獲得できるのかどうか，英語という外とのつながりをもたらすコミュニケーション手段を利用する同局のとりくみを見守りたい。

注

(1) 言語分布は，R. E. アシャー，C. モーズレイ編『世界民族言語地図』土田滋他監訳（東洋書林，2000年）map 74-78 を参照。
(2) アラビア語の諸方言については，中野暁雄「アラビア語諸方言」『言語学大辞典』第1巻（三省堂，1988年）472-483 を参照。
(3) イスラエル（ヘブライ語・アラビア語），イラン（ペルシア語），エリトリア（英語・ティグリニャ語・アラビア語），チャド（アラビア語・フランス語），ニジェール（フランス語），マリ（フランス語）がある。イスラエルは，アラブ系の人口増加が近年顕著で，少数派と単純化できない。
(4) B. ルイス『イスラーム世界の二千年——文明の十字路　中東全史』白須英子訳（草思社，2001年）の原題は，"The Middle East : A Brief History of the Last 2000 Years" である。訳者の意図も当然あるだろうが，Middle East がイスラーム世界とされている。イスラーム世界について，総合研究開発機構編『イスラム世界の相互依存

と対立・対抗に関する研究』(総合研究開発機構,1998年)を参照。

(5) トルコやイランは,イスラームに伴うアラビア語の影響は看過できないが,言語面では語族を異にするトルコ語やペルシア語の地域である。東南アジア諸国では,宗教的関心からアラビア語教育に熱心な国もあるが,社会全体からみればアラビア語は実勢的な言語ではない。イスラム諸国会議機構(OIC)を構成する加盟国をみれば,非アラビア語圏に属する国々が圧倒的であることが確認できる。

(6) クリスタル『言語学百科事典』風間喜代三,長谷川欣佑監訳(大修館,1992年)413は,話者人口を1億2,000〜5,000万人としている。"*Ethnologue : languages of the world*"誌(Web版,http://www.ethnologue.com/,アドレスは2008年4月時点,以下同)は,アラビア語使用国を35カ国に分類し,エジプト方言(4,250万人),アルジェリア方言(2,240万人)など,合計を1億1,005万人としている。田野村忠温「〈短信〉日本語の話者数順位について——日本語は世界第6位の言語か?——」『国語学』189(1997年6月):39に,各言語とともにアラビア語話者人口の推計値の一覧があり,0.5億人から2.15億人まで幅がある。

(7) 「インターネット用語がアラビア語を脅かす」『ジャジーラ・ネット』(2007年11月20日)を参照。

(8) それまでは東(ラテン語ではオリエント)と意識されていた地域は,近東として区別されるようになった。杉田英明『日本人の中東発見』(東京大学出版会,1995年)3-6。E. W. サイード『オリエンタリズム』板垣雄三他監修(平凡社,1986)16-17も参照。

(9) オスマン朝中央の改革については,永田雄三編『新版世界各国史9 西アジア史Ⅱ イラン・トルコ』(山川出版社,2002年)281-327を参照。

(10) この時期のアラブ地域の知的状況全般については,ホーラーニー『アラブの人々の歴史』2003年,311-327.

(11) キリスト教の諸派については,中東教会協議会編『中東キリスト教の歴史』村山盛忠他訳(日本基督教団出版局,1993年)を参照。

(12) 外国の支援を受けた各地の学校については,C. K. Zurayk, "djāmi'a", *Encyclopaedia of Islam*, 2 nd. ed. (Leiden : Brill, 1954-2004)を参照

(13) ヨーロッパ側の中東・アラブ研究事情は,J. フュック『アラブ・イスラム研究誌』井村行子訳(法政大学出版局,2002年)を参照

(14) 教育現場での言語変更,そして当時の学術論争を背景にした学内での騒動が,森晋太郎「ベイルート1882——シリア・プロテスタント・カレッジにおける〈ルイス事

件〉をめぐって——」『アジア・アフリカ図書館報』12（2002）：5-8 に紹介されている。本章の執筆にあたって、アラビア語の日常会話表現に関して同著者から多くの示唆を受けた。

(15) いち早く植民地化され（1830年）、フランス本国と同等の行政単位に組み込まれたアルジェリアは、植民政策とともに、行政サービスとして教育制度も提供され、フランス語教育とキリスト教化政策が推進された。Ch. -R. アージュロン『アルジェリア近現代史』私市正年、中島節子訳（白水社、2002年）を参照。

(16) アラビア語圏での印刷はこれ以降に本格化したが、アラビア文字の印刷技術は、すでに16世紀末ヨーロッパで開発されていた。フュック『アラブ・イスラム研究誌』2002年、48-49.

(17) イタリア諸都市の地中海商業での活動と、通商相手である東地中海（レバント）との関係については、J. L. アブー＝ルゴド『ヨーロッパ覇権以前：もうひとつの世界システム』上下、佐藤次高他訳（岩波書店、2001年）を参照

(18) 現在、北アフリカ・ピジン・フランス語 North African Pidgin French に分類されている。クリスタル編『言語学百科事典』1992年、482

(19) オスマン朝下の宗教共同体について、鈴木董『オスマン帝国——イスラム世界の〈柔らかい専制〉』（講談社、1992年）を参照。

(20) マロン派キリスト教徒は独自の学術的伝統をもち、ヨーロッパ諸国と学術的な交流を維持していた。たとえばヨセフ・アッセマーニー（1768年没）のような著名な学者を輩出した。ホーラーニー『アラブの人々の歴史』2003年、267-8。フュック『アラブ・イスラム研究誌』2002年、102-3.

(21) 伝統的教育の停滞のたとえとしてしばしば引き合いに出されるものに、タハ・フサイン『わがエジプト：コーランとの日々』田村秀治訳（サイマル出版会、1976年）がある。

(22) こうした動きは、アラブの文芸復興、アラビア語で「覚醒」を意味するナフダとして知られている。関根謙司『アラブ文学史　西欧との相関』（六興出版、1979年）、長沢栄治「現代アラブ思想と民衆的遺産」『一橋論叢』110-4（1993年）：537-555 を参照。

(23) ブスターニーについて、川崎寅雄『アラブの近代文学』（潮出版社、1971年）30-38を参照。

(24) 板垣雄三「アラブの思想家たち」『講座東洋思想7　イスラムの思想』（東京大学出版会、1967年）277-282. 同「イスラム改革思想——アラブの場合を中心として

――」『岩波講座世界歴史 21　近代 8　近代世界の展開 5』（岩波書店，1979 年）530-553．この時代におかれたエジプトの位置づけについて，加藤博「〈周縁〉からみた近代エジプト――空間と歴史認識をめぐる一考察」『岩波講座世界歴史 21　イスラーム世界とアフリカ　18 世紀末―20 世紀初』（岩波書店，1998）169-188．

(25)　矢島文夫「アラビア語学史 history of Arabic linguistics」『言語学大辞典　第 6 巻術語編』（三省堂，1996 年）16-28．伝統的学問といわれるコーラン学やハディース学との関連の説明は，イブン・ハルドゥーン『歴史序説』森本公誠訳，第 4 巻（岩波書店，2001 年）120 以下，その他を参照．

(26)　別個の単語を一つとみなして，二つ目のアウサトにあるべき定冠詞 al を省略した用法．類似例にラアスマール（資本 capital）がある．表 4 中の出典（アラビア語・アラビア語辞典）は，前述したブスターニーの『ムヒート・アルムヒート』（1869 年）と，The Arab League Educational, Cultural and Scientific Organization 編『アサーシー（アラビア語基礎辞典）』（1989 年）を比較した．

(27)　J. Dickins, J. C. E. Watson, *Standard Arabic, An Advanced Course* (Cambridge, Cambridge UP, 1999) 180．

(28)　http : //www.arabicacademy.org.eg/．エジプト以外にも広がる，アラビア語圏での国際的な組織となっているが，こうした動きは 19 世紀末以来，アラビア語圏各地で取り組まれてきた．"madjma'a 'ilmiï", *Encyclopaedia of Islam*．を参照

(29)　竹田敏之「現代エジプトにおける文法改革――イブラーヒーム・ムスタファーの古典文法批判と文部省委員会」『日本中東学会年報』22-2（2007 年）：29-52 を参照．現代の標準的なアラビア語と，フスハーと呼ばれる古典期アラビア語の関係については，K. C. Ryding, *A Reference Grammar of Modern Standard Arabic* (Cambridge : Cambridge UP, 2005) 1-9．を参照．

(30)　エジプトの教育に関して，以下を参照．湯川武「エジプトの教育」松崎巌監修『国際教育事典』（アルク，1991 年）58-60．P. Haust ed. *International Handbook of Education Systems, vol. 2* (Chichester ; New York et. al. : John Wiley, 1983) 613-639．International Bureau of Education, UNESCO (http : //www.ibe.unesco.org/) 中のデータベース（World data on Education）．国際交流基金（http : //www.jpf.go.jp/j/japan_j/oversea/kunibetsu/index.html），日本語教育国別情報，エジプト（2005 年の情報）．

(31)　ヨルダンの教育に関して，以下を参照．海外教育事情研究会編『新しい世界の学校教育』（第一法規，1988 年）158-161．Haust ed. *International Handbook*, 1983, 648-674．UNESCO データベース（World data on Education）と，国際交流基金，日本語教

育国別情報，ヨルダン（2005年の情報）。

(32) サウジアラビアの教育に関して，樋口健夫「サウジアラビアの教育」松崎巌監修『国際教育事典』1991年，305-7。海外教育事情研究会編『あたらしい世界の学校教育』1988年，142-148。Haust ed. *International Handbook*, 1983, 762-800. 国際交流基金，日本語教育国別情報，サウジアラビア（2005年の情報）。UNESCO データベース（World data on Education）

(33) アラブ首長国連邦の教育に関して，藤原英夫「アラブ首長国連邦の教育」松崎巌監修『国際教育事典』1991年，21-2. Haust ed. *International Handbook*, 1983, 883-896. 国際交流基金，日本語教育国別情報，アラブ首長国連邦（2005年の情報）。UNESCO データベース（World data on Education）。「国王大学科学技術拠点に」『読売新聞』（2008年1月8日）。

(34) それ以前は，5-4-3 制度の第三学年時，外国語としてフランス語の学習が始まり，算数もフランス語による教授となっていた。海外教育事情研究会編『あたらしい世界の学校教育』1988年，462。

(35) モロッコの教育に関して，Haust ed. *International Handbook*, 1983, 684-710。国際交流基金，日本語教育国別情報，モロッコ（2005年の情報）。UNESCO データベース（World data on Education）。「フランス語に圧倒されるモロッコ，口語アラビア語が侵食」『ジャジーラ・ネット』（2008年1月5日）。マグリブの言語や文化的特徴について，アブデルケビール・ハティビ『マグレブ　複数文化のトポス』澤田直編訳（青土社，2004年）を参照。

(36) 貧困撲滅の対策として，子供のための教育ローンも新たに試みられている。鷹木恵子『マイクロクレジットの文化人類学』（世界思想社，2007年）41 を参照。

(37) 国際的なマスメディアの影響力については，石田英敬他『アルジャジーラとメディアの壁』（岩波書店，2006年）が詳しい。アルジャジーラに関しては，O. ラムルム『アルジャジーラとはどういうテレビ局か』藤野邦夫訳（平凡社，2005年）を参照。各国の国際放送に対する取り組みは，NHK 放送文化研究所編『NHK データブック　世界の放送 2006年』（NHK，2006年）222, 236-8 参照

(38) 臼杵陽『イスラムの近代を読み直す』（毎日新聞社，2001年）を参照。

参考文献

言語面，歴史と文化，学校・教育制度の手がかりとなる文献のみを列挙した。詳細は本文と注を参照。

石田英敬他『アルジャジーラとメディアの壁』岩波書店，2006年。

大塚和夫他編『岩波　イスラーム辞典』岩波書店，2002年。

海外教育事情研究会編『新しい世界の学校教育』第一法規，1988年。

亀井孝他編『言語学大辞典　世界言語篇　上』三省堂，1988年（松田伊作「アラビア語」，中野暁雄「アラビア語諸方言」，高階美行「アラビア語のピジン・クレオール」）。

佐藤次高編『西アジア史Ⅰ　アラブ（新版世界各国史8）』山川出版，2002年。

ホーラーニー，A. 湯川武監訳，阿久津正幸訳『アラブの人々の歴史』第三書館，2003年。

松崎巌監修『国際教育事典』アルク，1991年（湯川武「エジプトの教育」，樋口健夫「サウジアラビアの教育」，藤原英夫「アラブ首長国連邦の教育」）。

Haust, P. ed. *International Handbook of Education Systems, vol. 2*, Chichester ; New York et. al. : John Wiley, 1983.

Ⅳ　英語とマイノリティの言語文化

14 「英語」に征服されたアイルランド

橋 本 升 治

1 はじめに

　1920年代のイギリスで英語の発音が問題にされたことがあった。BBC（英国放送協会）がラジオ放送を始めるにあたって，数ある方言のどの発音（アクセント）を採用するか，識者の間で検討されたのである。ロバート・マックラム（Robert McCrum）の『The Story of English〈英語・米語・世界の英語，長谷川潔註解〉』（成美堂）によると，そのとき採用されたのが「南部イングランドの教育ある人たちによって話されているタイプの発音」で，これを RP（Received Pronunciation 容認発音）と呼んで標準発音にしたという。俗にいう「クイーンズ・イングリッシュ」はこれを指している。
　このときの調査でアイルランドのダブリン英語がスコットランドのエディンバラ英語と並んで RP 英語の次に位置した。ダブリン英語の発音は標準発音にきわめて近いとのお墨つきを得たのである。イギリス国内の多くの方言やアメリカ英語を差し置いて，なぜダブリン英語が二番手の栄誉を得たのか。筆者の解釈では，イギリスによる植民地化が始まった十二世紀以来，ダブリンはイギリス王室の関係者が入れ替わり立ち替わり駐在した町で，いつもその時代の王室英語が話される環境にあった。その伝統がダブリンの上，中流家庭の発音にいまも生きているということではないだろうか。
　現在のアイルランド（共和国）は英語が日常語で'英語の国'のイメージが強い。しかし約200年前までは圧倒的多数のネイティブによってまったく

別の言語が話されていた。その言語はゲール語 Gaelic（英語でアイルランド語、以下アイルランド語という）と呼ばれ、話していた人々（ネイティブ）をゲール人 Gael というが、そのゲール人が支配者の言語である英語に話者転換し、英語の国になったのである。つまりアイルランドは何世紀もの間、支配者の英語と被支配者のアイルランド語が並立したバイリンガルの島であった。

　ネイティブのゲール人が英語話者に転換するようになったのは十八世紀末、大勢の決着をみたのが十九世紀半ばであった。植民地化 750 年の時間軸でみたときの約半世紀は、感覚的には'わずか'と形容できる時間といっていい。ではネイティブのゲール人はそのようなわずかな期間に、どんな理由で英語話者に転換したのだろうか。本論に入る前にまず彼らの母語・アイルランド語とはどんな言語なのかを簡単にみておきたい。
　アイルランド語は言語学でいうケルト語派に属する。ケルト語は印欧語族の一語派だが、同じ印欧語族のゲルマン語（英語の祖語）とは別である。ケルト語を話すケルト人の一派ゲール人がアイルランド島に渡来してきたのは、紀元前三〜二世紀頃とされている。時代が下ってローマが共和制から帝政に移行した紀元一世紀、イギリス・大ブリテン島の南半分がローマ帝国の一部になった。幸いローマの勢力は大ブリテン島の西のアイルランド島には及ばなかった。これによってアイルランド島に昔ながらのアイルランド語とケルト文化が残されることになる。
　アイルランドにキリスト教を伝えたのは、アイルランドの守護聖人である聖パトリック（430 年代）ということになっている。このとき聖書と共にラテン語文字が伝えられたが、ゲール人はそれを真似てアイルランド語アルファベットを考案した。それは六世紀[1]のことで、ギリシア（ギリシア語）ローマ（ラテン語）に続き、ヨーロッパで三番目に文字を持った民族であるという[2]。文字を手にしたゲール人は、それまで口承されてきた神話を記録に残すことができるようになった。六世紀以前の物語である『侵略の書』『クーリーの牛争い』などがいまに伝えられ、アイルランドを神話の宝庫にしているのは、早くから文字を持ったことと無縁ではない。

2　アイルランド語話者圏と英語話者圏

　アイルランド島におけるアイルランド語と英語の角逐は，イギリス王室の植民地政策の濃淡をそのまま反映した。植民地化が始まったのは1171年のヘンリー二世の渡来からだが，アイルランドの英語化の歴史でみると，前半，後半の2期に分けることができる。前半は十六世紀初頭までの約370年間で，結論からいうと支配者言語の英語はアイルランドに定着できなかった。状況証拠的に次の3つの出来事を挙げることができる。

　①はキルケニー法の存在である。1366年に制定されたこの法は，主に植民してきたイギリス人を対象にしており，植民者がゲール文化に染まることを禁止した。ゲール人と結婚してはならない，イギリス人同士の会話には英語を使わなければならないなどであるが，このことは植民者のゲール化（土着化）が進んでいたことを物語っている。

　②中世アイルランド貴族の多くはヘンリー二世に従って渡来し，アイルランドに土地を与えられた支配層の子孫で，本来ならイギリス文化を保護する立場の人たちである。十五世紀後半になると，これらアイルランド貴族までがゲール化してきた。その象徴的人物がアイルランド総督にもなったキルデア伯ガレット・モー・ジェラルド（1456-1513）で，彼はゲール語を読み書きし，ゲール文化を愛した。

　③はイギリス王室の勢力圏が極端に縮小したことである。それはゲール文化の復興，拡大と表裏の関係になるが，十六世紀初頭のイギリス文化圏（英語圏）はダブリンとその周辺のごく狭い地域に押し込まれた。いわゆる'ペイル'と呼ばれたところである。

　イギリスによるアイルランド経営は十六世紀半ばに再スタートした。1541年，ヘンリー八世のアイルランド王宣言に続き，1549年には本格的な植民が始まっている。以後約100年の間に数度にわたる大規模植民が行われた。これら植民者とネイティブの民族別，宗派別人口を，イギリス人で統計学の父といわれるウイリアム・ペティが，1691年に出版された *The Political Anat-*

omy of Ireland（『アイァランドの政治的解剖』）[3]という本の中で明らかにしている。

　アイルランドで初めて本格的な人口調査が実施されたのは1841年のことである。したがってそれより約170年前のペティの調査結果に正確さを求めることはできないが，それを承知で中身を吟味していくと，興味深い情報が含まれていることに気づく。

　数ある数字の中で信憑性が高いと思われるのが，ローマ教徒（カトリックのネイティブ）と非ローマ教徒（プロテスタントのイギリス人渡来者）の比率である。ペティは1672年時点のカトリックとプロテスタントの比率を73対27（総人口110万人）とした。この比率がなぜ信頼できるのか。1834年，王室委員会が行った宗派別人口調査[4]では81対19（総人口795万人）となっており，やはりカトリックが圧倒的多数を占めている。ペティの時代に比べカトリックの比率が高くなった理由は後述するが，ペティの数字はこの信頼できる調査結果と近似し，英語話者であるプロテスタントの渡来が続いたにもかかわらず，カトリックが多数派の島であったことを示している。

　カトリックとプロテスタントの人口比にこだわるのは，これをアイルランド語話者，英語話者の比率として読み替えることが可能だからである。カトリックはネイティブのゲール人と，中世に渡来しゲール化したイギリス人によって構成され，話す言葉はアイルランド語であった。ペティの推算に従うと話者人口は80万人で，残る30万人のプロテスタント（長老派のスコットランド人移民を含む）が英語話者になる。彼らは宗教改革以後の渡来者だけにカトリックを嫌悪した。このためカトリックの日常語であるアイルランド語話者に転向する人はほとんどいなかった。十七世紀末のアイルランド島にはこうして推算80万人のアイルランド語圏と30万人の英語圏が並存することになる。

　十八世紀の英語圏についてW. J. スミスは次の3地域を挙げている。①イギリス人とスコットランド人が入植した東北部（現在の北アイルランド），②ダブリンとその周辺，③英語が普及していた大きな港町（コーク，ウォーターフォードなど）[5]である。英語圏には少数ながらアイルランド語話者も住んでいた。残る地域がアイルランド語圏だが，トリニティ大学のディクソン

教授によると「十七世紀後半の農村社会の風景は、アイルランド語を話し字も読めない同質な農夫たちの社会で、大半が'雇われ農夫'たち」[6]という典型的な農村社会であった。

3 経済成長とイギリス文明の影響

　この話者数の比は十八世紀を通じて変わることなく推移したが、両者の文明度に決定的な差がついたのが同じ十八世紀であった。停滞的なアイルランド語話者圏に反し、英語話者圏がダイナミックな変貌を遂げたのである。プロテスタントは十七世紀末から一連の'カトリック刑罰法'を制定してカトリック社会の無力化に成功し、プロテスタント絶対優位の社会をつくりあげた。この刑罰法はカトリック高位聖職者の海外追放、カトリックによる土地購入の禁止、カトリック子弟の教育の禁止などを含んでいた。

　またプロテスタント地主は1703年時点でアイルランドの土地の86％を所有[7]（すべてアイルランド人地主から没収）しており、その資力を活かして十八世紀後半にめざましい経済成長を実現した。主役となったのがアルスター（島の東北地域）東部におけるリネン産業である。史家 R. D. エドワーズによると、その輸出額は1700年の120万ポンドから1800年には760万ポンドと100年で6.3倍に増加した。1820年代には最新の紡織機が導入され、本格的工場生産が始まっている。農業国アイルランドに初めて、北大西洋経済圏を主要市場にした近代的な産業が生れたのである。

　こうした経済の拡大は道路や運河などインフラの整備を伴った。リネンの原料である亜麻や、輸出商品の毛糸・毛織物、畜産品などの物産を円滑に流通させるため、また情報交換の必要性から交通網の充実が求められたのである。担ったのはプロテスタント事業家たちで、彼らの一部はまたダブリン、コークなどの都市で金に糸目をつけない建築物をつくることで、その斬新さを競い合った。それはプロテスタント社会がイギリス本国に倣って文明化してきたことを意味した。英語話者圏の目に見えるかたちでの豊かな変貌は、カトリックの進歩的アイルランド語話者を刺激せずにはおかなかった。折から'カトリック救済'（大半の刑罰法廃止）による土地所有の緩和、教育の解

禁,投票権の復活などがあり,カトリックの子弟もイギリスの大学などで自由に学ぶことができるようになった。多少とも裕福なカトリック家庭の子弟はこのチャンスを生かすべく,英語話者に転換し始めた。

　時期を同じくして政治面で大変化が起きた。1801年,イギリスによってアイルランドが併合されたのである。これ以降アイルランド人は大英帝国臣民になり,英語の使用を強いられることになった。W. J. スミスは言語領域（domains of language）という切り口で,その変化を次のように観察している[8]。「9つの言語領域のうち,政府関係,市民サービス,裁判,定期市・マーケット,印刷媒体,教会と学校の7つの分野が英語に変わり,一般家庭とその隣近所,離島などの特殊な2分野がアイルランド語圏として残った。」

　ここで注意したいのは,だからといって英語話者への転換が順調に進んだわけではないことである。十九世紀初頭におけるカトリックの英語話者への転換は,刑罰法廃止を奇貨とした一部の上・中流家庭（聖職者,弁護士などの専門家,教師など）が中心であり,農村社会に住む大半の貧しい小作人,農業労働者には無縁の出来事であった。数百万人が民族語を捨てたアイルランドの場合には,後述するような民族規模でのカタストロフィを必要としたのである。

4　初等教育法と大飢饉

　アイルランドを併合したイギリス政府が,初等教育法によって英語教育をアイルランド人子弟に義務づけたのは1831年である。ここから政府による学校の設立が始まるのだが,エドワーズによるとこの年の公立小学校数は789校[9]で,当時130万くらいと推算[10]される総戸数からみればスズメの涙ほどでしかない。しかも学校は英語話者の多い島の東側に偏っていた。アイルランド語話者が多数派を占める島の西側は学校教育からも取り残されて,英語話者への転換が遅れたのである。その証拠は1841年の国勢調査[11]が明らかにしている。5歳から16歳までの公立小学校への就学率を州別に低い

方からみていくと，メイヨー 8%，ゴールウェイ 12%，＊モナハン 13%，＊リートリム 13%，ロスコモン 14%，スライゴー 14%，ドネゴール 15%と，大西洋沿岸の州が並ぶ。（＊印はリネン産業地帯に接して過剰なカトリック零細農家人口を抱えていた州。）

　1841 年の国勢調査による総人口は 817.5 万人であった。1800 年の推算 500 万人[12]から 63% も増えている。北海道ほどの小さな島から溢れた人々は海外に新天地を求めた。大半は旅費を自己調達できるプロテスタントで，W. F. アダムスの調査[13]によると 1815 年から 1845 年までの 30 年間で 100 万人が北アメリカ大陸に移住している。この 100 万人がアイルランドに留まったとすると，1841 年の総人口は 900 万人を超えることになる。前述の王室委員会の調査による 1834 年のプロテスタント人口に移民した 100 万人を加えてカトリックとの比率を計算し直すと 27% 対 73% になり，ペティが示した比率とピタリと一致する。人口が急増しても，カトリックとプロテスタントの比率は変わらなかった。しかしこの段階になると，これがそのまま英語話者とアイルランド語話者の比率にはならなかった。併合後半世紀近く経過したカトリック社会にも次第に英語話者が増え，アイルランド語話者が減少していたからである。

　では人口がピークに達した 1845 年に，どのくらいのアイルランド語話者がいたのであろうか。大飢饉の研究家ヘレン・リットンはその数約 300 万人としている[14]。これは総人口の約 36% に相当する。ということは，カトリック人口のほぼ半数が英語話者に転向していたことになる。この流れを加速させたのが 1845 年に発生した大飢饉であった。この年の秋，胴枯れ病を原因として起きたジャガイモの凶作は翌 1846 年に全島に拡がり，1849 年まで 5 年にわたって続いた。アイルランドでは十八世紀半ばからジャガイモが貧しい人たちの主食となっており，収穫できなくなると飢餓に直結する状態になっていた。巷には失業者と餓死者が溢れ，目も当てられない惨状を呈した。

　いまもアイルランド人，アイルランド系移民のトラウマになっているこの惨禍は，1850 年になってようやく終息した。死者 100 万人，アメリカなど

へ移民した人が100万人といわれる。死者の100万人を地域（プロヴィンス）別にみると，コナハト（島の北西地域）40％，マンスター（南西地域）30％と，アイルランド語話者が多数を占めたところで合計70％にのぼる[15]。渡航費が調達できない貧しいアイルランド語話者地域から大量の移民が可能になったのは，1847年からアメリカ在住の同胞による援助が届くようになったからである。移民は1850年以降本格化したが，大半はアイルランド語話者圏からの流出であった。1851年の国勢調査によると，アイルランド語のみの話者は3.9％に激減している（英語とのバイリンガルで23.26％）。大飢饉はアイルランド語の衰退を決定的にしたのである。

5 ダニエル・オコンネルとダグラス・ハイド

アイルランドの英語化には，アイルランドを代表する知識人から賛否両論があった。ここでそれぞれの側から代表的な人物を取り上げ，話者転換がアイルランド社会に残した遺産を探ってみたい。その2名はダニエル・オコンネル（Daniel O'Connell, 1775-1847）とダグラス・ハイド（Douglas Hyde, 1860-1949）である。

オコンネルがダブリン随一の通りにその名と銅像を残しているのは，彼がカトリック解放（イギリス議会にアイルランドのカトリック社会から議員を送る権利の獲得）の立役者だからである。オコンネルは生涯をアイルランドの自治獲得運動に捧げたナショナリストだが，彼の英語に対する姿勢はきわめて現実的であった。次の彼の言葉にそれが見て取れる。「私は徹底した実利主義者だから，アイルランド語の衰退を残念とは思わない。（中略）すべての人間が同じ言葉を話すことができたら，人類に寄与することの大きさは計り知れない。だからアイルランド語がアイルランド人の魂と切り離せない多くの思い出と結びついているとしても，コミュニケーション・メディアとして群を抜いている英語の有用性を支持するのである。」[16]

オコンネルはその姓が示すようにゲール系アイルランド人で，アイルランド語を日常語とする島の西部ケリー州のカトリック地主の家庭に生れた。ロンドンで弁護士の勉強をする前にフランスに留学していたことから，フラン

ス語も話すことができた。母語アイルランド語の衰退をドライに受け入れたくらいだから,オコンネルの日常語は英語であった。

　'アイルランドの英雄'のこうした言語態度を鋭く批判したのがダグラス・ハイドである。ハイドはアイルランドの初代大統領だが,彼のアイルランド独立に対する功績は政治家としてよりも,アイルランド語復活の指導者としてナショナリズムの高揚を陰で支えたことにあろう。ハイドは1892年11月,アイルランドがイギリスから独立するにはアイルランド語の復活が必要条件になるという講演を行った[17]。その中でハイドはオコンネルを批判し,アイルランドが英語の国になった責任の一端はオコンネルにあると決めつけている。

　ハイドはそのファミリー・ネームから推測できるように,イギリス系アイルランド人である。父親は英国国教会のアイルランド版であるアイルランド教会の教区牧師であった。血筋からいえば支配層であり,プロテスタントの貴種といっていい。そのハイドがアイルランド語の喪失を嘆き,ゲール文化の消滅を悲しんだ。そしてその生涯をアイルランド語の復活に賭けたのである。講演の翌年にはゲーリック・リーグ(Gaelic League)を設立し,アイルランド語復活の運動を始めている。伝統的(ケルト的)アイルランドへの思い入れ,傾倒ぶりは,オコンネルとは逆の意味で,その'血'からの説明は困難である。

　ペティの労作はアイルランド人の'血'の複雑さを明らかにした。そこから読み取れることは,一口にアイルランド人と呼ばれている人々が,ネイティブのゲール人を基層にして重層化した'民族'ということであった。この複雑な構成を持つ民族をアイルランド人と呼ぶ根拠は何であろうか。それはこの島に「先祖代々住んでいる」という現実以外にない。'地'が'血'を凌駕するのである。オコンネルとハイドはその現実から,血の系譜や出自を超えて登場してきたニュー・タイプのアイルランド人ということになる。ゲール人の血,またイギリス人の血と,そこから発する思想とが見事にタスキ掛けになっている2人のケースは,話者転換という民族規模での大事件を経験した(させられた)アイルランド人の,アンビヴァレンス(矛盾する二面

性)を体現しているといえないだろうか。

「言葉は民族の魂」論というものがある。この論に従えば，英語話者に転向したアイルランド人は魂を売った，もしくは喪失したことになる。しかしハイドの講演後，間もなくして始まったグレゴリー夫人，W. B. イェーツなどの，英語によるアングロ・アイリッシュの文芸復興は，その精神的基盤をケルトの口承伝説に求めている。ここにもアイルランド人のアンビヴァレンス性を物語る事例がある。

6 おわりに

アイルランド憲法は第八条で「第一公用語はアイルランド語，第二公用語は英語」と規定している。アイルランド政府はいまも熱心にアイルランド語の日常語への復興に腐心している。アイルランド語はそれに応えることができるであろうか。アイルランド政府には申し訳ないが，往時の再現はまず無理ではないかと考える。理由を2つ挙げておきたい。

1つはアイルランドが有力な英語国家と深い関係を持っていることである。イギリスは隣国であり，一方5000万人とも6000万人ともいわれるアイルランド系が住むアメリカは世界の超大国である。アイルランドがこの2国から受ける恩恵は，英語国家であることと深く関係している。アイルランド人は自ら進んで，その利点を放棄する愚を犯すことはないであろう。

もう1つ，言語の未来は子供たちの言語態度で占えるという見方からである。アイルランドの場合はどうであろうか。2005年，アイルランド政府が行った中学生の学年終了試験結果によると，アイルランド語の復活は悲観的といわざるを得ない。2005年9月14日のアイリッシュ・タイムズ紙（web）はその事情を以下のように伝えていた。「中学校の授業や修了試験でアイルランド語を選択しない子供は，ここ数十年で40％以上増えている。また1994年以降，成績が中レベルの生徒でアイルランド語の免除を希望する生徒は2％から10％に増えた。原因の1つには外国人子弟が増加していることもあるが，教育科学局にとって頭の痛い問題になっている。」

アイルランドが新しい憲法を制定し，南の26州が独立国となったのは

1937年であった。未だに北アイルランド6州がイギリス領であるとはいえ，立派に'アイルランド人'の国を復興した。しかし言葉の面では往時の民族語を取り戻すことができず，「英語による征服」が続いたままである。先にも述べたように，この状態は元に戻ることはないであろう。ただ'ケルト的アイルランド'ファンにとっての救いは，文字によるアイルランド語の研究，蓄積がゴールウェイ大学を拠点に進んでいることである。

注

(1) カハル・オー・ガルホール・三橋敦子著『ゲール語四週間』大学書林，1988年，p.16。
(2) P. ベアレスフォード・エリス　堀越智・岩見寿子訳『アイルランド史［上］』論創社，1991年，p.23。
(3) ペティ（Sir William Petty）著　松川七郎訳『アイァランドの政治的解剖』岩波文庫，1972年，p.49。
(4) Edwards, Ruth Dudley *An Atlas of Irish History*, Routlegde, 2005, Table 1, p.118.
(5) Smyth, W. J. *The Making of Ireland, Agendas and perspectives in Cultural Geography, in* Graham B. J. & Proudfoot, L. J. *An Historical Geography of Ireland*, Academic Press, 1993, p.425.
(6) Dickson, David *New Foundations Ireland 1668-1800*, Irish Academic Press, 2000, p.112.
(7) T・W・ムーディ／F・X・マーチン編著／堀越智監訳『アイルランドの風土と歴史』論創社，1987年，p.227。
(8) Smyth, W. J. *The making of Ireland, Agendas and Perspectives in Cultural Geography, in An Historical Geography of Ireland*, Academic Press, 1993, p.420.
(9) Edwards, Ruth Dudley *An Atlas of Irish History*, Routledge, 2005. p.223.
(10) 1834年の王室委員会の宗派別人口調査によると総人口は795万人。これを1841年の国政調査の平均家族数6人で割ると132万戸となる。
(11) British Parliamentary Papers ⑭ *Population*, p.xlii.
(12) Foster, R. F. *Oxford Illustrated History of Ireland*, Oxford University Press, 1998, p.172.
(13) Houston, C. T. & Smyth, W. J. *The Irish Diaspora in An Historical Geography of Ireland*, Academic press, 1993. p. 344.

(14) Litton, Helen *The Irish Famine*, Wolfhound Press, 1996, p.132.
(15) Duffy, Sean *Atlas of Irish History*, Gill & Macmillan, 2000, p.92.
(16) O'Neill, Daunt W. J. *Presonal Recollection of the Late Daniel O'Connell, MP*. Dublin in Crowley, Tony *The Politics of Language in Ireland 1366-1922*, Routledge, 2000, p.153.
(17) Hyde, Douglas *The Necessity for De-Anglicising Ireland*, in Crowley, Tony *The Politics of Language in Ireland 1366-1922*. Routledge, 2000, pp.182-188.

15 スコットランドの言語事情とグラスゴー方言

杉本豊久

1 はじめに

英国のスコットランド，アイルランド，ウェールズそしてイングランドのケルト系先住民族の言語であるゲール語話者の数は年々減少の一歩をたどり，現在ではスコットランドで約 6 万人足らずであり，その分布も主としてスコットランド本島北西部の「高地地方（Highlands）」およびヘブリディーズ諸島をはじめとする西部島嶼部（the Western Isles）に限られている。ところが，1991 年の国勢調査によれば，スコットランド本島においてゲール語話者が増加傾向にある地域が実はローランドにあり，特にグラスゴー（Glasgow）でその傾向が顕著に見られるという。私はこの事実に驚くとともに，スコットランドの言語事情に興味を抱いた。

本務校より海外研修の機会を得，元同僚の紹介で，グラスゴー大学英文科（Department of English Language, University of Glasgow）の Jeremy J. Smith 教授にお世話になった。前半は大学のキャンパスのある Kelvinside の一角にある大学の寮に滞在し，大学及び公立図書館その他の施設での文献調査を行い，後半は地元の友人宅に下宿し，ほぼ毎晩地元のパブに通って，そこに集う客たちの日常語，"Glaswegian Patter" についての資料集のためのフィールドワークに徹した。その成果を踏まえ，スコットランドにおける言語事情を言語接触という視点からとらえる。さらに，スコットランド最大の人口を擁するグラスゴーに焦点を絞り，グラスゴー方言の音韻とつづり字・語彙の特徴を明

らかにする。

2　スコットランドの言語事情

1　その歴史的背景と現状

　スコットランドの民族と言語の接触史を概観すれば，まず最初のケルト系定住者はピクト人（Picts）であり，彼らはブリソン語派のケルト語を話していたとされている。次に，4～5世紀頃にアイルランドから同じくケルト系の「スコット人（Scots）」がスコットランド西部地域に侵入し，ピクト人を吸収しつつ独立王国を形成しながら，次第に支配を拡大し，11世紀には北東イングランドにまで領土を拡大した。彼らは，ゴイデル語派のケルト語，つまりスコットランド・ゲール語を話していた人々であり，後述のいわゆる「スコッツ語あるいはスコットランド語（Scots）」を話していたのではない。7世紀になって，今度は「アングル人（Angles）」たちが，イングランド北部，具体的にはイングランドとの国境からハドリアンズ・ウォールに至るノーサンバーランド（Northumberland）からスコットランド南東部に進出し，北上・西進していった。彼らが話していた「イングランド北部英語（Northern English）」は，古英語（OE）から派生したものであり，これがいわゆる「スコッツ語あるいはスコットランド語（Scots））」のベースになりスコットランド全域に普及していったと考えられる。
　一方，8～9世紀にゲルマン系のスカンジナヴィア・ヴァイキングたちが，オークニー諸島，シェトランド諸島およびスコットランド本土最北端の一部（Caithness）などを占領した。彼らは主としてノルウェー人であり，スカンジナビア語の一変種であった「ノルン語（Norn）」を話していたが，言語接触を経て地元のスコッツ語（スコットランド語）へ移行したとみられる。それに，君主制の強化を期して国土の一部を移譲したスコットランドの国王たちの招きによりイングランドから到来したアングロ・ノルマン系の人々（彼らの家来や召使の大部分は主として英語を話していた）が加わって，12世紀ごろにはほぼ現代と同じ人種構成が出来上がったのだが，これらの民族混交の歴史がそのまま彼らの話していた言語の接触の歴史でもあった。

さて，スコットランドは英国全土の3分の1の地域を占めるが，人口は10分の1しか占めていない。地域的には，北部および北西部の高地地方（Highlands in the north and north-west）；首都 Edinburgh を抱える，人口の多い南部の低地地方（Lowlands in the south）；それに西部諸島（Outer and Inner Hebrides を中心とした the Western Isles）および北部諸島（Orkney や Shetland を中心とした the Northern Isles）に分割できる。民族構成的には，前述のように，5世紀にアイルランドから西部地域に住み着いた，Goidelic (Gaelic) language group を代表するケルト系民族「スコット人（Scot）」，7世紀に Northumberland からスコットランド南部に進出・北上拡大し，徐々に西進してスコットランド南西地域に広がって行った「アングロ・サクソン人（Anglo-Saxon）」（特に，Angles と呼ばれた民族），9世紀にオークニー（Orkney），シェトランド（Shetlad），およびスコットランド本土の一部（Caithness）を占領した「スカンジナビア・バイキング（Scandinavian Vikings）」達（特にノルウェー人（Norwegian）），および君主制の強化を期して，国土の一部を移譲したスコットランドの国王たちの招きにより，イングランドからやってきた「アングロ・ノルマン系の人々（Anglo-Normans）」などが主な民族として挙げられる。

　言語地域的には，これらの歴史的・民族的背景を反映して，3つの主な言語変種：「スコットランド・ゲール語（Scottish Gaelic），「スコッツ語あるいはスコットランド語（Scots）」，そして「スコットランド英語（Scottish English）」があり，それぞれがさらに細かいバラエティーを持つ。ただし，スコットランドの人口のうち，ゲール語話者はわずか1.4パーセント以下，約6万人である。あとは，スコッツ語（あるいはスコットランド語）とスコットランド英語の話者がその主流を占める。なお，ゲール語については，国勢調査（2001）において，総人口のほんのわずかな人々（1.4％）が自分をゲール語話者だと報告しているが，その中には，口語・文語ともに日常生活で主要な言語としてゲール語を駆使しているものもいれば，ゲーリックを完全にコントロールできずに，時々，しかも話し言葉でしか使わないものもいるので，一概にゲール語話者といっても様々であり，その辺の詳細な調査が今後必要となろう。最後に，過去100年ぐらいの間に，様々な言語を話す移民がスコットランドに移入してきたことも無視できない。具体的には，イタリア語，

ポーランド語，ウクライナ語，「広東語 (Cantonese)」，「ウルドウー語 (Urdu)」，「ヒンディー語 (Hindi)」，「パンジャブ語 (Punjabi)」などであり，特に最後の4言語はその話者達がより多く関わっている社会医療サービス，警察，教育などの実施に影響を及ぼしている。

　以上が，スコットランドの言語接触史とその現状についての基本的事実であるが，改めて，言語史上重要な歴史的事実を幾つか掻い摘んで指摘することにより，スコットランドにおける言語事情の立体的概観が可能になろう。まず，大まかに言って，かつてはゲール語がこの国の大部分を占める地域で話されていたが，現在では西部および北西部の高地地方及び島嶼地域に限られるようになったという歴史的事実がある。次に，ストラスクライド (Strathclyde) とカンブリア (Cumbria) 及びその先に細長く帯状に延びる地域では，かつてウェールズ語が話されていたが，のちに絶滅したこと。このことが現代のスコットランド英語にどう関わったかは明確でないが，歴史的事実としてあげておく必要がある。さらに，スコットランド北部及び西部地域のノース人による入植地では「古代ノルウェー語 (Norse)」が話されていたことがあげられる。現在でもこの地域の住民達は，自分達がバイキングの血を引く民族であることを強く意識しており，例えばシェトランド諸島では歴史的にノルウェーのベルゲンとの交流が強く，それを裏付ける民族資料館が各地に存在する。

　前述のピクト人たちは非印欧語族の言語を話していた可能性が高いが，その後ゲール語を採用したらしい。しかし，入手できる資料が遺跡のみで，極めて限られており，推測の範囲を出ない。また，「スコッツ語あるいはスコットランド語 (Scots)」は，元々はノーサンバーランドから来たアングル人により，現在のスコットランド地域にもたらされた「北部英語 (Northern English)」の末裔であり，この北部英語が後の「スコッツ語あるいはスコットランド語」となり，スコットランド全域に普及していったのだが，1603年の同君連合 (the Union of the Crown) 以降，標準英語の影響を受け，文語は別として，口語においては衰退していったという経緯があり，このプロセスは，現代の「スコットランド語」と「スコットランド英語」との位置づけにおいて重要である。

以上の，基本的な客観的事実と歴史的事実を踏まえて，社会言語学的・教育的側面からの考察を加えることにより，「スコットランドの言語事情」の締めとする。まず，「スコッツ語あるいはスコットランド語」から「スコットランド英語」に至るまでの「言語連続体（linguistic continuum）」上にある様々な言語変種は，口語のレベルでは豊富な機能と言語使用域を備えているとみられるが，文語のレベルでは，法律用語などをのぞけば，まだ標準英語から脱し切れていない。そして，口語レベルにおいて，例えば「訛りの強いスコッツ語（Broad Scots）」の発音及び文法は，公共の場や形式ばった場面では一般に容認されておらず，地域的特色を帯びたスコットランド英語や標準英語が使われる。したがって，あえてこの"Broad Scots"の発音及び文法・語彙表現などを調査しようとすると，そのような話者が日常たむろし，気軽に会話している場所に直接赴いて資料を収集したり，"Broad Scots"を使って演技するコメディアン・俳優などの映像・音声を二次資料として収集する必要がある。
　このような"Broad Scots"の発音及び文法は，教育機関，ホワイトカラーの職場などのドメインでは基本的に使われていないため，例えば，"Broad Scots"を話す家庭で育った子供が就学した際に，生徒の学習上の負担が大きくなる。やや大げさな言い方をすれば，スコットランドの言語変種の多様性が，就学する生徒たちに少なからぬ学習上の問題を引き起こしかねない。一般に，"Broad Scots"で育った生徒たちは，学校ではまず標準的な口語の「スコットランド英語」を身につけることと，さらに文語の標準英語を身につけるという2つのハードルを越えねばならない。また，英語以外の言語（ゲール語はもちろんイタリア語やウルドゥー語など）を母語とする生徒たちも，同様に複数の言語障壁を乗り越えねばならない。一方，家庭で標準的なスコットランド英語を使用している生徒の場合には，口語から文語への障壁を1回乗り越えるだけで済むことになる。

2　ゲール語

　スコットランドは英国国土の約3分の1を占めるが，その人口は10分の1しか占めていない。つまり，人口過疎地域であり，田舎だということであ

る。そのスコットランドの人口のうち，ゲール語話者はわずか1.2～1.4パーセント，約6万人である。ところが，スコットランド議会は，2003年にスコットランド国民党（Scottish National Party）のMichael Russellが提出した「ゲール語に関する法案（Gaelic Language Bill）」を，2005年に通過させ「ゲール語法（Gaelic Language Act）」を成立させた。これにより，ゲール語がスコットランドの公用語として，原則として英語と対等の扱いとなり，準公的機関として「ゲール語部局（Bòrd na Gàidhlig）」が設けられ，スコットランドにおけるゲール語使用の促進とゲール語の地位保全を，将来長期にわたって保証することとなった。わが国においてゲール語に似た状況にあるアイヌ語や琉球語に対する日本政府の対応に比べると大変な違いである。

そもそも，ゲール語というのは，先も触れたように，アングロ・サクソンを主流とする北西ヨーロッパ大陸のゲルマン系民族がブリテン島に侵入する以前から，そこに居住していたケルト系民族の言語である。言語の系統からいえば，印欧語族（Indo-European）の下位区分のひとつ，ケルト諸語（Celtic）に属する。ところが，このケルト諸語はゴイデル語派（Goidelic＜Gaelic）とブリソン語派（Brythonic＜British）とに分かれており，スコットランドのゲール語（Scottish Gaelic）は，アイルランドのゲール語（またはアイルランド語（Irish））, マン島語（Manx）とともにゴイデル語派に属する。ちなみに，ウェールズ語（Welsh），コーンウォール語（Cornish），ブルトン語（Breton）はブリソン語派に属する。

さて，スコットランド・ゲール語は，ゲール諸語の中ではゴイデル語派に属し，言語的特徴としては，アルランド語と同じ「"q-"ケルト語（q-Celtic）」に属することになる。ただし，一般にアイルランド語（アイルランドのゲール語）は文字通り「ゲーリック〔ge:lik〕」と発音されるが，スコットランド・ゲール語は，英語でもゲール語でも「ギャーリック〔gælik〕」と発音され，綴りは英語ではGaelic，ゲール語ではGaidhligである。このことは，筆者がグラスゴー滞在中に幾たびとなくその発音を直された。公私共に世話になったグラスゴー大学の英文科（Department of English Language）のJeremy J. Smith教授にも指摘されたし，"Glaswegian Patter"の資料収集のための貴重な情報を提供してくれた，行きつけのパブthe Doubletの友人たち

にも何度か指摘された。

　スコットランドにおけるゲール語の使用は，4世紀から5世紀にかけて，ローマ帝国の衰退期に銀を求めてアイルランドからブリテン島に侵入したスコット人（Scots）*の入植に始まるとされる。しかし，実はそれよりも前からスコットランドに居住していたケルト系の民族，ピクト人（Picts）*も，ブリトン語やゴール語と同じケルト系の言語を話していた可能性が高い。ピクト人は，エディンバラの北のフォース湾から，はるか北端の地，シェトランド諸島のアンスト島にまで及ぶ広い地域に居住していたとされる。しかし，その政治や社会のしくみは不明であり，残っているのは地名と石に刻まれた記録だけである。石にはなぞめいた模様や戦いと狩りの絵が描かれていて，当時の人々の身なりや装飾品などが伝えられる程度である。

　したがって，現在のスコットランド人の祖先を辿るのであれば，おそらくピクト人に行き着くことになる。しかし，そのピクト人はアイルランドの対岸にあたるスコットランドの西海岸地域，当時アーガイルと呼ばれていた地域から，アイルランドから入植したスコット人によって追い出され，アルバ王国へと統合されていく。スコット人たちはアイルランドから入植したのだから，アイルランドとスコットランドのゲール語はほぼ同じ起源を持つと考えられているが，それ以前のピクト人の言語との関係がいまひとつ情報不足で不明確ではある。

　それはともかく，10世紀までにはスコットランドでは大部分の人々がこの「スコットランド・ゲール語（Scottish-Gaelic）を話すようになっていたが，11世紀になると，例の1066年のノルマン人によるイングランド征服を契機として，Norman Frenchを話す宮廷や貴族たちの間では，次第にゲール語はその優位性を失っていく。一方，東部および中央スコットランド地域の大部分では，「スコッツ語あるいはスコットランド語（Scot）」（後述）にその地位を奪われてしまい，17世紀までには，Gaelicは高地地域（the Highands）とヘブリディーズ諸島（the Hebrides）に追いやられてしまう。そして，17世紀以降のゲール語の衰退のプロセスを語るには，そのプロセスに直接的に関わる一連の歴史的事件，具体的には，1603年の同君連合に始まり，1688年の名誉革命，1707年の議会合同，およびその結果として起こったともいえ

る1745-46年のジャコバイトの乱，を念頭に置かねばならない。高橋（2004）は，その過程を極めて要領よく，かつ的確にまとめておられるので，ここに引用する。(下線は筆者)

「1603年，イングランドのエリザベス女王が継嗣のないまま亡くなったため，父母両系からの王統によってスコットランド王ジェイムズ六世がイングランド王を兼ね，ジェイムズ一世となる。母メアリの果たせなかった夢をかなえたわけだ。これが同君連合（Union of the Crowns）で，ジェイムズと彼の宮廷はロンドンに移り住み，二十年も里帰りしなかった。宮廷費も潤沢となり，叛服常なき大貴族たちに悩まされることもなく，居心地はよかったようで，それもあってか積極的に両国の同化政策を推進する。
　とくに重要なのは言語上の同化で，ハイランドを中心としたゲール語圏はこの時代に縮小の一歩を大きく踏み出す。ジェイムズがそれを野蛮の温床とみなし，英語ができないと学校教育も受けられなくしたからで，同時に彼はみずから先頭に立って聖書の英訳事業を進めた。欽定訳聖書(1611)はその成果で，長期的には英語世界の拡大に計りしれぬ役割を果たす。ロウランドでは英語の方言に当たるスコットランド語が主に使われていたが，英語の普及も次第に進み，のちに詩人のエドウィン・ミュアが「スコットランド人はスコットランド語で感じ，英語で考える」と述べたような状況の大本はこの時代にできあがった。」(68-9頁)

「合邦反対派のジャコバイトが幾度か兵を挙げた。「ジャコバイトの乱」である。とくに最後の1745年の反乱は，ハイランドの西端に少数の兵で上陸した亡命政権の希望の星，前にもふれたチャールズ王子の軍が次第にふくれあがってイングランド中部のダービーにまで南下し，ロンドンをうかがう気配をみせて天下を震撼させた。しかし最後は，ハイランドの外れカローデンの野で大敗を喫し，多くの戦士を失った。さらにハイランドでは広大な土地が接収され，氏族制は反乱の温床だとして解体され，武器はもちろんゲール語，バグパイプやキルトまでが禁止された。ジャコバイト運動だけでなく，ハイランドのアイデンティティーそのものが失われようとしていた。」(87頁)

このように，1745年のジャコバイトの乱で高地地方の族長たちが反乱に敗北してからは，その高地地方の大部分でも，第1言語としての地位を失ってゆくことになる。15世紀後半から18世紀にかけて，スコットランドおよび英国国会によるいわば，英語教育促進を狙った政策の波状攻撃により，Gaelicの衰退はさらに促進されることとなった。

　1991年の国勢調査によると，スコットランドのGaelic話者65,978人のうち，Gaelicを読めると答えたものは58.9%であり，書けると答えたものは44.6%であった。また，Shutherland (the North-east Scotland)での言語の消失過程の研究によれば，一種のdiglossicな状況が見られ，Gaelicは教会などのhigh domainsではまだ使われているが，家庭という重要なdomainでは急速にかつ意識的に使われなくなってきており，今日では事実上，ほとんどすべてのGaelic話者はバイリンガルである。

　ところが，西部諸島 (the Western Isles) およびスコットランド本土の北西高地地方の一部地域では，伝統的にGaelic使用のいわば"砦"となっていて，すでに冒頭で指摘したように，1991年の国勢調査によれば，これらの低地地域 (the Lowlands)，特にグラスゴー地域ではGaelic話者の増加が見られるという。そして，ゲール語のみを用いて教育をする小学校(Gaelic-medium primary schools)や第2言語としてゲール語が教えられている学校もある。またGaelicによるラジオやテレビ放送番組が増加し，Gaelicによるメロドラマ (soap operas) など，さまざまな分野に及んでいる。さらにゲール語の出版社や映画会社などもある等々，いわばゲール語維持活動（言語政策）なるものが顕著に散見される。

3　スコッツ語（スコットランド語）

　例えば，スコットランド最大の人口を擁する大都市グラスゴーの一般市民が使っている日常語の変種を英語の一方言変種と見做すか，それともスコットランド独自の言語，「スコッツ語あるいはスコットランド語 (Scots)」と見做すかについての議論は，なかなか一筋縄ではいかない。仮に「スコッツ語（スコットランド語）(Scots)」を独自の「言語」と見做したとしても，その

ルーツはゲルマン語系で，英語と同じ古英語である。

　7世紀ごろ，イングランド北東部に住み，古英語のノーサンブリア方言を話していた「アングル人（Angles）」が，7世紀ごろ現在のスコットランド南東部に侵入してきた。当時は，ハイランド地方や島嶼部では，当然のことながら先住民族の「ピクト人（Picts）」や「スコット人（Scots）」の話すスコットランド・ゲール語が優勢であった。ところが，1066年のノルマン人による「イングランド征服（Norman Conquest）」以後，ローランド地方には様々な言語接触があった。上層階級のアングロ・ノルマン人たちはフランス語を話し，その家臣たちは「古代ノルド語（Old Norse）」の影響を受けたイングランド北部の英語方言を話していた。当時（9世紀以来）は，スカンジナビア半島を中心として活躍していたバイキングの一派，デーン人の支配下にあったからである。

　また，当時の自治都市には，北欧，北海沿岸の低地地方，フランスなどから商人や職人たちが大量に集まっており，彼らの話す言語との複雑な言語接触が繰り返されていたはずである。具体的には，イングランドの北東部を中心とした各地域の方言変種，古ノルド語，オランダ語，フランス語，それにスコットランド・ゲール語などが言語接触を起こし，ピジン・クレオール化が繰り返され，これが古スコッツ語の原型であったと考えられる。これ以降，スコッツ語は自治都市を中心として「共通語（lingua franca）」としての役割を果たすと同時に，ローランド地方における立法・行政言語としても機能するようになり，多くの文学作品も生まれた。

　ところが，16世紀初めにスコットランドにもたらされた印刷技術は，当時イングランドにおけるジェフリー・チョーサー（Geoffrey Chaucer：1340？-1400）の英語を規範とする正書法とあいまって，スコットランドにおける書き言葉としてのスコッツ語の定着を妨げることになる。さらに，ジョン・ノックス（John Knox：1513-72）を中心とした宗教改革が，英訳聖書を用いてプロテスタント普及に努めたことと，1603年の同君連合によりジェイムズ6世がイングランド王ジェイムズ1世として即位し，王一族および宮廷詩人たちはロンドンに移り，スコットランドにおける書き言葉としてのスコッツ語の担い手を失ってしまった。特にジェイムズ1世自ら先頭に立って進めた英

語による欽定訳聖書（1611）は，長期的に英語世界の拡大に計り知れぬ役割を果たすこととなった。1707年の合邦（議会合同）以降，ローランド地方を中心としたイングランド化が進み，スコットランド・ゲール語の衰退とともに，スコッツ語の使用領域も狭められていった。

　18世紀になって，デイビッド・ヒューム（David Hume：1711-76）やアダム・スミス（Adam Smith：1723-90）などによる，ローランドでのスコットランド啓蒙も英語が使われたのに対し，アラン・ラムジー（Allan Ramsay：1686-1758），ロバート・ファーガソン（Robert Fergusson：1757-74），ロバート・バーンズ（Robert Burns：1759-96）などの詩人や，サー・ウオルター・スコット（Sir Walter Scott：1771-1832），サミュエル・クロケット（Samuel R. Crockett：1860-1914），ジェイムズ・バリ（James M. Barrie：1860-1937）などの散文作家たちはスコッツ語を駆使したが，土着の言葉への共感や懐古主義や身分の低いものが話す言葉としての印象は免れず，その社会的地位を回復するには至らなかった。このような状況を打破しようとして，1920年代にヒュー・マクダミッド（Hugh MacDiarmid：1892-1979）が主導した「スコットランド文芸復興運動（Scottish Renaissance）」はスコッツ語をスコットランドの政治的・文化的独自性の象徴として掲げたものであった。彼は古代スコッツ語を基にLallansと呼ばれる「合成スコッツ語（Synthetic Scots）」を考案し，スコッツ語による現代文学のジャンルを開拓した。

　現在，スコットランドの人口の約3分の1の人々（約150万人）がスコッツ語を話すとされているが，1991年および2001年の国勢調査には，不思議なことに，スコッツ語の使用状況に関する質問事項が設けられていない。そのため，その正確な話者の数は不明である。1985年に「スコットランド国家遺産法（National Heritage Scotland Act）」が，スコットランド文化の伝統を継承・発展する目的で制定され，スコッツ語の振興策が講じられてきたが，特に2001年に「地域言語あるいは少数言語のための欧州憲章（European Charter for Regional or Minority Languages）」をイギリス政府が批准したことはスコッツ語にとって福音であった。ウェールズ語およびスコットランド・ゲール語とともにスコッツ語もこの憲章で保護される言語の対象となったからである。スコットランド議会を初めとし，教育・文化活動の各分野で振興策が検

討・実施されつつある。

　このように「スコッツ語／スコットランド語」に焦点を合わせてその歴史を概観してみると，スコットランド・ゲール語やスコットランド英語などとは異なる独自の言語が別個に存在するかの印象を与えるのだが，実はすでに述べたように古英語を起源としている点で英語と共通しているし，そのために語彙や文法が極めて類似しており，スコットランド英語とスコッツ語の境界線が引きにくいという事実がある。したがって，言語的特徴という観点からすれば，英語の一方言としての印象はぬぐい得ない。このことは，1991年および2001年の国勢調査に，スコッツ語の使用状況に関する質問事項が設けられていないことと無関係ではないであろう。また，スコッツ語にも様々な地域差があり「標準スコッツ語」のようなものが設定しにくいという事実もある。そのための妥協案として，スコッツ語とスコットランド英語を両極に配置した「言語連続体（Linguistic Continuum）」を設け，スコットランドで話されている様々な英語系言語変種をこの連続体のどこかに位置づけるという図式が提案されてきたのである。従来のスコッツ語の振興策のほとんどが各時代を先導してきた知識人たちによる活動を通して行われてきたという事情と，一般市民の言語活動が言語の復興の活力になっていくべきだとの見解を配慮しつつ，スコッツ語の今後の発展を観察したい。

4　スコットランド英語

　スコットランドのなまり（a Scottish accent）で発音され，その文法と語彙にスコットランド的な特徴（scotticisms）を少々含んだ標準英語（Standard English）とまとめることができる。例えば，語彙にみられるスコッティシズムの例として wee ('little'), bonnie/ bonny ('beautiful'), Hogmanay ('New Year's Eve'), kirk ('church'), loch ('lake'), nae ('no') などがあげられる。この変種（variety）はしばしばスコットランド標準英語（Standard Scottish English）とされており，少なくとも過去3世紀に渡って，スコットランドの公用語（official language of Scotland）であった。中産階級で，少数派ではあるが高等教育を受けた生粋のスコットランド人たちの母語であり，それ以外の大多数を占めるローランド地方の労働者階級の人々の公的言語（the public language）で

あった。

　ところが，スコットランドの主要な辞書類は，もっぱら前述のScotsばかりに焦点を当て，この標準的な変種の成文化が不十分であるという点は注目に値するだろう。さらにイングランドやウェールズで標準的発音とされているRPが必ずしもスコットランドではその地位を享受していないという現実があるようだ。つまり，スコットランドなまり（a Scottish accent）の方が威信を持っているといえるのだ。やや極端な言い方をすれば，スコットランドには，例えばエディンバラのインテリ階級の地域的・社会的方言の音声的特徴，いわゆるEdinburgh 'Morningside' accent[*]の中に独自のRPが存在するといっても過言ではない。

　そこでいまひとつ判然としないのが，「スコットランド語」と「スコットランド英語」の相違点，あるいは境界線である。両者の歴史的事実に基づいたその背景についてはある程度の情報が得られるのだが，その相違の境界線はどこにあるのだろうか。Aitken (1984) のいうように，「スコットランド語（Scotts）」と「スコットランド英語（Scottish English）」がともに一つの言語連続体（a linguistic continuum）を成すというのであれば，その中間をなす様々な変種群の様態はどうなっているのだろうか。

　まず，基本的事実として言えることは，人口の圧倒的多数の人々が，発音・文法・語彙表現において標準英語とはかなり異なったタイプの英語の諸変種を日常話しているということである。そして，それら諸変種と標準語との相違の程度は，その話者の受けた公的教育の量にほぼ比例している。初等教育から高等教育に至るまでほぼ標準英語によって教育を受けるわけであるから，初等教育のみを受けた話者に比べ，高等教育まで受けた話者のほうが，標準英語による教育をより長期にわたって受けたことになるからである。

　また，知的職業についている人々でも，RPやBBC Englishなどとはかなり異なった，スコットランドという地域性を反映した"発音"をしているが，同時に，例えば，グラスゴーの下町の労働者階級の人々が日常使っているなまりの強いGlaswegian Patterに代表されるような，いわゆる"Broad Scots"[*]と呼ばれるタイプの"発音"ともまったく異なる発音をする。

つまり，十分な教育を受けた人々でも，各地域的特色で色付けされた発音で標準英語を話しているということであり，また各地域に住む人たちの間でも受けた教育の程度は様々であるから，必ずしも十分な教育を受けなかった，主として労働者階級の人々の発音は，十分な教育を受けた主として知的職業についている人々の発音とも大きく異なることになる。筆者が連日のように足を運んだグラスゴーの地元のパブ，*The Doublet* に集まってくる人たちも様々で，家屋の解体業者，左官・タイル工，大工，庭師，配管工など，労働者階級に属すると見られる人々の典型的なグラスゴー訛りの英語の発音や語彙表現（Glaswegian Patter）と，新聞記者，建築家，大学教師，元中・高教師，高校教師，地元ラジオ放送局のプロデューサー，作家，元船長・地元の名士，画家・ギター奏者，サラリーマン，BBC音楽技師，画家，映画製作照明・カメラマン，音楽教師，日本帰りの建築家，看護婦長など，知的職業についているに人々の英語（特に発音・イントネーション）とは明らかに違っていた。

　大多数の人々は，ある種の「スコットランド英語」で話すのだが，書くときには標準英語もしくはそれにきわめて類似した英語を用いる。つまり，総じて「スコットランド英語」の特徴の大部分は発音にあり，それに地域的な語彙表現やゲール語からの借用語・表現が加わったものといえる。

5　スコットランドの方言

　最後に，スコットランド全体を通じた地域的変種についての整理を試みる。まず，高地地方（the Highalnds）では，18世紀前半にゲール語（Gaelic）から英語（English）への移行が始まり，「スコットランド語（Scots）」もほとんど話されなくなってからは，基本的に使用言語は「スコットランド英語（Scottish English）」だが，基層言語であった「ゲール語（Gaelic）」の影響が多少散見される。一方，「スコットランド語（Scots）」の使用地域となると，常に2大都市グラスゴーとエディンバラを含む，低地地方（the Lowlands）と結び付けて考えられてきたが，実際には，北方諸島（the Northern Isles）（オークニー（Orkney）やシェトランド（Shetland））およびスコットランド本土（mainland Scotland）の北東地方の一部（the North-eastern part）にまで及ぶようだ。

15 スコットランドの言語事情とグラスゴー方言　221

また，アバディーン地方（the Aberdeen area）には独特のなまりがあることで知られており，低地地方グラスゴーの Kelvinbridge 付近での労働者階級の人々のなまりも"Glaswegian Patter"として有名である。

「スコットランド語（Scots）」の地域変種の中でも，シェトランド（Shetland），オークニー（Orkney）および，これよりも程度が薄いが，ケイスニス（Caithness）は「スコットランド語（Scots）」が，スカンジナビア語を基層言語としながら，'移植（planted）'されてきたという点で，特異な背景を持つ。これらの地域は1469年まではヴァイキングの支配下にあったため，使用言語は「ノルン語（Norn）」といわれるスカンジナビア語の一変種であった。実はこの言語がこれらの地域で話された最初のゲルマン系言語だったのである。「ノルン語（Norn）」から「スコットランド語（Scots）」への移行については，比較的緩やかであったであろうが，その点に関する文献が少ないために，「ノルン語（Norn）」が実際にいつごろ消滅したのかについては不明である。現代のシェトランド方言はスコットランド語の一方言とみなすべきであろうが，Crystal（1995）ではこれに「ノルン語（Norn）」というラベルを貼っており，これは明らかに誤解を招くことになろう。また，シェトランド（Shetlanders）やオークニーの人たち（Orcadians）の中にもそのようなロマンチックでやや非現実的な見方をする人がたくさんいるのも事実である。

シェトランドの人たちは一般に，シェトランド方言（Shetland dialect）と標準英語とを別個の変種（discrete varieties）として身に着けており，両者を日常使い分けている（bidialectal）。したがって，筆者が当地の Pub や牧場，家屋の建設現場，民族博物館などで調査した際も，直接現地の人との対話に支障をきたすことはそれほどにはなかったが，現地の人同士の会話を理解することは困難であった。これに対し，他のスコットランドの諸変種（Scottish varieties）の大部分は2つの言語変種間に複雑な相互交錯（作用）（interplay）を示していて，両者が別個（discrete）というのではなく両者の間に連続的（continuum）な変容が見られる。この連続体に沿って，発話者たちは両方の言語体系それぞれに属する言語的特徴を容易に入手選択して，その場の状況や聞き手の違いにしたがって自分たちの発話を順応させているのだ。

3 グラスゴー方言

スコットランドの言語事情は，多民族による言語接触の歴史を反映して複雑であるが，その中でもグラスゴーの方言は"Glaswegian Patter"と呼ばれ特異な存在である。特にその音韻的特徴とつづり字法に焦点を絞り，それらの具体的特徴を明らかにするとともに，1960年代にテレビ番組のコメディー・シリーズ"Parliamo Glasgow"で評判になり，この方言の表記方法に大きな影響を及ぼした独特のつづり字法を分析し，その特徴を示す。

1 グラスゴー方言の音韻

グラスゴー市のウエスト・エンド（West End）の一地域の名称にちなんで「ケルビンサイド（Kelvinside）」といわれるタイプの訛りがある。これは，ライバル都市エディンバラの「モーニングサイド（Morningside）」に相当するもので，この地域の中産階級の人々のスピーチ・スタイルを代表する。一般には「きざな話しぶり」と見做されているが，英国全体から見るとこの地方特有の話しぶりと見做され，マスメディアでグラスゴー出身の滑稽な人物を演出するのによく使われてきた。さらに，Broad Glaswegian Accentも含めて，その主な音韻的特徴を次に示す。

(1) 子音

1) 音素 / x /

ゲール語や古英語に由来する普通名詞や固有名詞の中に，音素 / x / を含むものがある。ただし，グラスゴーでの日常語においてはその機能的役割分担の幾つかを失いつつあり，たとえば次にあげる実例の中でnicht（＝night），fecht（＝fight）などはあまり聞かれなくなっており，また St. Enoch's のような地名（固有名詞）の中には音素 / k / で代用されているものが多い。

　　aucht（＝eight），bachle/bauchle（＝a relatively mild insult aimed at anyone considered old or odd-shaped or slovenly），bocht（＝bought），broch（＝a type of wide round stone tower）；Auchenback, Bach, Brocher（＝someone from the towns of Fraserburgh or Burghead in Northeast Scotland）, etc.

2) 音素 / hw /
語頭のつづり字＜wh＞は，音素 / hw/ で発音される。
wha/whae（＝who），what way（＝how），whaup（＝curlew），whaur（＝where），wheech（＝to move quickly），wheen（＝large number or quantity），wheesht/wheesh（＝'Be quiet!', 'Shut up'），whigmaleerie（＝a decoration, trinket or ornament），whisky，whit（＝what），etc.

3) Post-vocalic / r /
「母音直後の (Post-vocalic)」/ r / が発音され，特に母音間では「弾音 (tap)」/ ɾ / や「接近音 (approximant)」/ ɹ /として発音される。グラスゴーでは，この「母音直後の (Post-vocalic)」/ r / が威信形と見做されており，一般により保守的な傾向を示す女性たちの発音に定着しているようだが，これに対する反動的傾向として，この種の / r / を脱落させる現象が，主として労働者階級の男性たちの間に見られる。

after, bar, brammer, motor, for, yer, air, fur, sure, near, moocher, wur（＝our），merr（＝a local form of *come here*）; start, airport, airies（＝an abbreviated form of *aeroplane*），Ally Park, first, urny（＝the negative form of *ur, aren't*），mustard, bearpit, birlin（＝a Scots word meaning *spinning*, often used locally to mean drunk）; street Arab, furrit, horror, in one's baries（＝to have nothing on your feet），barra（＝a local version of *barrow* that appears in various phrases），etc.

4) / l / の「軟口蓋化 (velarised)」あるいは「母音化 (vocalized)」
a', aa, aw（＝all），ara/a-raw（＝at all），ba/baw（＝ball）; ayeways（＝always），bawface（＝ballface），baw-hair（＝ball-hair），bawheid（＝ball head），baws（＜balls＝testicles），haud（＝hold），etc.

5) /ð/ and /θ/
有声歯間摩擦音 /ð/ は，語頭で脱落したり，母音間や語頭で / r / に同化したり，語頭で / d / で代用されたりする。
brother〔bɹʌɾʌ〕, mother〔mʌɾʌ〕, that〔ɾä·ʔ〕, faither〔fe·ɾɜ〕, there,
また，無声歯間摩擦音 /θ/ は，語頭では / h / で代用されたり，直後の有

声音に対応する無声音で代用されるという形で同化現象を起こすことがある

  hanks（＝thanks），hing（＝thing），somhin（＝something），everyhin（＝everything），nuhin（＝nothing），anyhin（＝anything），etc.

 6) 「声門閉鎖音（Glottal Stop）」/ʔ/

Something that didn't happen very often 〔sʌmθĕŋ ðɛʔ dɪdnʔ hæːpʰɛn vɛ·ɪĕ ɔːfĕn〕, at my school 〔ɛʔ mɐ·e skʊ·l〕, Know how families get that wey 〔nʌ həʔ fe·mlĕz gɛʔ fäʔ wɛi〕, ____, right？〔fɛiʔ〕, Och, who're you fuckin talking to, 〔ɔx: y jy fʌkʰɛn tʰɔ·ʔkɛn tʰĕ〕, gets 〔gɛʔz〕, oot 〔u̯ʔ〕, getting 〔gĕʔɛn〕 etc.

 7) 語尾子音連結＜Vnt＞，＜Vrt＞の単純化

 グラスゴーの日常語では，例えば語尾子音連結の結合形において，まず語尾の / t / が声門閉鎖音 /ʔ/ で代用され，語尾子音連結が＜Vnʔ＞，＜Vrʔ＞に単純化され，さらにこの声門閉鎖音 /ʔ/ の直前の / n / や / r / さえも単純化され，脱落してしまうのである。例えば，wanting が〔waːʔn〕となり，さらに〔wãːn〕へと単純化してしまう。また，don't know は〔dʌʔno〕となり，最終的に〔dʌno〕にまで単純化する。このような現象は，特に日常の早い口調での会話で生じやすい一種の言語変化といえようが，後述するグラスゴー方言のつづり字法の自由奔放さを斟酌すれば，グラスゴーの人々の日常語に対する柔軟性とエネルギーを象徴する一側面といえるかもしれない。

 8) 母音間の音素 / t / の有声音化

 音素 / t / が母音間で，前後の母音に影響されて（あるいは同化されて）有声音化し，「弾音（tap）」（前述，脚注 2）を参照）となる。例えば，アメリカ英語で，water や city がこれと同じ現象により，water〔waːtɚ〕⇒〔wafɚ〕，city〔sɪti〕⇒〔sifi〕となり，標準イギリス英語の発音〔wɔːtə〕や〔sɪtɪ〕と区別されるのと同様である。

  li<u>t</u>tle, ge<u>tt</u>ing, figh<u>t</u>in, no<u>th</u>ing, si<u>tt</u>in, wri<u>tt</u>en, pa<u>tt</u>ern, a<u>tt</u>itude, bu<u>t</u>ter, ge<u>t</u> away, a bi<u>t</u> of, i<u>t</u> is, ge<u>t</u> it, etc.

 (2) 母音

 標準スコットランド英語には，強勢のある音節における基本的な短母音が9つあるが，スコットランド西部中央地方の方言に属するグラスゴーにおけ

る母音体系もほぼこれに順ずるといえる。具体的には, /i, e, ɛ, a, ɪ, u, ɔ, o, ʌ/ である。これに, ever, heaven, never, seven, twenty など少数の単語に現れる中舌化された母音 /ɛ/ が加わる。社会階層によりかなりの変異性が見られるが, ほぼ共通している具体的特徴を次にまとめることができる。

1) スコットランド英語の /ɪ/ は, 一般に RP よりも「低められている (lowered)」が, グラスゴーでの /ɪ/ はそれに加えて,「後方化し (retracted)」, ほとんど /ʌ/ の位置に近い。

2) 次に, スコットランド英語に見られる音素 /u/ は, 一般に RP よりも「中央寄り」であるが, グラスゴーにおいては「前方かつ下位」となり, ほとんど /ʊ̈/ に近い。

3) また, 強勢のあるすべての母音について「母音延長」が見られ,「グラスゴーっ子は母音を長く伸ばすのが特徴」との俗説を裏付けている。

4) 二重母音については, /ae, ʌi, ʌu, ɔe/ の4つを基本としている点でスコットランド英語と共通している。また, /ʌi/ の出発点が通常もっと中央寄りであること, さらに /ae/ と /ʌi/ は RP の /ai/ に対応しており, 長音で発音する環境では /ae/ となり, 短音で発音する環境では /ʌi/ となることなどが挙げられる。

2 グラスゴー方言のつづり字法

グラスゴーでの独特のつづり字法といえば, 1960年代初めに登場した, Alex Mitchell によって書かれ, コメディアン Stanley Baxter によって演じられたテレビのスキット・シリーズ "Parliamo Glasgow" にその範が示されたといっていいだろう。この番組の中で繰る返されるこっけいな冗談は, 独特のつづり字によって, グラスゴー方言を何か別の外国語であるかのように見せた。このつづり字法の最も典型的な特徴は, 文やフレーズを構成する単語群をすべて繋げて表記することであり, それによって文や句があたかも謎解きをしているかのように不明確になった。しかし, これらのつづり字の再構成をよく分析してみるとそれなりに規則性があり, 形態上の必然性が随所に認められる。

1) 音素 /k/ を表すつづり字 <k> を多用する。

choklit（＝chocolate）, yuzkin（＝you can）, yezkin（＝you can）, praktiklly（＝practically）, Suckie（＝Sauchiehall Street）, skoosh（＝squash : any fizzy soft drink'）, kerry-oot（＝take away）, dooket（＝dovecote）, etc.

2) 音素 /z/ を表すつづり字 <z> を多用する。

walliz（＝wallies : 'false teeth'）, cawz（＝caws : 'sweeps'）, palz（＝pals 'friends'）, ez（＝he's）, shizz（＝she's）, bristulz（＝bristols : 'titties'）, tottiz（＝totties : potatoes'）dizny（＝doesn't）, yeez（＝yous : plural of you）, etc.

3) 標準英語で <o> とつづる箇所に <u> が使われる。

unuff（＝enough）, nuhin（＝nothing）, murra（＝mother）, furra（＝for）luvli（＝lovely）, dug（＝dog）, etc.

4) 音素 /ɪ/ は，グラスゴーでは低位かつ後方で発音されるため，<u> とつづられる。

buld（＝build）, durty（＝dirty）, luvin（＝living）, thurd（＝third）, wull（＝will）, etc.

5) 語尾の音節主音としての子音を表すつづり字が単一で使われることがある。

aippl（＝apple）, bettr（＝better）, fukn（＝fucking）, litl（＝little）, etc.

6) 語尾屈折の -ed は無声子音の直後で〔t〕と発音されるときには，<(i)t> とつづられる。

hurtit（＝hurted）, beltit（＝belted）, wastit（＝wasted）, fittit（＝fitted）, startit（＝started）, teltit（＝told）, knittit（＝knitted）, bee-heidit（＝bee-headed）heart-roastit（＝heart-roasted）, kilt（＝killed）, etc.

7) 子音を重複させて前後に連結しているかのように表記する。

wirrawalliz（＝with the wallies）, wirrapalz（＝with the pals）, wirraheid（＝with the heid）, wirraboadi（＝with the body）, shizzasmashur（＝she's a smasher）, furrawean（＝for the baby）, tennafags（＝a ten of fags）, pirrit oanaslate（＝put it on account）, etc.

8) 強勢のない機能語について複数の異形を持つ。

ya, ye（＝you）, -nae, -ny（＝not : willny, urny, couldny, wouldny, cannae), nae-, noa- (＝no-：naebdy, noabdy), etc.

9) 語頭，語中，語尾などにおいて単語の一部（子音字・音節字）が脱落する。

Um (＝him), dundy money (＝redundancy money); caunle (＝candle), granma (＝grandmother), ganda (＝grandfather), tummle (＝tumble), haunbaw (＝handball), hauf (＝half), haud (＝hold); fun (＝found), gaun (＝going, go on), etc.

10) 語中，語尾において単語の一部に子音字が挿入される。

tumshie (＝turnip); twicet (＝twice), wanst (＝once), etc.

11) ＜-y 型＞および＜-ies 型＞の語尾をもつ単語が多くみられる。

ⅰ) ＜-y 型＞

amny (＝am not), baldy, bevvy (＝alcoholic drink), bogey (＝a child's cart), canny (＝can't, cannot), clarty, dizny (＝doesn't), emdy (＝enybody), eppy (＝epileptic fit), evrubdy (＝everybody), folly/foley (＝fellow), gauny (＝going to), hairy, inky (＝a felt-tip pen), janny (＝a janitor in a school), jobby, laldy, lavvy (＝a toilet, shortened from lavatory), malky, mammy, plooky, puggy, etc.

ⅱ) ＜-ies 型＞

backie, baggie, bahookie, beardie, binnie, bonnie, bowfies, Buckie, cattie (＝catalogue), chiefie, cludgie, doobie, Home Ekies (＝Home Economics), geggie, guties, heidie, hudgie, hughie, icey/icie (＝ice-cream van), ex/exie (＝excellent), joggies, keelie, keepie-uppie, etc.

ⅲ) ＜-er 型＞

beamer, belter, blooter, bummer, chanter, dauner, dinger, falsers, fizzer, grave-nudger, greaser, jotters, keeker, low-flyer, lumber, ower, patter, peevers, shiters, skitter, wanner, etc.

3 "Parliamo Glasgow" のつづり字法

次に示すのは，Alex Mitchel の *The Sunday Post Parliamo Glasgow!: Visitors' Guide To The Everyday Language Of The European City Of Culture*. (1990：

Glasgow: D. C. Thomson & Co., LTD.）から収集した表現例で，この中に典型的なグラスゴー方言のつづり字表現が含まれている。カッコ内は，筆者自身による検討・分析と，それに基づいた標準英語表記への翻訳である。

AWSHIZLUVLI! (⇒AW-SHI-Z-LUVLI!= Oh! She's lovely!)
〔AW=Oh!； SHIZ=she's； LUVLI=lovely〕
SOSHYIS (⇒SO-SHY-IS =So, she is.)〔SO=So； SHY=she； IS=is〕
RAPURPLESUITSUR (⇒RA-PURPLE-SUITS-UR=The purple suits her.)
〔RA=the； PURPLE=purple； SUITS=suits； UR=her〕
THURGAUNOANATOUR
(⇒TH-UR-GAUN-OAN-A-TOUR=They're going on a tour.)
〔TH-UR=They're； GAUN=going； OAN=on； A-TOUR=a tour〕
TOUROWHIT? (⇒TOUR-O-WHIT? =Tour of what?)
〔TOUR=tour； O=of； WHIT=what〕
RACULCHURBITSORATOON
(⇒RA-CULCHUR-BITS-O-RA-TOON=The culture bits of the town.)
〔RA=the； CULTUR=culture； BITS=bits； O=of； RA=the； TOON=town〕
AHSEENIT! (⇒AH-SEEN-IT! =I've seen it!)〔AH=I； SEEN=seen； IT=it〕
NAWAHDIDNI! (⇒NAW-AH-DID-NI! =No, I did not!)
〔NAW=No； AH=I； DID=did； NI=not〕

◎本稿の執筆にあたり，拙稿（参考文献参照）の内容の一部を修正・加筆した。

参考文献

Aitken, A.J. 'Scots and English in Scotland'. In P. Trudgill (ed.) *Language in the British Isles*. Cambridge : CUP, 94-114, 1984.

Aitken, A. J. 'Is Scots a Language?' *English Today* 3, 41-5, 1985.

Corbett, John, J. Derrick McClure and Jane Stuart-Smith. *The Edinburgh Companion to Scots*. Edinburgh : EUP, 2003.

Crystal, D. *The Cambridge Encyclopedia of the English Language. Cambridge* : CUP, 1995.

Dorian, Nancy. *Language Death. The Life Cycle of a Scottish Gaelic Dialect.* Philadelphia : University of Pennsylvania Press, 1981.

Macafee, Caroline. *Varieties of English Around the World : Glasgow.* Amsterdam : John Benjamins Publishing Company, 1983.

Macaulay, R. K. S. *Language, Social Class, and Education : A Glasgow Study.* Edinburgh, 1977.

McClure, J. D. "Western Scottish intonation : a preliminary study" in Waugh and van Schooneveld. eds. *The Melody of Language*. Baltimore., 201-17, 1980.

Miller, J. 'Scots : a sociolinguistic perspective.' In L. Niven and R. Jackson *The Scots Language : Its Place in Education.* Dumfries : Watergaw, 1999.

Mitchel, Alex. *The Sunday Post Parliamo Glasgow! : Visitors' Guide To The EverydayLanguage Of The European City Of Culture.* Glasgow : D. C. Thomson & Co., LTD, 1990.

Munro, Michael. *The Patter : A Guide to Current Glasgow Usage*. Glasgow : Glasgow District Libraries, 1985.

Munro, Michael. *The Patter : Another Blast.* Edinburgh : Canongate Publishing Limited, 1988.

Munro, Michael. *The Complete Patter.* Edinburgh : Birlinn Limited, 2001.

Romaine, S. 'The English Language in Scotland'. In R.W. Bailey and M. Gorlah (eds), *English as a World Language*. Ann Arbor, MI : University of Michigan Press, 1982, pp.56-83.

Trudgill, Peter. ed. *Sociolinguistic Patterns in British English*. London : Edward Arnold, 1978.

Wells, J. C. *Accents of English*, vols Ⅰ-Ⅲ. Cambridge : CUP, 1982.

東浦義雄 『スコットランドⅩⅠの謎』大修館書店, 1988年。

リチャード・キレーン著 岩井 淳, 井藤早織訳 『図説スコットランドの歴史』彩流社, 2002年。

小林章夫　『スコットランドの聖なる石：ひとつの国が消えたとき』日本放送出版協会，2001年。
小牧英之　『スコットランド歴史紀行』松拍社，2004年。
ロザリンド・ミチスン編　富田理恵，家入葉子訳　『スコットランド史－その意義と可能性－』未來社，1998年。
森　護　『スコットランド王国史話』大修館書店，1988年。
佐藤猛郎・岩田託子・富田理恵編著　『スコットランド』河出書房新社，2005年。
杉本豊久「スコットランドにおける言語事情とグラスゴーのゲール語教育」『成城文藝』第196号，2006年。
杉本豊久「グラスゴー方言－その音韻・つづり字法・語彙－」『成城文藝』第200号，2007年。
高橋哲雄　『スコットランド　歴史を歩く』岩波書店，2004年。
武部好伸　『スコットランド「ケルト」紀行：ヘブリディーズ諸島を歩く』彩流社，1999年。
横川善正　『スコットランド石と水の国』岩波書店，2000年。

16　寄宿学校制度の爪痕
―カナダの先住民作家と英語の関係―

藤 本 陽 子

1　はじめに―英語系(イングリッシュ)カナダと先住民

　アメリカの名が，大航海時代の探検家アメリゴ・ヴェスプッチに由来することはよく知られている。では，カナダはどうだろうか。
　カナダの国名もヨーロッパの探検家によってつけられたものだが，もとは，ヒューロン族とイロクワ族の言葉で集落や村を意味するkanataに由来する。同様に，オンタリオ州の名も，その州都トロントも，そしてカナダの首都オタワも，起源は先住民の言葉にあり，それぞれ「美しい湖」，「水の中の木々」，「取引者」の意味であったといわれる。カナダは1969年以来英語とフランス語を公用語としてきたが，先住民言語は，今もこのような形で土地にしっかりと刻まれている。地名だけでなく，ヘラジカ（moose）やトナカイ（caribou）などの動物名や，日本でもよく使う防寒用のパーカ（parka）など，英語の単語として日常的に使われている言葉も少なくない。カナダの公用語のうち圧倒的優勢を誇るのは英語だが（カナダ人の約7割が英語を家庭言語としている）[1]，その英語にとっても，先住民の言語は豊かな滋養のもとであったといえる。この現象を英語の歴史からみるなら，いかなる土地でも常に英語は，多彩な地域性を柔軟に吸収してきたということになるだろう。
　しかし，逆に先住民たちは，どのように英語や英語文化へと接近し，参入していったのだろう。今では二つの公用語と"自分たち"の言葉をすべて巧みにあやつる先住民も少なくないが，一方では部族の言葉の絶滅が危惧さ

れ，先住民言語の教育やラジオ放送などの試みが続けられている。また，いずれの公用語にも熟達せず，それによる教育の成果も十分に身につけることができない人々の率が高く，就業率が目立って低いという社会問題が，依然として解消されない。どんな異文化接触も，言語の普及も，対等な条件のもとでは起こらないものだが，コロンブス到着以来の先住民の受難は，位相を変えながらも現在まで続いており，カナダでも，あからさまな力の不均衡が固定されてしまったかに見える。その裏には，歴史・社会・政治に関わるいくつもの複雑な要因があるが，本論では，20世紀半ばまで続いた一つの教育形態に注目する。その教育形態とは，先住民の子どもたちにとって英語との"不自然な"出遭いの場ともなった，寄宿学校制度のことである[2]。家族や共同体の価値と先住民の言語文化の継承に大きな打撃を与えたとされるこの制度は，実際にどのようなものとして経験されたか。また今日の先住民にいかなる影響を及ぼしているのか。ここでは現代作家の回想録と小説を通して，この問題について考察してみよう。

2　インディアン寄宿学校の記憶

カナダでは，1867年の連邦結成以前から宗教団体が中心となって先住民の"教化"が行われていたが，1879年には連邦政府により寄宿学校制度が導入され，先住民教育の方向性がより明確になっていく。宗教団体に委託する形をとり，家庭から子どもたちを引き離すことで，政府は先住民に英語と白人の生活習慣，そして価値観を体得させようとしたのである。1950年代になると，この政策は見直され，寄宿学校制度から公立学校への先住民受け入れへと方針転換がはかられる。しかしその後も，教育面の差別は形を変えて続いていった[3]。

21世紀を迎えた今も，先住民の中には，制度廃止前の寄宿学校に関する記憶を持つ者が少なくない。バジル・H・ジョンストンの『インディアン・スクール・デイズ』(1988)は，そのような記憶を回想録にまとめた貴重な文書である。著者によれば，1940年当時，カナダには76の寄宿学校があり，8000人の子ども達が収容されていた[4]。その目的は先住民を貧困・不

衛生・無知から救うことであるとされ，いわゆる白人の生活習慣・英語・読み書き・職能の教育に重点が置かれた。制度導入当初は「非インディアン化」をめざすものではないと明言していた学校でも，やがて白人への同化が最大の目標とされるようになり，母語の使用などに対する厳しい体罰が日常的に行われるようになったという。オジブウェイ族のジョンストンは，そのような寄宿学校の一つ，オンタリオ北部のセント・ピーター・クレイーヴァーズ・インディアン寄宿学校（1945年にガルニエ寄宿学校と改名）で，10歳だった1939年から約10年間を過ごした人物であり，後にロイヤル・オンタリオ博物館民族学部門の講師に就任した。イエズス会士によって運営されたセント・ピーター・クレイーヴァーズは，比較的規律の緩やかなところではあったが，だからといって子どもたちの受けた「痛みと疎外感が減じるものでは決してなかった」(p.7)。生徒の中にはわずか4歳という幼子達も含まれており，文字通り身を委ねられる相手を本能的に求めるように神父の後を追い続けたり，玩具にひたすらしがみついたりする姿は，上級生から見ても哀れを誘う光景であったという (p.60)。そもそも孤児や浮浪児として収容された者も多かったが，父親不在の家庭など，環境が子育てに適していないとの理由で，無理やり子どもを家族から引き離す場合もままあった。ジョンストンと妹の場合もこれにあたり，母と祖母はインディアン法の意味も英語も理解できないまま，嘆き悲しむ以外になすすべもなく子ども達を引き渡したという (p.8, pp.19-20)。

　しかし，『インディアン・スクール・デイズ』は全体として，自己憐憫や怨恨を極力廃した明朗な調子で書かれている。寄宿学校での経験は子ども達の心理からでなく主に外面から描写され，それゆえにいかにも子どもらしい生命力や屈託のなさが印象に残る。「決して感傷的になることはない……が，ややノスタルジアに染まっている」と評する批評家もいるように[5]，忌むべきはずの日々が一般的な子ども時代の記憶に置き換えられているとみることもできる。特に，後半の高校生時代になると教育内容と環境が多少改善されたこともあり，最後の卒業時には別れの言葉を口にすることができないほどに少年達は固い絆で結ばれていく。先住民作家で研究者でもあるトマス・キングは，先住民にとって共同体の力がいかに絶大なものであるかを示

した作品として，アンソロジーにこの回想録の一部を収録している[6]。

　ジョンストンの英語は読みやすく，描写力に富み，エピソードの多彩さと軽快な筋の運びで読者を楽しませる。皮肉なことだが，作者は親の世代には望むべくもなかった言語的な自由を謳歌しているようにすら感じられる。寄宿学校でキリスト教と厳しい規律による鍛錬を課せられた少年たちの物語，それが娯楽性も備えた読み物として供されている点は，トマス・ヒューズの『トム・ブラウンの学校生活』(1857)をはじめとする学校小説[7]を思わせるところもあり，英語の読み物の伝統を受け継ぐものととれる点で，幅広い読者に受け入れられやすい作品となっている。実際，この回想録からは，作者が，多くの英植民地の子ども達と同様に，英文学の有名作品，特に探偵小説や冒険小説などに親しんで育ったことがうかがわれる。作中に言及のあるのは，いわゆる三文小説の類からシャーロック・ホームズのシリーズ，『キング・ソロモンの洞窟』，『誘拐されて』，『ロビン・フッド』，『宝島』，円卓の騎士の物語や，ディケンズの小説などであり，英語圏における少年向け小説の定番といった感がある。これらの本が英語文化の中心を支えるイデオロギーの伝達手段として，かつてイギリス帝国のすみずみで活用されたことは知られているが，少年時代のジョンストンをそのような中心へと導いたのは，まさにイギリス帝国のスパイとして働いたこともあったという，朗読の得意な一人の修道士であった (p.64)。インディアン寄宿学校が元イギリス植民地カナダの内部に入れ子のように生じた"植民地化"[8]の舞台であったことがよくわかるエピソードといえよう。

③ 支配の網の目と抜け穴

　このように『インディアン・スクール・デイズ』は，先住民の英語化と白人の価値観への同化という寄宿学校制度の目的が果たされたことを，示しているようにも読めるだろう。だが，作者が同化政策に対して断固たる批判の立場をとっていることは，前書きにも明らかにされている。また，英語の習得についても様々な記述があり，その内容を読めば，彼の英語が実は複雑な力関係の中で獲得された独自の言葉であることが理解され，表現の方法が多

分に戦略的に選び取られたものであることも推測される。一見単なる楽観主義ともとられかねない健やかな書きぶりだが，それは透徹した観察力の反映でもある。寄宿学校の制度的な抑圧や暴力は，体罰の話などから想像される強者と弱者の単純な関係にだけ根ざすものではなく，時と場所の具体性が絡んで複雑に構造化されたものだったことを，ジョンストンの回想録は明らかにしている。以下に，それを示す例をいくつか紹介しよう。

先住民の教育を委託されたのは修道士達であったが，連邦政府の政策の代行者としては不十分な条件しか持ち合わせていない者も多かった。彼らの英語運用能力に問題があっただけでなく，第二次世界大戦前後の時代に一部の修道士達は政治的にも微妙な立場に置かれていたのである。このことをふまえ，『インディアン・スクール・デイズ』の前書きでジョンストンは，修道士たちに寛大ともいえる理解を示している (p.7, p.8)。そもそもイエズス会の戒律や修行の身であることが，子ども達に対して人間らしくふるまうことを難しくしていたはずだというだけではない。特筆すべきは，2人のドイツ国籍の神父に関する言及である。彼らは，第二次大戦勃発により図らずもカナダで敵性国人の身となったのであり，イエズス会の配慮でわざわざ都市部から遠い寄宿学校に送り込まれた経緯があったという。回想録のエピソードの中には，この2人が消灯後の見回りをしながらドイツ軍の戦いぶりを喜び，「ヘイル・ヒットラー」と口にする場面がある。すると，「ナチ」とささやく少年の声がどこからともなく起こり寝室全体に広がっていったという (p.46)。2人は会話の内容を悟られないようドイツ語に切り替えるのだが，これがさらに事態を悪化させる。このように寄宿学校の単一言語を原則とする環境は，その内部に置かれたすべての人間を監視システムのもとに置くことをも意味していた。この中で少年達と教師が相互に見張り合う任務を知らず知らずのうちに引き受けることになっていたのである。だからこそ，成長後のジョンストンは，語り手として，ドイツ人神父に批判の目を向けることはしないのである。

このように英語が支配する寄宿学校で，子ども達が使っていた英語はどのようなものであったろうか。それは，強者の言語の単なる継承ではなかった。寄宿学校の子ども達の英語は，前書きの解説にある通り (p.9, p.10)，

「独自のスラングとなまりにフランス語風の特徴をまじえた」ものであったという。英語の音声，特に"r"，"l"，"f"，"v"，"x"が表す音は，彼らにとって特に馴染みにくいものであり，"Xavier"は"Zubyeah"，"never"は"neber"，"Virginia"は"Bayzhinee"，"father"は"fauder"，"Cameron"は"camel"，"three"と"through"は"tree"と"true"という具合に発音されていた。これは，オジブウェイ，クリー，モーホーク語など複数の母語の影響だけでなく，彼らの指導にあたった修道士達の多くがドイツ語やフランス語を母語としていたことにも起因していた。しかしジョンストンは，回想録の文面にこの特徴をことさらに反映させることは得策ではないと考えた。子ども達の英語の音声的特徴を再現したとしても，読者にはその不協和音の質を伝えることは難しいであろうと判断したのである。

　上の例では，不完全な発音が「キャメロン」から「ラクダ（キャメル）」，「3」から「木」へという具合に思わぬ意味の横滑りを起こしていることがわかるが，子ども達の英語との格闘は，たしかに遊戯性と創造性につながるものであった。たとえば，ミサの最中に彼らは自由な想像力で愉快なあだ名の数々をひねり出す (p.59)。宗教色の濃いデイヴィッド・ソロモンという名を持つ神父は，彼の好きな嚙み煙草の意味もある「プラグ」と呼ばれるようになり，威厳を欠いた「デイヴ・プラグ」に貶められた上，娘たちも「プラグズ」の一言で片付けられてしまう。こうしてあだ名をつけることをわざわざ「洗礼する（christen）」という語で表現していることからもわかる通り，少年たちの名づけの行為は，植民地主義の犠牲者が強要された言語によって植民者の文化にいわば逆襲をはかる行為，ポストコロニアル研究でよく知られたキャリバン型の反植民地主義の実践ともなっている[9]。アイデンティティの翻訳ともいえるこうした行為は，一方向のプロセスではあり得ず，また対立を二項のそれに固定させるものでもない。英語の使い手となることは，英語名の意味や文化的背景を撹乱するだけでなく，子供達自身の所属先であったはずの先住民文化とその言語に対しても，関係のねじれを生じさせる。かくして，"Keezis（太陽）"という名の先住民の男が，少年達自身の手によって侮蔑的な英語の"Kiss-ass"に変身させられる，といった事態が起こるのである。

つまり、強いられた言語は先住民の生徒たちにとって両刃の剣であった。このことが文面から確実に読み取れるがゆえに、読者は、一見癖のない平易な英語の文体を自然で透明なものとして意識の外に追いやってしまうことができない。また、その内容を理解し、郷愁の念に同調したとしても、彼らの体験を知ったとは決していえないことにも気づかされる。子供たちの言葉の響きを再現はしなかったというジョンストンの言葉が暗示するのは、この回想録が貴重な過去の記録でありながら、寄宿学校の体験の言葉に尽くせぬ部分を伝えうるものではないという、一種の諦念なのである。トニ・モリスンが奴隷の手記の特徴であると指摘する、核心にふれることを避けるレトリック[10]に通じるものが、この回想録には潜んでいる。作者はこの回想録を、同じ寄宿学校に学んだ全ての生徒と教師や関係者たちに捧げたいと書いている (p.11)。彼らが読めば、表記によって映し出されることのない音が耳によみがえり、書かれなかった数々の出来事や心情が思い浮かぶはずである。寄宿学校に送られることは終身刑に処せられるも同然であったという決まり文句も、一般読者には想像もできない現実の感触をもって響くのであろう。しかし、大人になった彼らは、仲間同士で思い出話に興じる際にも、全てを語ろうとするのではなく、「暗く気の滅入る話はせず、元気が出て気が晴れるような話」ばかりするのだという。この本に収められているのは、その中からさらに厳選したエピソードのみである (p.11)。彼らの獲得した言語は、語ることのできない体験を静かに眠らせておくために、物語を繰り出す手段となったのだろうか。

4 共同体への回帰

戦後、財政と教育効果の点から寄宿学校制度について見直しの必要性をみとめた連邦政府は、1951年にインディアン法を改定、各州の公立・私立学校に先住民の生徒を送り込む方針を打ち出した。その結果、1960年には先住民の就学者3万8千人のうち4分の1が州管轄の教育機関に所属し、6年生以上の生徒の比率も倍増して20パーセントにまで達した[11]。しかし、教育の言語が英語に一本化され同化の圧力が強まった結果、英語を母語とする

子ども達との格差は無視しがたいものとなり、同じ学校内で先住民の生徒は留年や落第を繰り返すようになる。寄宿学校の運営も完全に廃止されたわけではなく、後で紹介するトムソン・ハイウェイやイーデン・ロビンソンの作品からもわかる通り、閉鎖的な環境の中で先住民の子ども達が虐待の犠牲となる状況が続いていたのである。

そんな中、合衆国の60年代を彩った公民権運動や草の根の権利運動はカナダにも広がりを見せ、先住民も民族自決へと動き始める。この機運の盛り上がりは、1968年にナショナル・インディアン・ブラザーフッドが結成されたことにも現れている。また、1969年に誕生したピエール・トルドー首相は「平等な社会」の実現を唱え、カナダは本格的に多文化主義国家への道を歩み始める。政府は、個々の先住民に対して非先住民と同じ権利の付与を約束することで差別の是正を図ろうとする。しかしこれは先住民にとって、過去に対する政府の責任放棄にほかならず、先住民文化を犠牲にして個人の救済を図ることでしかなかった。寄宿学校制度によって先住民の共同体と文化が壊滅的な打撃を受けたことをふまえて、彼らは教育も自分たちの手にとりもどさなければ意味がないと考えるようになる。そして1972年、ナショナル・インディアン・ブラザーフッドが独自の教育権を求める文書を連邦政府に提出すると、政府はただちに彼らの要求を原則として受け入れることに同意した。その後も紆余曲折があり、問題は現在も山積しているが、80年代になると、先住民による先住民のための教育は次第に現実のものとなっていった[12]。

こうした変化を象徴するように、1985年には、オカナガン族のジャネット・アームストロングが『スラッシュ』を発表する。この小説は、先住民教育のための教材として書かれた作品であった。内容も、上記の政治状況を正面から取り上げたものであり、居留地の生活と権利運動と都会の誘惑の間で揺れ動く先住民の若者の姿が浮き彫りにされている。批評家のT. F. ダイクによれば、先住民教育のカリキュラムでこの小説はさかんに利用されたが、非先住民の批評家の間では、文学としての未熟さや教訓臭の強さが目立つとして評判は芳しくなかった[13]。たしかに、『インディアン・スクール・デイズ』とは対照的に、広い層の読者に読む楽しみを提供する類の小説ではな

い。逆に，その内容は深刻であり，多用される会話体も真っ向からの意見表明が多く，言葉に遊びは感じられない。主人公のトミー（後のスラッシュ）は，理想化された英雄ではなく欠点と迷いに満ちた若者であるが，彼の成長の過程をつづる文面は，白人の支配が共同体に与えた打撃の大きさと先住民の伝統的価値の重要性を，繰り返し強く訴えかけてくる。

　物語は，トミーが公立の学校に通い始めるところから始まる。白人が大半を占める環境の中で，先住民の子ども達は白人の容姿や生活様式をうらやむようになり，その価値観を内面化して自己を嫌悪するようになっていく。言語の問題にも直面する。トミーたちの使う英語は，白人のそれとは異なるものであり，言語能力が関わる全ての科目，すなわち「体育と木工を除く全科目」で，彼らはたいてい最低評価のEに甘んじなければならない[14]。トミーの家族は，居留地で伝統を重んじた生活を守り，政府による住居や車の提供も拒否する誇り高い家族であり，その環境の中でトミーは部族語でしか聞けない物語や長老の教えに直接ふれながら育った少年である。結局，高校卒業間際になって退学し，親元にもどった彼だったが，父が勧める労働中心の暮らしにも没頭することができない。そんな彼に父親は次のように言ってきかせる。

　「もしかすると，あの学校教育がお前にはよくなかったのかもしれないな。あるいは，町(ヴィレッジ)に入り浸っているせいかもしれない。もしやお前は，町の連中のようになりたい，なりたい，と思っているのではないか。もしや，あの連中のほうが自分より幸せだとか運がいいとか，思っているのではあるまいな。言っておくが，それは間違いだ。連中はあわれだよ，誰も良いことを教えてくれる人間がいないのだから。連中の母親も父親も皆あわれなものだ。寄宿学校に行ったせいで魂をやられてしまったのだ。故郷にもどったものの，命を落とした者も多かった。酒と結核のせいでな。うまくやった奴らは，司祭や尼僧を喜ばせる術を身につけて，インディアン式の何もかもを捨てることで生き延びたのだ……」(p.52)

　しかし，大麻の味を覚え，体制批判の議論に熱中し始めていた彼は，先住

民共同体での暮らしに結局満足できず、デモや集会に参加するためアメリカ各地やカナダ国内を転々とするようになる。都会では酒や麻薬に手を出して暴力沙汰を起こし、いかにも暴力的な「スラッシュ」という名で呼ばれるようにもなる。権利運動の焦点は、土地と教育の問題である。先住民教育を公立学校での一括教育から切り離して先住民主導に切り換える案に対し、州政府は抵抗を示すが、その理由が先住民の受け入れに対する連邦政府からの助成金にあったと知り、彼は憤慨する (p.124)。それでも政治活動に積極的な意味を見出していくものの、二人の女性活動家との出会いと別れを経験し、トミーはやがて、故郷での生活と先住民文化の大切さに目覚めていく。共同体や家族を切り捨てたところに先住民の権利回復はありえない。むしろその罠こそが植民地化の歴史の負の遺産なのだと言いたげである。最後にトミーは妻を失い、乳飲み子とともに「インディアン」として生きていく覚悟を決める。その姿は、彼を導き続けた長老や父親の姿を思わせるものである。

このように、『スラッシュ』にこめられたアームストロングの意図は取り違えようがない。父権的価値や肥大化した男性の自尊心と示威行為に対するフェミニストからの批判でもあるが、何よりも先住民文化と共同体の重要性が強調されていることはまちがいない。では、そのような作品がなぜ英語で書かれたのだろうか。しかも、英語を一言も解さないという設定の長老の語りまでが標準的な英語によって表記され、「インディアンの言葉で彼は言った」という具合に説明されるのである。部族語は単語すらほとんど出てこない。この疑問に対するアームストロングの答は実に明快だ。彼女は自分の声を同じ先住民に、なるべく広く届けるために英語で書くのだと語る[15]。共同体の回復は、各々の部族言語への回帰によって実現できるものではないのである。

5　「教え」を語り継ぐために

アームストロング自身は、父親の影響で居留地にいながらにして英語を習得することができたという。これは、彼女の父親が両親の方針で寄宿学校行きを免れた人物であり、娘たちを寄宿学校に送ることにも断固抵抗したから

であった。彼は伝統尊重派の同志たちとともにカトリック教会との「ミニ戦争」を繰り広げて新聞種にもなったことがあるという。そんな父親も時代の変化を見据えており，英語を身につけることは先住民が生き延びるために不可欠であると考えていた。子ども達に英語の教育を受けさせるため，彼は居留地内に学校を設置することを強く求め，その闘いを勝ち抜いたのであった。

　姉の存在も手伝って就学前には既に英語を覚えていたというアームストロングだが，『スラッシュ』を英語で発表することには大きな不安を感じていたという。それは，「言葉は誤解されるもの」だからであり，『スラッシュ』は彼女が書いた多くの児童書などと異なり，目上の先住民との共同作業を経ずに書いたものであるからだという[16]。「インディアンでない」人の反応は一向に気にならないが，英語で書いたことで仲間に誤解されることを思うと怖かった，と彼女はいう。そんな懸念に反して，この本は先住民達に温かく受け入れられた。たとえばリー・マラクルは「伝統的な口承の歴史と我々の"近代的"ジレンマに満ちた」作品であるとの言葉を寄せている[17]。これは，ダイクの指摘にもあった通り，一見平板で標準的な英語に，先住民文化の語りの特徴が滲み出していることを意味している。教訓的な調子も，象徴や隠喩を極力廃し意味を固定しようとするかのような言い回しも，出来事を忠実になぞっていく筋の運びも，アームストロングにとっての「硬直した言葉」すなわち英語[18]の悪影響と決めつけてしまうことはできない。むしろ，学校の教師とは全く違っていたと彼女が振り返る，共同体内の「教え」の様式を反映したものであるという可能性のほうを，考えてみるべきであろう。1970年代を中心とするスラッシュの経験をすべて彼自身の言葉によって教訓とともに伝える形式とみれば，彼にオカナガンの歴史をすべて語って聞かせたという老人の姿が思い起こされ，また，作家アームストロング自身の姿勢もそこにぴたりと重なってくる。彼女が英語によってなしとげたいと強く望むのは，「歴史と文化を共有するわが民族（ピープル）に，彼らが理解できる言葉で語りかけること」である[19]。

6 おわりに

このように，寄宿学校制度の歴史と記憶は，直接間接に先住民作家の創作に影響を及ぼしてきた。暴力的な支配の歴史を象徴する出来事として，あるときは中心的な題材となり，あるときは背景の一部となって，その過去は彼らの作品に登場する。そこには常に個人や共同体の記憶をどう言語化するかという問題がつきまとう。過去を語ろうとするとき，人は例外なくこの問題に直面しているはずだが，寄宿学校の記憶を英語で再構築しようとする先住民作家は，さらに複雑なジレンマの中に身を置かなければならない。それは，寄宿学校がきわめて暴力的な「英語化」の装置として機能したからであり，強いられた言語との関係と表現の可能性を模索する中で，作家は過去のトラウマを半ば恩恵として受け入れなければならない状況にまで追い込まれかねないからである。

上に見てきたジョンストンとアームストロングの例では，先住民にとってトラウマを語り尽す言語とはなりえない英語の限界を暗示すること，そして英語の小説に馴染まないとされる語りの様式を敢えてこの言語に負わせることが，それぞれの戦略として見えてきた。こうして彼らは，過去の迫害に対する単なる糾弾ではなく，その持続的な影響のもと現在もなお先住民が抱える言語と教育の問題に，読者の関心を向けさせることにも成功している。

さらに新しい先住民文学にも，寄宿学校を扱ったものが散見される。中でもトムソン・ハイウェイの『毛皮女王のキス』(1998) とイーデン・ロビンソンの『モンキー・ビーチ』(2000) は注目に値する。ここで詳細を論じることは控えるが，この2作は，上記の作品に比べてより積極的に，寄宿学校制度の被害者に声を与えようとしている。クリー族の劇作家ハイウェイは，この自伝的小説で，彼と弟が受けた寄宿学校での性的虐待を暴き，ハイスラ族のロビンソンは，被害者による虐待の連鎖を描いている。ハイウェイの手法は，彼の劇作と同じく，様式も文化背景も混成的でエンターテイメント性の高いものである。主人公の弟がエイズで死を迎える場面では，先住民文化に欠かせないトリックスターが見事な純白の毛皮を波打たせ，小粋に片目を

つむってみせてから飛び去るという華麗さを見せる。先住民の伝統的トリックスター像とはかけ離れたイメージであるに違いなく，まるでミュージカルを見ているかのような錯覚に陥る。彼の英語はアームストロングとは好対照をなすもので，クリー語の「言葉が笑う」感覚を，翻訳不可能としながらも，なんとか英語に演じさせようと工夫をこらしたものである。先住民語と英語が交錯し，書き手自身が先住民語と英語を行き来する運動そのものが，この作家の立場を表象している。ロビンソンの小説は保守的な印象を与えるかもしれないが，カナダ文学の重鎮マーガレット・アトウッドの『浮かび上がる』の書き換えとも読める工夫のある点が，この作家の野心を感じさせる。先住民に対する迫害の歴史の記憶が，そのままカナダ文学の主流をなしてきたものに対する関係性の追及と挑戦につながっているわけである。

　カナダでは，北米インディアン，メティス，イヌイットを合わせて先住民の数が2006年現在で約120万人を数え，そのうち半数近くが24歳以下であるという。カナダの全人口が約3000万であることを思えば，彼らがいかにこの国の未来を左右する大きな勢力になりうるか，想像できるだろう。しかし，カナダ統計局によれば，今なお半数近くが高校卒業の資格を持たず，識字率も低い。先住民以外の国民は8割強が高卒以上の学歴を持つというから，その格差は歴然としている。これを是正するため，政権が変わるたびに連邦政府は，教育を中心課題に据えた新たな先住民政策を打ち出してきたが，さしたる成果を上げられないまま今に至っている。上に見てきたように，先住民作家たちが次々に教育や学校の問題にふれる作品を発表する背景には，同化政策の歴史が先住民のみならずカナダ社会全体に深い傷痕を残したことが，重い現実として横たわっているのである。彼らが言語の力を駆使して，寄宿学校の抑圧とトラウマから自らとカナダを解き放つ試みは，今後も様々に実践されていくにちがいない。

注

(1)　詳細は，矢頭典枝「統計データから見た言語状況」，関口・浪田編著『多様社会カナダの「国語」教育』第5章を参照のこと。
(2)　寄宿学校の中には，生徒を奴隷同様に使い，言語教育の面で全く効果を上げなか

ったところもあったことを忘れてはならない。cf. The Telling It Book Collective, ed., *Telling It : Women and Language across Cultures* (Vancouver : Press Gang Publishers, 1990) pp.37-38.

(3) 先住民教育に関する本稿の一般的記述は,以下の資料にもとづくものである。

広瀬健一郎・岸上伸啓・下村智子「先住民に対する公用語教育」関口・浪田編著『多様社会カナダの「国語」教育』第14章。

Jean Barman, Yvonne Hébert, and Don McCaskill, eds, *Indian Education in Canada*, Volume 1 : *The Legacy* (Vancouver : University of British Columbia Press, 1986).

Marie Battiste and Jean Barman, eds., *First Nations Education in Canada : The Circle Unfolds* (Vancouver : University of British Columbia Press, 1995).

(4) Basil H. Johnston, *Indian School Days* (Toronto : Key Porter Books, 1988) 6. 以下,作品からの引用および参照箇所は,本文中括弧内にページを示すこととする。

(5) Penny Petrone, *Native Literature in Canada : From the Oral Tradition to the Present* (Toronto : Oxford University Press, 1990) 150.

(6) Thomas King ed., *All My Relations : An Anthology of Contemporary Canadian Native Fiction* (Toronto : McClelland & Stewart, 1990) p.xiv.

(7) 先住民の寄宿学校とは対照的な特権階級の教育機関,イギリスのパブリック・スクールを舞台とする子供向けの小説であり,その系譜は現在の「ハリー・ポッター」シリーズにまで連なるものである。

(8) 先住民作家たちは,先住民の被支配民の歴史をたびたび「植民地化」という言葉で表現する。この論文で紹介する作家たちも例外なくこの表現を用いている。

(9) キャリバンと脱植民地主義についての初心者向け解説には,次の資料がある。Dennis Walder, *Post-colonial Literatures in English : History Language Theory* (Oxford : Blackwell Publishers, 1998). 特に Part I, 3 を参照のこと。

(10) Toni Morrison, "The Site of Memory", William Zinsser ed., *Inventing the Truth : The Art and Craft of Memoir* (Boston/New York : Houghton Mifflin, 1998) pp.183-200.

(11) *Indian Education in Canada*, 14.

(12) 以上の説明は,*Indian Education in Canada*, 14-17 にもとづくものである。

(13) E. F. (Ted) Dyck, "The Places of Aboriginal Writing 2000 in Canada". <http://www.wtc.ab.ca/tedyck/abor.00.htm>

(14) Jeanette Armstrong, *Slash* (Penticton B.C. : Theytus Books, 1988) 25.

(15) アームストロングの英語に対する姿勢と教育背景については,The Telling It Book

Collective, ed., *Telling It*, pp.23-29 に詳しい。
(16) *Telling It*, p.28.
(17) 『スラッシュ』裏表紙に印刷された言葉。
(18) アームストロングのこの言葉は，長岡真吾「「敵の言語」とインディアン作家」（横山幸三監修『英語圏文学』所収），p.282 に引用されている。
(19) *Telling It*, p.27.

参考文献

関口礼子，浪田克之介編著『多様社会カナダの「国語」教育』東信堂，2006。
横山幸三監修，竹谷・長岡・中田・山口編『英語圏文学　国家・文化・記憶をめぐるフォーラム』人文書院，2002。
Armstrong, Jeanette. *Slash*. Penticton B. C.: Theytus Books, 1998.
Barman, Jean, Yvonne Hébert, and Don McCaskill. Eds. *Indian Education in Canada*, Volume 1: *The Legacy*. Vancouver: University of British Columbia Press, 1986.
Johnston, Basil H. *Indian School Days*. Toronto: Key Porter Books, 1988,
Battiste, Marie and Jean Barman. Eds. *First Nations Education in Canada: The Circle Unfolds*. Vancouver: University of British Columbia Press, 1995.
Dyck, E. F. (Ted). "The Places of Aboriginal Writing 2000 in Canada". Dyck, E. F. Home page. December 2007 <http://www.wtc.ab.ca/tedyck/abor.00.htm>
Highway, Tomson. *Kiss of the Fur Queen*. Toronto: Doubleday Canada, 1998.
King, Thomas. Ed. *All My Relations: An Anthology of Contemporary Canadian Native Fiction*. Toronto: McClelland & Stewart, 1990.
Morrison, Toni. "The Site of Memory". William Zinsser ed., *Inventing the Truth: The Art and Craft of Memoir*. Boston/New York: Houghton Mifflin, 1998. pp.183-200.
Petrone, Penny. *Native Literature in Canada: From the Oral Tradition to the Present*. Toronto: Oxford University Press, 1990.
Robinson, Eden. *Monkey Beach*. London, U.K.: Abacus, 2000.
The Telling It Book Collective. Ed. *Telling It: Women and Language across Cultures*, Vancouver: Press Gang Publishers, 1990.

17 先住民族のことばが公用語になった国 ニュージーランド

大庭由子

1 はじめに

　ニュージーランドは，その国の成り立ちからイギリスの影響を強く受けた国である。従って，教育制度に関しても，大いにイギリス教育を踏襲している。しかしながら，その歴史的背景，地理的な特質および民族構成からかなり独特の教育制度を導入せざるを得ない面がある[1]。

　本章ではニュージーランドの教育改革としてその名を知られるようになった，「ピコット報告（The report of Picot Taskforce）」(1989) を中心に，教育行政，政治経済がどのように教育現場における言語，文化教育に影響を与えたかを検証したい。

　かつては人口の 100% であった先住民族マオリはイギリス統治の結果，現在は 15% と減少したため，学校教育においてもマイノリティ扱いである。しかし，マオリの中等教育（高等学校）修了率，専門学校，大学などの高等教育登録数の急速な増加がこの教育改革前後からみられるなど，行政改革の一環として行われた教育改革がマイノリティ教育を含む教育現場にかなりの影響を与えたことも事実である。平松紘は，「1980 年代半ばからの行政改革（民営化）で，学校教育の自立経営と地方分権を原則とする学生・親による学校選択の範囲が拡大し，これによって低収入家族の就学問題が生じ，マオリ子女にも影響を与えている。」[2]と述べているが，後述するようにニュージーランドの教育予算は，行政改革実施後も国際的に見ても決して低くはな

いのである。また，高橋康昌は，「初等・中等教育改革は我々にとっても極めて示唆的ではあるが，必ずしもロジャーノミクスに始まる改革に連動しているとは思われない。[3]」としているが，実際，小中学校校長のこどもを獲得するための並々ならぬ努力を見ていると，行政改革の一環であると考えざるを得ない。

　本稿では，まず，ニュージーランドの教育制度史を振り返り，ミッションスクールとしてスタートした学校と先住民族マオリとの係わり合いを明らかにし，教育改革が行政改革の一環として行われた様子に触れる。また，その背景にあるニュージーランド経済の変遷についても言及する。この行政改革の一環として行われた教育改革がどのような変化を教育現場にもたらしたかを考察し，教育改革により市場原理が教育現場に導入されたと批判される中で，むしろ教育現場の合理化を促進したことについても触れておきたい。

2　学校制度の始まり

1　学校制度と行政の変遷

　ニュージーランドの教育は19世紀初期より，教会によって始められた。一方，次項に詳述するが，1840年にこの先住民マオリとイギリス政府との間にワイタンギ条約が締結され，1852年にはニュージーランドは独自の政府を樹立した。翌年には憲法も制定され，1854年には中央政府と6つの県議会が設置された。教育行政に関しても，地方分権であったが，1875年に県議会が廃止されると行政が中央集権化し，従って教育もそれにならうこととなった。1876年には「教育委員会法」（Education Board Act 1876）が成立し，また世界初の義務教育法として知られる1877年の「1877年教育法」（Education Act 1877）の制定により，教育省（Department of Education）中心の中央集権的教育制度が確立されることとなった。この頃にはすでに英語中心の教育が行われていたが，マオリには母語であるマオリ語の使用も認められていた。しかし，徐々にマオリ語の使用が禁止され，英語のみが教育現場で使われることになった。

　現在の教育現場は中央集権とは対極にあり，地域社会と学校単位にその権

限が委譲されている。分権型と集権型の双方を経験したニュージーランドの教育制度は日本の教育制度のあり方に少なからずヒントを与える可能性がある。

　1907年には英国自治領として承認され，第一次世界大戦にも派兵した。1919年には国際連盟に加盟し，国際社会の一員となった。1898年には老齢年金法が成立し，さらに1938年には米国に次いで社会保障法が制定され，世界有数の福祉国家へと変貌を遂げるのである。この急速な国の発展は，全ての経済を英国自治領としての特権に依存していたことにある。つまり羊毛，農産物など一次産業の輸出先としての英国が安泰である限り，ニュージーランド経済も磐石であったからである。その結果，世界でも有数の福祉国家として発展していくことになる。しかし，次項にて詳述するが，1973年の英国のEC加盟が大きく影響し，ニュージーランドは英国のみに依存できなくなった。財政はたちまち赤字に転落し，貿易相手国を英国一辺倒からアジア諸国に変更せざるを得なくなった。この赤字財政をたてなおしたのは，第4次労働党政権のロンギ政権がロジャー・ダグラス蔵相とともに行った，いわゆる「ロジャーノミクス」と呼ばれる大胆な構造改革であった。この改革により，極力民営化を図り，これまでの政治経済，社会構造が大きく変化した。この結果，学校の権限は中央政府から地域の各学校へと大きく委譲され，政府はおおまかな教育方針と教員の賃金と校舎の建築費などの経費のみを負担することになった。

2　マオリ民族の学校 Native School から Maori School まで

　Native Schoolの歴史は古く，1840年のワイタンギ条約以前に遡る。現在は，「コハンガレオ」と呼ばれるマオリ語の使用を奨励する就学前教育施設が存在し，高等学校までマオリ語のみの教育が可能となっている。元来，口伝文化であったマオリ文化をニュージーランドの伝統文化として根付かせるためには，イギリス文化との接触が大きく貢献していることも事実である。ワイタンギ条約が文言として英語版とマオリ語版が残されたのも，文字化技術がマオリ語に浸透したからである。このワイタンギ条約がマオリの社会的地位向上とともに，イギリスの同化政策からニュージーランド固有の文化と

してマオリ文化，マオリ語が認められる原動力の役割を果たしたのである。以下に Native School と非マオリ学校の統合までの歩みを紹介する。

1816年に最初のミッションスクールが設立され，30年代から40年代にかけてマオリ自身による学校が運営されるようになっていた。1840年に土地問題をめぐり，ワイタンギ条約が先住民族マオリと英国政府により締結された。この条約の存在が，マオリのアイデンティティとなり，後のマオリ語による教育施設コハンガレオ設立（1982），マオリ語の公用語化（1987），へとつながるのである。

1867年に Native School として正式にマオリのための学校が運営され始めたが，その目的は同化教育であり，マオリをヨーロッパ式に「文明化」することであった。つまり，学校教育の目的は，こどもたちにマオリは劣った民族であると認識させ，先進国であるイギリスの文化と英語を学ばせることであった。つまり，英語を学びイギリス式に生活をし，キリスト教を信奉することがマオリの生きる道と教えることが最重要課題であったのである。ワイタンギ条約締結当初は，土地の私有意識のないマオリは単に彼らの土地を一時的にイギリス女王に貸しているだけと信じていた。従って学校設立に対しても非常に協力的であり，文字を学びに家族ぐるみで学校にやってきたのである。初期のミッションスクールはマオリ語を文字化することで，キリスト教の教義の布教を目的としていた。そのために，様々な書物をマオリ語に翻訳していったが，マオリのリテラシー能力は高く，1850年代後半には成人マオリの半数がマオリ語で読むことができ，3分の1は書くことができるようになっていた。

ある伝道師は，マオリの文字に対する意欲は並々ならぬものがあり，給料として書物をほしがったり，117ページの書物を得るために182リットルものジャガイモを提供したりするほどであったと記している[4]。

しかしながら，ようやくマオリ語でのリテラシー能力が学校教育を通じて育まれるようになったものの，1880年の Native School Code により，マオリ語が軽視されるようになった。この条例により，学校では英語で全て教育されるようになり，20世紀初頭にはマオリ語の学校での使用が全面禁止となった。教育熱心なマオリがこどもたちに知識の備わった人間としての成長を

望むのに対し，政府は同化教育により，マオリのこどもたちを単に英語ができる労働者として育成することを目的としていたのである。実際，1850年代半ばの報告によると，8歳から15歳までのこどもは，学校でわずか2時間半の授業を受け，8時間に及ぶ戸外での重労働に携わっていたのであった。当然マオリの親からの強い抵抗があったと当時の伝道師が報告している[5]。しかし，イギリス政府に没収された土地を取り戻す交渉をするためにも，マオリは自分たちに十分な英語力と知識が必要であると理解していた。だからこそ，反発を感じながらもこどもたちがヨーロッパの知識を得て，流暢な英語を話すことをマオリは期待していたのである。1930年ごろにようやくマオリ芸術を学校教育カリキュラムに導入しようとしたが，マオリの自文化に対する劣等感はぬぐいようもなかった。1947年に第二次世界大戦でのマオリの活躍により，マオリに対する認識が高まった結果，Native SchoolはMaori Schoolと名称は変更されたが，マオリの失われた自信の回復は戦後のマオリルネッサンスのうねりとコハンガレオ設立，マオリ語公用語化を待たなくてはならなかった。1950年代から1960年代にかけてマオリ学校は徐々に一般の学校に統合され教育委員会によって管理されるようになった。1967年に政府がマオリ学校は一般の学校に統合されることを発表し，1969年には全てのマオリ学校は教育委員会の管轄下となり，マオリの学校制度は終焉を迎えたのである。このマオリ学校の廃止がマオリのこどもたちに統合学校における劣等感を与える原因になったとする説もある。

3 ロンギ政権による行政改革

1 行政改革の背景

　第二次世界大戦後の1947年に，ウエストミンスター憲章により，イギリス連邦国として新たな出発をしたニュージーランドは，イギリスを主な輸出先とする農業国として順調な発展を遂げ始めていた。とりわけ1960年に首相となったオリホーク政権時代には，ほとんど毎年貿易収支は黒字であり，1972年の黒字額は4億ドルを越えた。国民所得も順調に伸び，ニュージーランドはイギリスの食料庫として絶頂期を迎えていたのである。またこの頃

17　先住民族のことばが公用語になった国ニュージーランド

	イギリス	オーストラリア	日本	アメリカ合衆国
1940	88	3	—	4
1950	66	3	—	10
1960	53	4	—	13
1970	36	8	10	16
1980	14	12	13	14
1990	7	20	16	13

図1　ニュージーランドの輸出対象国比率の変遷[6]

ポリネシア系，中国系を中心に富を求めた移民が流入し，多文化化が始まった。しかし，1972年，オリホーク退陣後，ニュージーランド経済にかげりが見え始める。これは，1973年にイギリスのEC加盟により，ヨーロッパ諸国の農業と競い合うことになったためである。数年間の輸出特恵も終了し，国民の8割がイギリス系移民であるニュージーランド人にとり，母国イギリスに見放された気分であった。図1に示すように，これを期にニュージーランドは日本を始め，アジアに目を向け始めるのである。

　イギリスのEC加盟により，経済状況は悪化し，政府予算はたちまち赤字となった。これは，イギリスへの輸出に依存していた産業が立ち行かなくなり，多額の補助金が必要になったことと，既存の充実した社会制度が支出の増大に拍車をかけたことが原因である。追い討ちをかけたのが70年代のオイルショックであり，肥大化した政府部門の縮小，公共部門の規制緩和が求められた。このような状況下で登場したのが1984年の選挙で第4次労働党政権を担当したロンギ政権である。前述したが，ロンギ政権の蔵相ロジャー・ダグラスが実施した大規模かつ過激な経済の自由化政策，規制緩和は「ロジャーノミックス」と呼ばれ，90年まで続いた。

2　ロジャーノミックスの功罪

　ロジャーノミックスのもたらしたものは，ニュージーランド経済の生産性の向上と失業率の増大であった。大きな政府による肥大化した人員が一気に削減され，その結果高い失業率になってしまった。1985年に3.6%だった失業率は1990年には7.9%となり，その後10%前後の高水準で推移してい

る。一方で生産性が向上し，物価上昇率がOECDの平均値を下回る結果となった。

　1997年にロジャーノミックスを引き継ぎ推進してきた国民党のシップリー首相が1999年労働党党首クラーク氏に敗れた。敗因は，国民党が目指した市場経済，競争原理，規制緩和を中心として行政改革の結果，医療や福祉，教育などの分野で格差が広がり，取り残された層が不満を募らせたことであった。当然この医療，福祉，教育分野での見直しが始まったが，行政改革以前のような高福祉，社会保障は望めないものの，依然として日本よりはるかに高い水準を維持している。12.5%という高額なGTS（消費税）が導入されたが，公立病院の医療は無料であり，社会保険料を支払う必要はなく，地方税は固定資産税でまかなわれている。

3　教育への影響

　無料だった大学の授業料が有料化されるなど，行政改革の影響は教育部門にも大きな影響を与えた。大騒ぎとなった大学学部の年間費用は（ニュージーランドの主な大学はすべて国立大学である）しかしながら，年間日本円で約20万円（2000年現在）である。確かに教育予算も縮小されてはいるものの，世界的レベルからみても決して低いほうではない。政府年間予算の15.8%を教育費に割いており，対GDP比では5.6%にまで削減されたが，依然としてスウェーデン，カナダに次いで世界第3位であり，OECD諸国の中では高水準を保っている。

　政府は教育改革を行政改革の一環として行い，経費節減，効率化を目指してはいるが，必ずしも功利性のみを追求してはいない。次項にて詳細を述べるが，この改革のポイントは権限を中央から地域へと委譲したことである。それぞれの地域の教育関係者によって学校運営が行われ，学校理事会（Board of Trustee）に委ねられている。理事（評議員）は数名の親，校長と1名の教師代表から構成され，7歳以上の生徒代表を運営委員会に加えてもよいことになっている。学校長は財政問題から人事に至るまでの学校運営を任されている。しかし，財政面では地域格差があることから70%は中央政府が関与することになっている。

4 教育改革

1 Tomorrow's School

1989年に成立した新教育法（Education Act）は，幼児教育から高等教育，職業教育にまで及び包括的なものである。市場原理を導入した行政改革の一環であり，教育がその波にさらされるとして危惧される面もある。ニュージーランドの87.2％を占める公立学校に適用される教育改革の主眼は，親の教育選択，学校単位の管理委譲，親の意見を学校運営に反映させること，学校と中央政府は相互契約関係となることである。とりわけ親の関与は，単に親の要望を反映させるだけでなく，親の学校への協力を強く求めるものでもある。これは1987年に大蔵省報告により，教育行政の非効率化を指摘されたことを受けて，同年7月にオークランドの大事業家ピコットを座長とする教育行政調査委員会が設置されたことに始まる。1989年の「ピコット報告」は，Tomorrow's School と呼ばれる政府白書として発表された。ピコットは変化の激しい現代社会では，中央の過剰な干渉を排除し，迅速な物事の決定が肝要であるとし，教育の力強さを求めることを指摘した。改革の骨子は次の通りである[7]。

- 財源の管理は各地区の教育機関に置く。
- 教師とその地区の理事会との連携を構築する。
- 各教育機関は国のガイドラインを基盤とするものの，独自の教育目標を持つ。
- 親が学校を選択でき，その結果が顧客意識を高める。
- 教育省は改組し，政策中心の教育省とする。
  (The department of Education→the Ministry of Education)

また管理色の強かった旧教育評価庁（Education Review Office : ERO）は教師のレベルチェックに中心を置いていたが，教育省との二方向契約に変更された。新EROでは，単なる教師のチェックだけではなく，各学校に一任された運営管理（予算管理，目標設定など）についてのアドバイスを行い，学校側も教育省にレポートを提出するという双方向方式を採用した。その結果，

学校，中央政府，地方自治体との契約関係が明確になり，地域の学校として，独自の裁量により活動できる領域が広がった。

2 教育の多様性

　ニュージーランドの教育制度は図2が示すとおり，一般的な小学校，中学校，高等学校が別々に設置されるばかりでなく，中学校を含む小学校と高等学校の組み合わせであったり，地域学校が義務教育の全てと大学進学のためのフォーム7までカバーする場合など実に様々である。これには人口が都市部を除いて少なく，通信教育を含む多様な学校制度で対応せざるを得ない事情がある。またこの図2に加えて多様な就学前教育が加わる。

　学校はそれぞれ違った名称であっても，年齢に該当する呼び名は全国一律に定められており，義務教育は満5歳から15歳までである。しかし，最近では大学進学のため，フォーム7まで在籍する場合が多い。

　一方，教育改革による予算削減に関しても，なるべく合理的に予算が配分されるように工夫し，教育の質を高めるようにしている。たとえば，就学前教育では，これまで保育所は社会福祉省に属し，幼稚園は教育省の管轄であ

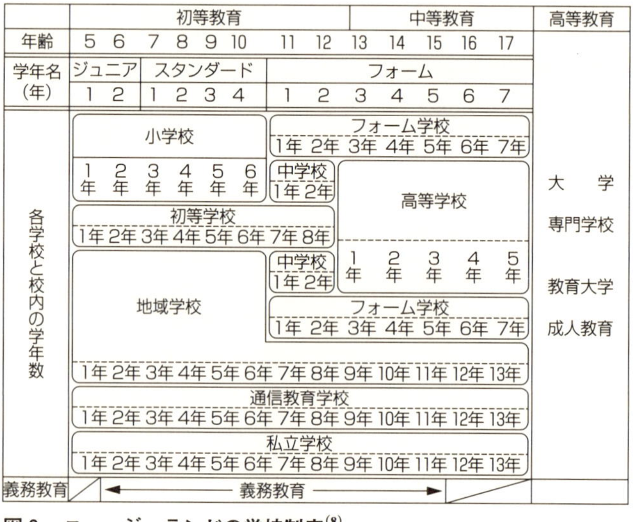

図2　ニュージーランドの学校制度[8]

ったが,教育省に一元化し,効率化を図っている。また,従来学校ごとに決められていた補助金を,在籍するこどもの数により増減する制度に変更した。(こども1人に対しNZ$5.00/hour) また各学校の教員レベルが向上すると補助金が上げられたりすることもある。この補助金システムは,マオリ語の幼児教育施設であるコハンガレオに対しても,家庭保育に対しても,その格差はなくなった。幼児教育に力を入れるのは,「3歳までの環境がその後の学習能力を左右する」という考え方からであり,親の教育にも熱心である。

しかしながら,小学校以上の教育機関は予算削減の対象となり,学校の自助努力が求められている。教育委員会を廃止し,前述のように学校理事会(BOT)が運営や経営を行うなど教師や保護者に負担がかかるようになった。授業料は原則無料ではあるが,実際は家庭からの「自発的」な寄付金を募っている。従って,学校がある地域が裕福か否かで学校への寄付納入額が相当違ってくるのである。そのため,地域社会からの寄付金に多くを期待できない学校では,寄付をしてくれる企業名を学校名に冠したり,こどもの制服の胸に企業ロゴを入れることすら行われるのである。従って,地域の経済力格差が教育の格差を生じさせているという不満の声が上がっている。

かつては,地理的状況に拘わらず,全ての人は一人の市民として無償で最も適した教育を受ける権利があるとした「教育の機会均等」の理念があった。しかし,1970年代以降の経済状況の悪化に伴い,もはや教育の機会均等の理念よりも国際競争を勝ち抜く高度な技術や資格を持った労働力の育成が求められるようになったのである。

3 教育改革がマオリに与えた影響

行政改革の一環として行われた教育改革であるが,さまざまな問題があることも事実である。また歴史的にみて,マオリの教育が白人であるパケハ(マオリ語で白人を意味する)への「同化」政策の一環として行われたことも明白である。1969年にマオリ学校が廃止となったが,20世紀初頭まで,マオリの子弟が通うマオリ学校とパケハのこどもたちが通学する学校が別々に存在し,学校のない地域に住むパケハがマオリ学校に通学したこともある。逆にマオリが少なくパケハの多い地域ではマオリがパケハの学校に通ったの

である。

　当時から問題になっていたのは，マオリの就学率であった。マオリは労働力として捉えられていたこともあるが，マオリの大家族制も就学率を阻む要因であった。彼らは部族単位で生活をし，古代からの慣習を大切にすることから，こどもが長期にわたり学校を休むことが常態化していたのである。たとえば，部族内で葬式があると約2週間喪に服さなければならず，大家族で構成される部族内では当然学校を欠席せざるを得ない状況が頻発するのである。

　現在は約70％が中等教育を受けるようになったが，多くは義務教育の修了する15歳になると離学してしまうのが現状である。さらに，高等教育を受けるためのフォーム7までを終えて卒業する割合は図3の通り，パケハと比較するとその格差はまだまだ大きい。しかし，注目すべきは，行政改革に伴う，教育改革が行われた前後からその修了率が上昇しているのである。

　これは地域密着型の学校が求められたことと，「親」の学校への関与が求められることがその基本方針にうたわれていることに大いに関係がある。前述の通り，こどもの数により学校独自の年間予算が決定される部分が多くなり，当然地域のこどもにマオリが多ければ，マオリの親の要望を取り入れざるを得ないことがある。つまり，マオリが多いオークランドの都市部などではマオリ文化，言語教育を教育カリキュラムに積極的に取り込むことが求め

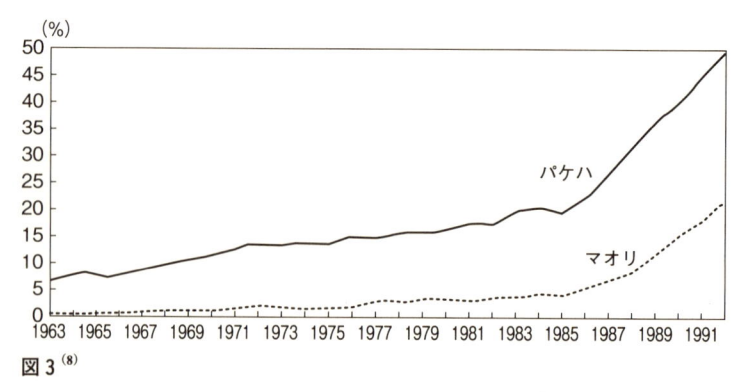

図3 [8]

(NZ Now, Maori, 1994.)

られることになったのである。実際現地における中学校のバイリンガル教育は人気が高く，教員採用においてもマオリ語と英語を運用できるバイリンガル教員が配置されている。

その結果，この改革により，これまで無料だった大学，専門学校の授業料が有料化されたにも拘わらず，マオリの高等教育機関における登録者数は，1990年から1995年の5年間でパケハには劣るものの急激に増加している。依然としマオリが進学するのは大学よりも専門学校であるという現実はあるものの，十分な教育を受けられず，高い失業率にあえいでいたマオリがこの教育改革のよい影響を受けたことは明らかである。

5 まとめ

この教育改革は，マイノリティに対する教育の保障が重要項目の一つであった。高等教育を受けられず，失業者となり犯罪に走るマイノリティの増加を防ぐためにも，マオリや太平洋島嶼系民族に対する教育政策が改善される必要があった。とりわけマオリに対する教育の改善は注目すべきであり，マオリ文化の維持という観点から全ての学校にマオリ文化学習がカリキュラムに導入されるようにナショナルカリキュラムが整備された。2006年のカリキュラムに関する基本方針にも「全てのこどもたちは，ニュージーランドの二文化および多文化社会を反映したカリキュラムを体験するものである。マオリとして生きるこどもたちは，マオリ社会を反映し，その価値を認めるカリキュラムを反映させる機会をもたせるべきである」[10]と明記されている。先進諸国では，人種問題，民族問題がいまだに大きな社会問題となっているが，「マオリ」をこのように明確に教育方針の中で謳うのは，マイノリティを重要視する教育方針が高い国際的評価につながるということを意識しているからである。マオリ語を英語とならぶ公用語としたこともこの理由からである。

基本原理として，公正（equity），教育の質（quality），効率性（efficiency），効果（effectiveness）を掲げている教育改革ではあるが，学校関係者および地域の努力が相当期待できないかぎり，これらの原理を保つことができないこ

とも事実である。小学校を例にとると，500人を越える学校もあれば，わずか60人程度の学校も存在する。それぞれの学校の校長は学校の規模によりその地位がランク付けされ，評価される。よい評価を得た校長はさらによい学校を求めて，転勤し，その校長を求めてよい教師が移動してゆく。よい校長と教師が集まる学校には「親の選択」により多くのこどもたちが通うことになる。寄付金も多く集まり，さらによい学校へと変貌を遂げる。逆に，恵まれない学校はその逆の循環が待ち受けている。教育の地域格差，学校間格差が広がりつつあることも，教育改革がもたらしたものの1つである。

　赤字経済がもたらした行政改革の結果，合理化，市場原理の波が教育分野に及んだニュージーランドではあるが，先住民マオリ語を公用語とし，バイリンガル教育をも実施している。移民が今後も押し寄せる可能性があるこの国は，二文化を中心とする多文化教育をナショナルカリキュラムとしている。赤字経済，移民がもたらす多民族化に加え先住民族の権利意識の向上など，様々な変化を経験したが，これらの経験は必ずしもよい経験ばかりではなかった。しかしながら，これらの変化を「新たなチャンス」として生かすことができたのがニュージーランドであった。先住民族マオリ語を公用語としたことがもたらした効果は大きい。ニュージーランド人たちは，マオリ文化の存在を自国の特徴を形成する上での重要な要素として捉え始めている。その意識が，自らを「KIWI」と呼ぶ彼らのアイデンティティを昇華しつつある。歴史が浅く，すばやく世の中の変化に対応する「小回り」のきく国ではあるが，今後も注目すべき国のひとつであろう。

注

(1)　先住民族マオリのこどものために学齢前児童教育の選択としてコハンガレオ（言葉の巣）においてマオリ語の使用を奨励しており，小学校においてもすべての教科をマオリ語で教える公立のクラカウパパ・マオリが設けられている。また，太平洋諸島系学齢前児童センターでは言語と文化的側面に重点を置いた教育を実施している。さらに英語を母語としない5万3000人以上の学齢者がおり，教育省は，英語を第2言語として特別に学ぶ必要のある児童のために特別基金を設けている。補助教師，パートタイム教師が担当している。

ニュージーランド外務貿易省『ニュージーランド』ニュージーランド外務省出版，1995年。pp.32-37。
(2) 平松紘他『ニュージーランド先住民マオリの人権と文化』明石書店，2000年。p.87。
(3) 高橋康昌『斜光のニュージーランド』東苑社，1997年。p.128。
(4) Judith Simon, *Naga Kura Maori* : Native Schools System 1867-1969, Auckland University Press, 1998, pp.3-4.
(5) *Ibid*., pp.9-11.
(6) 高橋康昌，*Op. cit*., p.102。
(7) Simon Smelt, *Today's School* : Governance and Quality., Institute of Policy Studies Victoria University of Wellington, 1998, pp.5-9.
(8) 日本ニュージーランド学会編『ニュージーランド入門』慶應大学出版会，1998年。p.144。
(9) 平松紘他，*Op. cit*., p.87。
(10) New Zealand Curriculum : Draft for consultation 2006, Ministry of Education, p.9.

Ⅴ　グローバリゼーションと英語の
　　ゆくえ

18 世界のピジン・クレオール英語
―言語接触の諸相―

杉本豊久

1 はじめに

　David Crystal (2003) の推定によると，英国・アメリカ合衆国・カナダ・オーストラリア・ニュージーランドなどのように，英語を母語（第1言語）とする人々の数は，3億2千万から3億8千万人程度で，言語人口第1位の中国語話者の約9億人と比べるとかなり少ないことになる。しかし，中国語が主に中国国内及び世界各地の中国人社会だけで使われているのに対し，英語の使用者はこれだけではない。例えば，インド・フィリピン・シンガポール・ナイジェリアなどのように，母語ではないが，英語を公用語あるいは第2言語（ESL：English as a Second Language）として日常的に使用する人の数は現在では約3億から5億人いるとされている。また，北欧ヨーロッパ諸国・中東・アフリカ・ロシア・アジア諸国・中南米などでは，日常的にはそれぞれの母語を使うが，英語を外国語として（EFL：English as a Foreign Language）学習し，対外的な必要に応じて英語を用いている人々がおり，その数は5億から10億とされている。英語が商業言語あるいは科学技術の分野での主要な言語となっていることもあり，英語で意思疎通のできる人々や，理解できる人々を加えれば，事実上世界最大の使用人口を誇る言語だということは明らかである。

　英語の歴史を考えれば，大英帝国の拡大とともに，英語がブリテン島から世界各地に波及していったわけだが，英語の母語話者を中心に，第2言語と

しての英語話者，そして外国語としての英語話者の順序でそれぞれを同心円状に重ね書きすると，水面に石を投じたときに広がる波の輪のように，英語が周囲に普及していく様子を想像できる。さらに，英語話者のタイプを上述のように分類してみると，周囲への波及の主要な担い手は，実はその使用者人口の多さからいって，母語以外の英語話者たちであることは明らかである。しかも，その波及のメカニズムの多くの状況中で，様々な言語接触というプロセスが発生する。そして，そのような言語接触の結果生まれるのが，接触言語としての英語系ピジン，さらには英語系クレオールということになる。そして，この種の英語系ピジン・クレオールは，補助言語としてのピジンと母語としてのクレオールを含んでいるということから，先ほどの同心円とはやや違った円，すなわち中心から外へ横断する形の円として位置づけられることになる。

　さて，ピジン発生のメカニズムは，異なる言語を話す者同士の接触から始まる。最も原初的で分かりやすいピジン発生の状況が，昔の戦争映画『太平洋の地獄』(1968) において描かれていたので，ここに紹介する。

　日米の二大ビッグネーム三船敏郎とリー・マーヴィン共演によるこの戦争映画，『太平洋の地獄（Hell in the Pacific）』(1968) では太平洋戦争終結間際，日米の戦艦が攻撃し合った挙句に両艦とも沈没し，南太平洋カロリン諸島の無人の小島に漂着して，救助のあてもなくサバイバル生活を続ける日本海軍の大尉（三船敏郎）と，たまたま救命ボートでその島に辿り着いたアメリカ海軍少佐（リー・マーヴィン）との間で，延々とお互いの命を狙う戦いが繰り広げられる。しかも，正規な銃器もないため木の棒など手製の武器と奇策を駆使して戦うのだが，やがてお互いが無益な争いに気付くと同時に，この過酷な状況下では，互いに協力することだけが生存への道だと悟る。奇妙な共同生活をはじめた二人は協力して筏を作り，島からの脱出を試みる。荒波を超えて大きな島に辿り着くが，そこは生々しい戦争の傷痕残る無人島。廃墟と化した野戦基地で日本兵が残した食料を発見し，二人は喜びのあまり戦争を忘れ，どんちゃん騒ぎで夜を明かす。ところが，ふとしたことから二人はお互いが敵同士だという現実を取り戻す…。結局，その直後爆弾の直撃を受けて二人ともあえなく爆死してしまう。しかも，二人は気付かなかった

が，戦争はすでに終結していたという結末。太平洋戦争末期の孤島を舞台に，偶然出会った日米の軍人の確執と友情を描いた異色の戦争映画である。

また，戦争の無益さや人生の皮肉さを浮き彫りにしようとした，『脱出』や『未来惑星ザルドス』を手がけた鬼才ジョン・ブアマン監督の力作でもあるのだが，次々と死者の出る殺伐とした戦いと違い，戦車も戦艦も戦闘機も出ず，銃撃戦すらない。『ロード・トゥ・パーディション』『アメリカン・ビューティー』『明日に向って撃て！』で3度アカデミー撮影賞を受賞しているタヒチ出身のコンラッド・ホール撮影による鮮やかな南洋の美しい自然の中で，どこかのんきな二人だけの戦いが延々と続く。しかし，事実，実際にありそうな話で妙にリアルである。まともな戦闘用の武器がないので木を削って作った木刀を振りかざして，米海軍少佐（リー・マーヴィン）を追い掛け回したり，ジャングルに逃げ込んだ少佐をあぶり出そうとして林に火を放ったり，大切に確保していた飲料水を少佐に飲まれ悔しがったりする場面などは滑稽でさえあり，このような演出がすべて二人を襲う戦争のむなしさを浮き彫りにしていく。そして，随所に挿入される二人の兵士の目のクローズアップが極めて効果的に駆使され，二人の闘争の緊迫感を高めている。二人の間で交わされるせりふが極端に少ないにもかかわらず（これは，それぞれ日本語と英語しか話せず，共通の言語を共有しないのだから当然ではあるのだが），状況や二人それぞれの心情が実に分かり安いのはこの種の演出が功を奏しているからであろう。

やや話が脱線したが，最初から最後まで二人以外は誰も登場しないことから，戦争映画史上最も安上がりだと言われる特異な作品であり，実はここが脚本家アレクサンダー・ジェイコブス，エリック・ベルコヴィッチの腕の見せ所でもあった。『レッド・サン』や『グラン・プリ』と違い，この作品でのミフネは日本語しかしゃべらない。孤島で出会った二人は，言葉も通じず敵対心だけが沸き上がり，捕虜に捕らえたり，捕らえられたりの日々が続くが，次第に虚しさがつのり，言葉が通じないながらも，少しづつ協力関係あるいは友情が芽生えていく。この作品も，『レッド・サン』と同様に，人種や文化・言語の違いを乗り越えて芽生えていく友情がひとつのテーマなのだろうが，実はピジン語の誕生を理解するのにはこの映画のような状況を想定

するのが分かりやすい。もしもこの二人が生き延びて島での生活が長引くことになれば、英語と日本語の混成表現が生まれてゆく。この場合二人だけでのやり取りであるから、むしろ隠語（jargon）の一種とすべきかもしれないが、このような言語接触が集団レベルで発生し、小規模であるにせよ、一貫した語彙やある種の統語規則が確立してくれば、立派なピジンの発生と言えるだろう。お互いの話者にとって母語以外の第2言語習得であり、客観的には新たな言語の誕生と言える。

2　世界の英語系ピジン・クレオール

　英語が今日のように世界各地で使われ、地球語とまで言われるようになった理由の一つは、長きに渡って多くの地域で lingua franca として、つまり共通のコミュニケーション手段として使われてきたということがあげられる。アジア・アフリカ・太平洋の各地域では、特に、商取引その他の実用的目的のために異なる民族集団が接触（交流）した沿岸地域でよく見られることなのだが、英語を話す集団がこれらの地域特有の言語を話す集団との接触を通し、英語が地元の言語と接触し、「単純化（simplification）」及び「混種化（交雑化）（hybridization）」のプロセスを経て、極めて特殊な諸特徴を獲得するようになった。このようなプロセスによって、生じたごく小規模な「混成言語（a hybrid form of language」が「英語系ピジン（Pidgin English）」である。

　ピジン語は「寄与言語（the contributing language）」の文法と語彙が極端に単純化されているというのがその特徴であり、日常的に話されたり、母語として話されるというのではなく、共通の言語を持たない人々の間で、ある限られたコミュニケーションの必要性が生じたときにのみ使われるいわば補助言語である。

　ところが、地元の地域が多言語社会である場合、例えば英語話者と地元の人々とのコミュニケーションのみならず、お互いの部族同士のコミュニケーションにおいても、ますます多くの人々がピジンを使用するようになる。そして、その使用域もますます増加するようになると、その文法と語彙が拡大し、複雑化する。このようにして年月が重なると、次の新しい世代がこのピ

ジンという変種を母語として習得し，日常的に使用するようになる。この段階に達すると，この種のピジンは言語としてのほぼ完全な機能を備えるようになり，クレオールと呼ばれることとなる。ピジンがクレオールになるということは，その音韻・文法・語彙のすべてがさらに複雑化し，日常生活におけるコミュニケーション手段としての機能をすべて備えていて，日常のあらゆる状況においてそれが使われるということである。このようなプロセスを経て，世界各地域で使われているピジン・クレオール英語として現在注目されているものの大部分は，海洋時代に大英帝国がアジア，アフリカ，南太平洋の各地に進出し，交易や植民地の建設，奴隷貿易などを通して現地の人々と交流し，英語と現地のことばとの言語接触の結果生まれたものである。この中で，西インド諸島の代表としてジャマイカのクレオール，北アメリカの代表として米国黒人英語，オセアニア地域の代表としてパプア・ニューギニアのトク・ピシンを取り上げ，特にそれらの言語的特徴を具体的に示し，整理・分析を試み，その背後に見られる共通点，単純化の合理性などを明らかにする。

3 ジャマイカン・クレオール（Jamaican Creole）

世界中の英語系クレオールには，その言語的特徴に多くの類似性があり，特に文法構造において顕著である。例えば，カリブ海及び米国における黒人奴隷たちによって最初に使われたプランテーション・クレオールには，西アフリカの諸言語の影響が色濃く見られたが，その後優位に立つ白人英語話者達との接触の結果，ますます英語の影響にさらされることとなった。このように，優勢な親言語の方向へと移行させようとする圧力の存在する地域では，「クレオール以後の言語連続体（post-creole continuum）」が形成されることとなる。この連続体の片方の端には，社会的に最も威信のある変種"acrolect"，つまり標準的な方言に最も近い変種が存在し，一方反対側の端には最も威信のない変種"basilect"が存在する。そして，この両極の中間には複数の中間変種"mesolect"が存在する。このうち，"acrolect"が強力で制度化された英語の変種へと発展するような場合には，「脱クレオール化

(decreolization)」といわれる段階が起こりうる。この段階が生ずると、それ以外のクレオールの諸変種に対する汚名度が増加し、公式の場や教育の場から除外されることになるかもしれない。こうなると、時として、最終的にはクレオールそのものも一緒に消滅するという事態に発展することもありうる。ただし、そのクレオールの最終的な運命はその話者たちがそのクレオールを評価し守ろうとするかどうかとその方法・手段に依存することが多い。

「ジャマイカン・クレオール（Jamaican Creole）」あるいは「ジャマイカン・パトワ（Jamaican Patwa）」と呼ばれる英語系クレオールは、ジャマイカにおける「クレオール以後の言語連続体」のうち、"acrolect" としての「ジャマイカ英語の変種」とともに "basilect" として存在する変種であり、西インド諸島の人々が英語圏の国々、特に英国に移住したことによって、また人気のあるカリブ海文化、特にレゲエ音楽の多大なる影響によって、国際的に広く知られるようになった。英国に移住した多くのジャマイカ人たちは、日常生活で、また「歌詞（song lyrics）」、「詩」などにおいてパトワを積極的に使用してきており、しかもパトワを使うこと自体が、主流の文化への同化を促す圧力に対する反抗の象徴であり、教育の場や職場において優勢集団による彼らへの不当な迫害に対する反抗の象徴であることが多い。

「ジャマイカン・パトワ」の語彙に見られる、最も顕著な音韻・つづり法・句表現に焦点を絞り、その特徴を次に紹介する。

【音韻】
（1）母音
1）標準英語で /ɔː/ 及び /o:/ と発音される母音が / a (:) / となり、それがつづり字に反映される。

　aal / al（＜all）, aala / alla（＜all of）, aan（＝awn＜on）, aas / haas（＜horse）, aaspital / aspital（＜hospital）, actapuss（＜octopus）, actoba（＜October）, agany（＜agony）, ahgus（＜August）, all（＝all）, are（＜or）, aaf（＝arff＜off）, aringe（＝arinj＜orange）, 'at（＜hot）, bady（＜body）, barrah（＝barra＜borrow）, barrows（＝borrow）, battam（＜bottom）, baan（＝bawn＝born）, bax（＜box）, becaa（＝ca＝caa＝becawsen＜because）, caal（＜call）, caan（＜

corn), cack (＜cock), carrat (＜carrot), cawd (＜cord), cawfi / cawfee (＜coffee), etc.
2) 短母音が長母音化する現象がつづり字に反映される。
　aaf (＜off), aal (＜all), 〜, eee / 〜, eeh (=〜, isn't it?), een / eena, eenai (＜in), eento (＜into), Eh eeh (=what?), glaas (＜glass), goal (＜gold), haad (＜hard), haag (＜hog), haan (＜horn), haas (＜horse), etc.
3) 二重母音が単母音化する現象がつづり字に反映される。
　ah (＜I), aringe (＜arrange), arohn (＜around), assin (＜assign), bambai (=bambaie=bambye＜by and by), brohn (＜brown), champong / (＜champion), chewsdeh (Tuesday), coh (＜cow), crasses (＜crisis), dung (＜down), fahyah / fayah (＜fire), getweh (＜get away), gu (＜go), guweh / gwey / gweh (＜go away), etc.
4) 語頭に母音（音節）が付加されたり，二重母音の各母音の交換がみられる。
　astray (＜stray), bluo (＜blow), etc.
(2) 子音
1) 「有声・歯間・摩擦音」/ð/ が /d/ に，「無声・歯間・摩擦音」/θ/ が /t/ となる傾向があり，それがつづり字に反映される。その結果，例えば oath と oat 及び，though と dough が同音異義語的関係となる。
/ð/: adda / ada (＜other), aldoah (＜although), altogeder (＜altogether), anada (=annada=anneda＜another), fahda (＜father), mada (＜mother), badda / bodder (=bada＜bother), bredda / bredah (＜brother), da / dah / a (＜that, the), dan (＜than), dat (＜that), de (＜the), di (＜the), diadda (＜the other), dis (＜this), dose (＜those), duss (＜that's), eida / eider (＜either), fada / fahda (＜father), etc.
/θ/: autority (＜authority), boat (＜both), breat (＜breath), chute (＜truth), claat / cloot / claut / clawt / clot / clout (＜cloth), det (＜death), eartquake / eartshake (＜earthquake), everyting (＜everything), faitfull (＜faithful), etc.

2) 語頭の音素 / h / が脱落する。

　　aaspital（＝aspital＜hospital），affi（＝haffi＜have to），ammasi（＜have mercy），an（＜hand），appie（＜happy），ar（＜her），arbor（＝arbour＜harbor），art（＜heart），at（＜hat），'at（＜hot），av（＝ave＜have），awa（＝hour），ear（＜hear），eavy（＜heavy），ello（＜hello），emp（＜hemp），erb（＜herb），av（＜have），etc.

　　ただし，単語の最初が母音で始まるときには音素 / h / が付加されることがある。

　　heat（＜eat），hask（＜ask），heat（＜eat），hegg（＜egg），hiez / ears / ies（＜ears），hile（＜oil），etc.

3) 子音の順序が逆転することがある。

　　aks（＝axe, ax＜ask），cerfitikate / cerfitikit（＜certificate），espido（＜episode），felicity（＜facility），etc.　　cf. flim（＜film）

4) 音素 / ŋ / が / n / となり，つづり字が＜-ing＞⇒＜-in＞となる。

　　ascawdin（＝ascordin＜according），bein（＜being），buildin（＜building），fishnin（＜fishing），goin / gwine（＜going），halla' rin（＜hollering），etc.

5) 子音 / l /，/ d / が母音化したり脱落したりする。

　　awrite（＜all right），azways（＜always），bendung（＜bend down），foo / fu（＜fool），etc.

6) 音素 / v / が，同じ唇音系の / b / となる。

　　bender（＝vender＜vendor），bex（＜vex），bexation（＜vexation），bickle（＜victual），debbil（＜devil），dribe（＜drive），driber（＜driver），ebba / ebber（＜ever），ebery（＜every），eeben（＜even），faba（＜favour），gubonor（＜governor），hab（＜have），etc.

7) 音素 / t / および / d / が同じ調音法（閉止音系）の / k / 及び / g / となることがある。

　　bokkle / bokl（＜bottle），genkly（＜gently）; cangle（＜candle），hangle（＜handle），etc.

8) 音素 / t, tr, st / が摩擦音系の / tʃ / / dʒ / になることがある。

chigga / jigga（＜trigger），chobble（＜trouble），Choosday（＜Tuesday），chowe

(＜throw：ch＜t＜th)，chu（＜true），chuck（＜truck），chune（＜tune），chupid（＜stupid），chute（＜truth），etc.

9) 音素 / l / が半母音 / r / になることがある。

　　direc（＜dialect）

10) 語頭や語中に，/ k, w, y, t, b, n, g / などの子音が挿入されることがあり，つづり字にそれが反映される。

　　bunks（＜bounce），bwaile / bwile（＜boil），bwoy / bwai（＜boy），cyar / cyaar（＜car），cyane（＜cane），deestant / destant（＜decent），fambilly / fambly（＜family），fishnin（＜fishing），foolynish（＜foolish），gyaabige（＜garbage），gyal / gal（＜girl），gyap（＜gap），gyarden（＜garden），dung（＜down），yai（＜eye），etc.

11) Non-rhotic である。つまり，card や water などのように，母音直後（あるいは子音直前や語尾）で / r / が発音されない。

　　afta（＜after），aftawud（＜afterward），Anda（＝unda＜under），anywhe（＜anywhere），baak（＜bark），baan（＜burn），fahda（＜father），mada（＜mother），bad wud（＜bad word），tun bad（＜turn bad），badda（＝bada＜bother），ban（＜burn），begga（＜begger），benta（＜venture），betta（＜better），bigga（＜bigger），boad（＜board），bood / bud（＜bird），buttafly（＜butterfly），caad（＜card），caan（＜corn），cabba（＜cover），cawd（＜cord），cella（＜celler），chatta（＜chatter），chokey（＜choker），chuch（＜church），rubbas（＜rubbers），coodeh（＜look there），etc.

12) 最終語尾子音連結の「無声音化」，「簡略化」及び「脱落」が見られ，それがつづり字に反映される。

　　accep（＜accept），adap（＜adapt），ahgus（＜August），an（＜hand），arres（＜arrest），baddis（＝badis＜baddest），bans（＜bands），beas（＜beast），behine（＜behind），behole（＜behold），ben（＜bend），bess / bes（＜best），bigges / biggis（＜biggest），bline（＜blind），boas（＜boast），bole（＜bold），bran（＜brand），breas（＜breast），bris（＜brisk），buil（＜build），bus / buss（＜bust），ches（＜chest），chile（＜child），cole（＜cold），collec（＜collect），connec（＜connect），constab（＜constable），cowl / cole（＜cold），craaf（＜

craft), cyaa / cyan (＜can't), etc.

(3) 音の連続

1) 同化現象が見られる。つまり，前・後の子音の影響を受けて，類似した子音となることがあり，それがつづり字に反映される。

　　ammasi (＜have m̲ercy) (直後の / m / 音の影響で / v / が / m / となる)，azways(＜always̲), bimma / bimmah / bimmer(＜B̲MW), dandimite / dandomite (＜dynamite), fishnin (＜fishing̲), gimme (＜give m̲e), grieviance (＜grievance), hamassi (＜have m̲ercy), etc. (下線部は同化の影響源を示す。)

2) 子音連結を避けようとする現象が見られる。前述の，最終語尾子音連結の「無声音化」，「簡略化」及び「脱落」などの現象は，ある意味では子音連結を避けようとする普遍的現象であるが，そのほかの例として次のようなものが発見できた。

　　affa (＜after), affi (＜have to), areddi (＜already), atta (＜after), etc.

3) 語頭・語中・語尾の音（節）が脱落することがある。

ⅰ) 語頭

　　boat / boht / bout(＜about), ca / caa / caw / becaa(＜because), catch / cratch (＜scratch), ceitful (＜deceitful), dacta (＜conductor), coo / cu / ku (＜look), coodeh (＜look there), cooyah / cuyah (＜look here, look you), craas / crass / craas (＜across), fore (＜before), fraid (＜afraid), fraidness (＜afraidness ＝fear), gains / gense (＜against), gree (＜agree), etc.

ⅱ) 語中

　　febry (＜February)

ⅲ) 語尾

　　braa / bra / brer (＜brother), coulda (＜could have), cunny (＜cunning), cyai (＜carry it), Dadooi! (＜don't do it!), diss / dis (＜disrespect), doah / doan (＜don't), getti / getty (＜get it), Gi (＜give), gooda (＜woulda＜would have), ha (＜have), haffi (＜have to), etc.

【つづり字法】

(1) 発音に忠実なつづり字法が数多く見られる。今までに紹介した「ジ

ャマイカン・パトワ」の音韻的特徴がそのままつづり字法に忠実に反映されていることは明らかだが，後述の「トク・ピシン」のつづり字法との共通点ともいえるので，その顕著な例を改めて次に列挙する。

anda（＝unda＜under），areddi（＝areddy＝arredi＜already），awile（＜awhile），awrite（＜all right），bisnes / bisnis（＜business），chewsdeh（＜Tuesday），cigarette（＜cigarette），crismus（＜Christmas），cum（＜come），cyaa dweet（＜can't do it），cyabage（＜cabbage），det（＜debt），diffrant（＜different），diportee / dippy（＜deportee），donki（＜donkey），dun（＜done），dweet / dwi（＜do it），ediat（＜ediot），edicated（＜educated），edication（＜education），ef（＜if），enkle（＜ankle），enuf（＜enough），farin / forien（＜foreign），etc.

（2）「ジャマイカン・パトワ」独特の造語が見られる。

Appricilove（＝appreci＋ate (hate)⇒appreci＋love），fashionist, facialist, fretration, frightenation（＝fright），fraidness（＜afraid＋ness＝fear），etc.

【その他の語彙表現の特徴】

（1） 反復による表現

単語や音節を繰り返して新たな意味を付加する造語・表現方法は，少ない語彙を補うためのいくつかの方法の一つであり，世界中に分布しているピジン・クレオールに共通した特徴でもある。後述の，トク・ピシンにも広範に見られ，さらに多様な形態を持っている。

picky-picky（＝choosy），one one（＝all alone），back back（＝turn upside down），bada bada（＜bother too much, annoy），bangarang（＝noise, fuss），bata bata（＝batter repeatedly），beg-beg（＜beg persistently），begibegi（＝begibegiman＝begger），boonoonous（＝wonderful），bram-bram, cabba-cabba, chaka-chaka / chuck-up chuck-up, chat-chat, chi-chi, chi-chi bud（＜a little bird），chi-chi bus（JUTC bus），chi-chiman（＜homosexual, gay man），choogoo choogoo, cry-cry, cuss-cuss / kass-kass, cutie cutie, da da da…, etc.

（2） 同一語彙

標準英語と同じつづり字を持つ単語も多数用いられており，現地語に対する英語の力学的関係を反映している。これは，後述の「トク・ピシン」とは

かなり異なる特徴といえる。

bash, bashment, bath, bear, bed, beg, bell, belly, bench, big, black, blood, blouse, skirt, blow, blue, body, book, boom, bread, broom, brutality, bullet, bully, bump, bush, buy, buyer, camp, candy, cane, cap, carry, case, cease, cemetery, chant, chat, cheap, check, chew, chicken, chief, chill, city, clean, clear, come, control, cook, cool, count, cow, crash, cream, creep, crowd, crown, crucial, cry, culture, curfew, curry, cut, damage, day, dead, dear, daspora, did, dig, etc.

4 米国黒人英語（African American Vernacular English：AAVE）

　米国におけるアフリカ系子孫である多くの人々によって話されている「アフリカ系アメリカ人の日常英語（African American Vernacular English）」あるいはAAVEは，米国の様々な地域で報告されている多くの特徴を共有しており，米国の他の地域方言とは異なる独自の民族変種といえる。ただし，米国のすべての黒人たちがこの変種を話しているというわけではない。例えば，より恵まれた環境にある社会経済的階層に属し，高度な教育を受けた黒人話者たちは必ずしも自分の発話にこのようなAAVE的な特徴を使うわけではなく，この種の変種に対してはより複雑な態度・感情を抱いているかもしれない。しかしながら，より若い黒人話者たちは自分が属する仲間集団の団結・帰属意識の象徴としてこのAAVEを使う傾向がある。

　AAVEが標準英語やその他の英語の変種と異なる理由については，AAVEの歴史を思い浮かべればよい。西アフリカの国々で奴隷として捕獲され，奴隷船で新大陸アメリカに送られ，様々なプランテーションでの労働力として，過酷な状況に置かれ，やがて奴隷解放と，南部の農業の機械化により，職を失い北部の大都市へと移住していった黒人たちの歴史の中で，育まれてきたAAVEの起源はまず，西アフリカでの奴隷収容所を中心とした奴隷商人たちとの交流接触の中から生まれたピジン語に端を発すると言える。ここでのピジン語習得が，新たな言語習得のプラクティスとなり，次は奴隷船の

船倉での異部族とのコミュニケーションとなり，さらに最終的に新大陸の農場での「プランテーション・クレオール」の習得へとつながる。

　AAVEの起源については，1)「プランテーション・クレオール」に由来し，そのクレオールは「アフリカでの英語系ピジン（an English-based pidgin）」，即ち「ある種の接触言語（a contact language）」に由来するとする説，2) 奴隷たちが白人話者たちから採取したいくつかの不完全な変種に基づいた英語の南部方言の一種であるとする説，3) 西アフリカの諸言語に由来することを強く主張し，これに「エボニクス（Ebonics）」という用語を使う人々の説などがあるが，いずれもそれなりの根拠はある。(Tottie, 2002：227) 例えば，AAVEの「相体系（aspect system）」や「アフリカ系借用語（African loanwords）」などは「クレオール派（'creloist'）」の理論を支持するであろうし，一方黒人奴隷たちが南部の白人農場労働者たちの方言を採取してきたとする説は「方言学者（'dialectologists'）」たちの見解を支持すると思われる。ただし，むしろ黒人たちの話していたクレオールが米国南部の白人たちの英語に多大な影響を与えてきたという側面も忘れてはならない。奴隷制に基づいたプランテーション農業を実施していた各州の分布と，米国南部方言の分布とがぴたり一致するという客観的事実がその根拠となるだろう。方言を起源とするにせよ，クレオールに基づいているとするにせよ，AAVEがそれ自体独自の変種として扱われていることは確かであり，少なくとも他の地域方言とは異なる独自の歴史をたどってきたということを示していると言えよう。

　AAVEの言語的特徴を音韻面，文法面，語彙面に分けて，次に簡単に紹介する。

【音韻的特徴】

(1) AAVEの音韻的特徴（母音）の中には南部アメリカ英語と共通したものがある。

1) 二重母音の単母音化 /aɪ/ ⇒ /aː/：hide, I, time, 特に有声子音の直前で顕著である。
2) 鼻音の直前で短母音 /e/ と /ɪ/ が融合するため，例えばten と tin の

音素上の区別がなくなり，同音異義語となる。

(2) 標準アメリカ英語と異なる子音の特徴

1) 母音直後の / r / の欠如 (non-rhotic)：語尾及び子音の直前で，「母音直後の r (post-vocalic r)」が欠如する。

　　例えば，door, short, board, father, there, etc.

2) 母音間の / r / の欠如：

　　例えば，Ca'l (＝Carol), ma'y (＝marry), inte'estin (＝interesting), o'ange (＝orange), a'ow (＝arrow), sto'y (＝story), etc.

3) 語尾子音連結の単純化：最終子音が脱落する。

　　例えば，res'(＝rest), chil'(＝child), col'(＝cold). lef'(＝left), cen' (＝cent), 'cep'(＝except), roun'(＝round), use'(＝used), finish'(＝finished), open'(＝opened), call'(＝called), etc.

しかも，この単純化が形態論上の影響をもたらすことがある。例えば，tes'(＝test) の複数形は，tes'es [tesɪz] (＝tests) となる。

4) 「歯間摩擦音 (dental fricatives)」の発音は，単語の語頭，語中あるいは語尾のどこに現れるかによって異なる。

　ⅰ) 語頭の / ð / および / θ / はそれぞれ / d / および / t / となる。

　　例えば，de (＝the), dis (＝this), dem (＝them), wid (＝with), ; ting (＝thing), tree (＝three), trea'(＝thread),

　ⅱ) 語中・語尾の / ð / および / θ / はそれぞれ / v / および / f / (あるいは / t /) となることがある。

　　例えば，bruvver (＝brother), anov' (＝another), wiv'em (＝with them); nuf'n (nut'n) (＝nothing), birfday (＝birthday), bof (＝both), etc.

5) 側音 / l / の母音化・脱落。

　　例えば，a'ways (＝always), wo'f (＝wolf), schoo's (＝schools), yourse'f (＝yourself)', gir'(＝girl), specia'(＝special), I go (＝I'll go), etc.

6) -ing の発音 / ŋ / が / n / となる。例えば，dancin'(＝dancing)

7) 「音位転換 (metathesis)」：ある種の子音の配列順序が逆転する。

例えば, ask ⇒ aks (=axe) cf. espido (=episode), felicity (=facility), flim (=film), etc. (Jamaican Creole: p 126 参照)
(3) 超文節音素的特徴（リズム・イントネーション）：語頭の音節が脱落するという，いわば「単語のリズム」の特徴がつづり字に反映される。例えば，'bout (=about), 'member (=remember), 'cause (=because), etc.

このうち，特に「二重母音の単母音化」，「母音直後の / r / の欠如 (r-less ; non-rhotic)」，「語尾子音連結の単純化：最終子音の脱落」，「歯間摩擦音 (dental fricatives)」の発音」，「-ing の発音： / ŋ / が / n / となる」，「音位転換 (metathesis)」：ある種の子音の配列順序逆転」，「超文節音素的特徴（リズム・イントネーション）：語頭の音節の脱落」など，前述の「ジャマイカン・クレオール」との共通点が極めて多いことが分かる。ジャマイカはまさに奴隷貿易の中心地であったこと，また島国であり，歴史的に米国本土の影響を比較的受けにくかったこともあり，プランテーション・クレオールの特徴を比較的多く残していることがここに反映されていると言えよう。

【文法的特徴】
（1） Be 動詞による相表現
　ⅰ）Be 動詞の脱落：copula および助動詞としての be がしばしば脱落する。
　　She a teacher. (=She's a teacher.), She gonna study. (=She's going to study.), He kind. (=He is kind.)
　ⅱ）不変形 Be の用法：「習慣や頻繁に起こること」を表すときに用いる。
　　Most of the problems always be wrong.
　　Sometimes we just be joking.
　　He be kind. (=He is always kind.) (cf. He kind (=He is kind, now.))
（2） 過去時制による相表現
　　He done gone. (=He went recently.)
　　He been gone. (=He went a long time ago.)

(3) 未来表現は助動詞 will で表されるが，will の縮約形 'll はすでに述べたように音素 /l/ は一般に母音化・脱落するので，通常は消えてしまう。また，未来時制の完了形は標準英語では＜will have＋past participle＞であるが，AAVE では＜be done＋past participle＞となる。

  He be done finished his work.（＝He will have finished his work.）

(4) 主語と動詞の呼応関係が非標準的である。

  They is here ; He don't sing.

(5) 否定構文の特徴

 ⅰ) ain't の多用。

  You ain't got time.（＝You have not got time.）; Ain't nothing going to happen.

 ⅱ) 多重否定構文の多用。

  Ain't got no money.; N'on' hardly do nofin' on Sundays.; I ain' never heard nobody beg like that. I ain' know notin' abou' no stolen money.; Nobody else don' say notin', neither.

 ⅲ) 否定文において主語の代名詞が省略されることがある。

  Ain't got no money.

 ⅳ) 主語が nothing, nobody などの否定語の場合，平叙文で主語と助動詞が倒置されることがある。これは，多重否定構文の多用により否定強調の機能が失われ，それを補うためにこの種の否定倒置構文が生まれたと考えられる。

  Didn't nobody gi' me not'n'.（＝Nobody gave me anything.）

  Didn't nothin' go right. (=Nothing went right.)

(6) 存在を表す構文で，there の代わりにしばしば it が使われる。

  例えば，It's a car outside.（＝There's a car outside.）; It ain't nothing we can do.（＝There are nothing we can do.）; It ain't no colour in her face.（＝There are no colours in her face.）

5 トク・ピシン（Tok Pisin）

　パプア・ニューギニアの歴史を紐解くと，そこに多くの民族の接触があり，その中からトク・ピシンが生まれ育まれてきた。クイーンズランドやその他の島々にあるプランテーションにおいて，様々な言語を母語としていた太平洋諸島の島々出身の労働者たちの接触を通して生まれたトク・ピシンは，英語を基盤としてはいるものの，ドイツ語やポルトガル語，オーストロネシア系の諸言語（各島々から送り込まれた労働者達の母語）からの語彙や発音を取り入れ，皮肉にもパプア・ニューギニアがドイツ統治下に置かれた時期に英語系ピジン，トク・ピシンとして確立していった。

　支配する側と支配される側との意思疎通のための手段として，またそれぞれ異なる母語を持つもの同士のコミュニケーション手段としての「共通語（lingua franca）」としてますます需要が高まり，いまやパプア・ニューギニアの公用語として，約120万人の人々にとっての第１言語（つまり，クレオール語）であり，また約300〜400万人の人々にとっての第２言語（つまり，ピジン語）として使用されている。

　トク・ピシンの音韻とつづり字法に焦点を合わせ，その特徴を明らかにしてみると，その背後に見られる特徴の根幹を成す，ピジン・クレオールに共通して見られる「単純化」とその「合理性」を浮き彫りにすることができる。トク・ピシンの音韻の特徴としては，1) 最終子音連結の単純化，2) 母音直後の /r/ 音の欠如，3) 各種子音の単純化（より多くの子音からより少ない子音への集約），4) 母音の数（/i, e, a, o, u/）が少ないための各種母音の単純化，などが挙げられるが，これらの特徴がそのままトク・ピシンのつづり字法に敏感に反映されている。と同時に，その単純化が発音に忠実なつづり字法に生かされ，実に合理的である。

　標準英語に見られる発音とつづり字法の複雑・かつ不合理な関係をことごとく解消し，トク・ピシンの使用者・学習者にとって分かりやすく使いやすいつづり字法が随所に見られる。

1) 最終子音連結の単純化（最終子音の脱落）：
　　Ogas（＜August）, han（＜hand）, win（＜wind）, winim（＜wind-im＝blow）, boipren（＜boyfriend）, bamim（＜bamp-im＝bump）, wel（＜wild）, welpik（＜wild pig）, simen（＜cement）, kol（＜cold）, dentis（＜dentist）, daimen（＜diamond）, distrik（＜district）, raun（＜round）, dokta（＜doctor）, dua（＜door）, das（＜dust）, es（＜east）, ia / yau（＜ear）, Ista（＜Easter）, eksosopaip（＜exhaust pipe）, passim（＜fasten）, hostes（＜hostess）, etc.

2) Post-vocalic / r / の脱落：
　　akeselareta（＜accelerator）, plasta（＜adhesive plaster）, epot（＜airport）, alta（＜altar）, anka（＜anchor）, ami（＜army）, ba（＜bar）, baman（＜barman）, bia（＜beer）, bipo（＜before）, mobeta（＜more better）, masta（＜master）, brata（＜brother）, bata（＜butter）, calenda（＜calendar）, ka（＜car）, kabureta（＜carburetor）, kas（＜cards）, kago（＜cargo）, katen（＜carton）, sot（＜short）, sentimita（＜centimeter）, wara（＜water）, etc.

3) 音素・音節の脱落
　ⅰ) 語頭：
　　pret（＜afraid）, gen（＜again）, long（＜along）, lait（＜bright）, lektrik（＜electric）, gohet（＜go ahead）, etc.
　ⅱ) 語中
　　apinum（＜afternoon＝evening（early））, parairais（＜fried rice）, praipan（＜frying pan）, gavman（＜government）, hakisip（＜handkerchief）, hap kaikai bilong asde（＜half food belong yesterday）, olgeta（＜altogether＝completely）, etc.
　ⅲ) 語尾
　　bel（＜belly）, orait（＜all right）, golo（＜globe）, etc.

4) 子音音素の代用・変化
　ⅰ) / z, ʃ, ts, tʃ, dʒ / ⇒ / s /
　　/ z /：isi（＜easy）, eksosopaip（＜exhaust pipe）; / ʃ /：buksop（＜bookshop）, bras / brus（＜brush）, bus（＜bush）, busnaip（＜bush knife）, sot

(＜short), sip (＜ship), dis (＜dish), Inglis (＜English), pinis (im) (＜finish), pis (＜fish) ; / ts / : boskru (＜boat's crew) ; / tʃ / : masis (＜matches), bros (＜brooch), sans (＜chance), senis (＜changes (small money)), sas (＜charge), sips (＜chips), soklet (＜chocolate), sopstik (＜chopsticks), sios (＜church), hamas (＜how much), kisen (＜kitchen), hankisip ; / dʒ / : ensel (＜angel), kabis (＜cabbage), bris (＜bridge), ensin (＜engine), jas (＜judge), etc.

ii) / d / ⇒ / t /

bet (＜bed), blut (＜blood), bret (＜bread), rot (＜road), klaut (＜cloud), baksait (＜back side＝rear), spet (＜spade), haitim (＜hide＝conceal), paiawut (＜firewood), gut / gotpela (＜good), gut nait (＜good night), het (＜head), haitim (＜hide), etc.

/ g / ⇒ / k /

bek (＜bag), pik (＜pig), welpik (＜wild pig), koan! (＜go on!), kirap / sanap (＜get up / sun up＝get up), etc.

cf. beng (＜bank), dring (＜drink (n.)), etc.

iii) / f / ⇒ / p /

pret (＜afraid), apinun (＜afternoon), paitim (＜fight), bipo (＜before), bilip (–im) (＜believe), busnaip (＜bush knife), kopi (＜coffee), konpesen (＜confession), inap (＜enough), eksosopaip (＜exhaust pipe), pes (＜face), etc.

iv) / l / ⇒母音化⇒ φ

belo (＜bell), orait (＜all right), hap (＜half), hapkas (＜half-cast), hap pas seven (＜half past seven), hapim (＜halve), etc.

/ r / ⇒ / l /

laplap (＜wrap wrap＝colth), tulait (＜too bright＝very bright), lait (＜bright), etc.

v) / θ / ⇒ / t /

katolik (＜catholic), saut (＜South), ting / tingting (＜think),

/ ð / ⇒ / d, r, t /

/ d /：hidden（<heathen）；/ r /：narapela（<anotherpela），arasait（<other side）；/ t /：ating（<either），brata（<brother），

5) 二重母音の単母音化，特に標準英語の二重母音 / ei / が単母音 / e：/ に，また同様に二重母音 / ou / が単母音 / o：/ への変化が見られた。
   - / ei / ⇒ / e：/ ：de（<day），gre（<grey），haiwe（<highway），
   - / ou / ⇒ / o：/ ：gro（<grow），

6) 母音・子音・音節の挿入
   kilogiram（<kilogram），golo（<globe），giram（<gram），(cf. gras（<grass），hama / hamarim（<hammer），harim（<hear），haisapim / apim（<high up / up＝hoist，lift up），bulmakau（<bull cow＝beef），hangamapim（<hang（something）up），

7) つづり字法の単純化と発音至上主義
   標準英語のつづり字法と比較して，トク・ピシンにおいてはつづり字の「単純化」が目立つ。具体的には，標準英語で4文字でつづる部分が3文字で，3文字でつづる部分が2字あるいは時に1字で，また2字でつづられる部分がしばしば1字で，さらに1文字でつづられていた部分が欠落するなど，総じて文字数が減少しているのが特徴である。

a. 二重子音字の単一化（dd→d，ss→s，tt→t，ll→l，bb→b，rr→r，ff→p，nn→n，etc.）
   address＞adres，cross（＝angry）＞kros，battery＞bateru，bill＞bil，boss＞bos，bottle＞boto，button＞baten，cabbage＞cabis，carrot＞karet，carry＞karim，cassava＞kasava，cassette＞kaset，cigarettes＞sigaret，coffee＞kopi，confession＞konpesen，cotton＞katen，grass＞gras，funnyman＞paniman，gallon＞galen，glass＞glas，etc.

b. 二重母音字の単一化（oo→u，oo→o，ee→i，etc.）
   afternoon＞apinun，bamboo＞mambu，blood＞blut，book＞buk，brooch＞bros，cook＞kuk / kukim，firewood＞paiawut，four-wheel drive＞fowil draiv，school＞skul，green＞grin / grinpela，etc.

c. 二重異子音字の単一化（ch→k，ch→s，ck→k，gh→p，gn→n，etc.）
   anchor＞anka，chopsticks＞sopstik，back＞bek，cock（＝penis）＞

kok, enough＞inap, gnat＞natnat, etc.

d. 二重異母音字の単一化（ai→e / i, au→a / o, ea→e / i / u / a, ui→e / u, ue→u, ei→e, oa→o, ou→a, ie→e / i, oe→u, etc.）

again＞gen, August＞Ogas, beads＞bis, beans＞bin, because＞bikos, captain＞kapten, biscuit＞bisket, blue＞blu, boat＞bot, bread＞bret, break＞brukim, suitcase＞sutkes, road＞rot, clean＞klin, clean（vb.）＞klinim, coat＞kot, easy＞isi, country（nation）＞kantri, cousin＞kasen, meaning＞mining, double＞dabolim, dry biscuit＞draibisket, Easter＞Ista, eight＞et / etpela, etc.

e. 二重母子音字の単一化（aw→o, ir→e, or→a / o, ay→e, er→a / e, ar→a, etc.）

law＞lo, day＞de, Easter＞Ista, fortnight＞fotnait, girl＞gel, work＞wokim, kilometer＞kilomita, Germany＞Jemeni, butter＞bata, councilor＞kaunsila, plaster＞plasta, accelerator＞akeselareta, airport＞epot, altar＞alta, anchor＞anka, barman＞baman, more better＞mobeta, etc.

f. 二重異子音字の脱落（gh→φ）

bright＞lait, fortnight＞fotnait, eight＞et / etpela, good night＞gut nait, etc.

g. 三重母子音字の単一化（ear→a, our→a / o, air→e, ore→o, are→e, ure→a, etc.）

heart＞hat, hear＞harim 1), colour＞kala, course＞kos, court＞kot, courthouse＞kothaus, gearbox＞giabokis, airport＞epot, before＞bipo, more better＞bobeta, fare＞fe, four＞fo, four wheel＞fowil, heart＞hat, picture＞piksa, house picture＞haus piksa, etc.

h. 三重母子音字の二重化（oor→ua, wer→ua, our→oa, ear→ia, eer→ia, ere→ia, etc.）

door＞dua, interviewer＞intaviua, four＞foa, gearbox＞giabokis, dear＞dia, beer＞bia, floor＞plua, here＞hia, etc.

8) 語尾の＜e＞の脱落

標準英語のつづり字で，単語の語尾にしばしば現れる文字＜e＞は，ト

ク・ピシンでは一貫して脱落する。この文字<e>は，現代英語では発音を示すものではないので，「発音に忠実なつづり字」という立場からは本来必要のないものであり，したがってトク・ピシンでは使われない。ここにもトク・ピシンのつづり字法における合理性が見られると言えよう。

  haus（<house），bun（<bone），brek（<brake），kek（<cake），sutkes（<suitcase），kaset（<cassette），tebol（<table），taim（<time），kam（<come），kos（<course），kothaus（<courthouse），disaipel（<disciple），dabolim（<double），edukeitim（<educate），eksosopaip（<exhaust pipe），fiftifaiv（<fifty-five），fail（<file），faiv / faipela（<five），etc.

9) 黙字の脱落

  kom（<comb），ailan（<island），naip（<knife），aua（<hour），ain（<iron），etc.

参考文献

Arends, Jacques, Pieter Muysken and Norval Smith. eds. *Pidgins and Creoles : An Introduction*. Amsterdam : John Benjamins Publishing Company, 1995.

Crystal, David. *English as a Global Language*. 2 nd ed. Cambridge : Cambridge University Press, 2003.

Davies, Diane. *Varieties of Modern English : An Introduction*. Harlow : Pearson Education Limited, 2005.

Gorlach, Manfred. *Englishes : Studies in Varieties of English 1984-1988. Varieties of English Around the World*. Amsterdam : John Benjamins Publishing Company, 1991.

Hall, Robert A. *Hands Off Pidgin English!* Sydney : Pacific Publications PTY. Ltd, 1954.

Hancock, Ian F. ed. *Diversity and Development in English-Related Creoles*. Ann Arbor : Karoma Publishers, Inc, 1985.

Holm, John. *An Introduction to Pidgins and Creoles*. Cambridge : Cambridge University Press, 2000.

Sebba, Mark. *Spelling and Society : The Culture and Politics of Orthography around the World*. Cambridge : Cambridge University Press, 2007.

Singh, Ishtla. *Pidgins and Creoles : An Introduction*. London : Arnold, 2000.

Smith, Larry E. and Michael L. Forman. *World Englishes 2000. Literary Studies East and*

West. Honolulu: University of Hawai'i, 1997.

Tottie, G. An Introduction to American English. Oxford: Blackwell, 2002.

Voorhoeve, Jan. and Ursy M. Lichtveld. eds. *Creole Drum : An Anthology of Creole Literature in Surinam*. New Haven : Yale University Press, 1975.

池田雅之・矢野安剛編『ヨーロッパ世界のことばと文化』成文堂, 2006。

河原俊昭・山本忠行編『多言語社会がやってきた』くろしお出版, 2004。

森本幸代『パトワ単語帖』Mighty Mules' Bookstore, 2006。

杉本豊久「Tok Pisin のつづり字法・語彙・句表現―その単純化と合理性―」『成城モノグラフ』No. 40, 2008。

杉本豊久「グラスゴー方言―その音韻・つづり字法・語彙―」『成城文藝』第 200 号, 2007。

杉本豊久「爆発する英語：グローバル英語の時代」『英語教育』Vol.50, No.2, 大修館書店, 2001。

杉本豊久「接触言語の変容（II）―ジャマイカン・イングリッシュのライフサイクル―」『成城文藝』第 138 号, 1992。

杉本豊久「ピジンとは何か，クレオールとは何か」『言語』Vol. 14, No. 11　大修館書店, 1985。

19 アジア地域の英語
―英語発音の特徴と世界共通語としての英語 (ELF)[1]

中野美知子

1 はじめに

現在，英語は12億から15億の人が英語を使用しており，2050年には世界の人口の半分の人が英語を使用するようになるといわれている。アジアの地域では，英国の植民地政策の影響で，英語を150年から200年使用している国も多い。英語を長く使用すると，二つの類型が起こることが観察できる。① 習った母語話者の規範を保存しようとするタイプ。特にその規範に格式があり，羨望の的となるようなものであれば，なおさらである。たとえば，マレーシアでは，かなりお年をめした大学教授であると，Daniel Jonesの時代の完璧なRP（容認発音）で，Queen's Englishを話されていた。カチュルのいわゆる拡大円[2]の国（中国，韓国，日本）では，ネイティブ信仰がつよく，植民地政策で長年英語を使用し自国の英語を正当化しようとしている外心円の国（インド，マレーシア，フィリピンなど）と比べると，拡大円の国ではNS Englishesを規範とする傾向がつよい。英語を外国語として習っている国では，学習の初期，中期段階でNS Englishesをモデルとすることは必要だが，母国語の影響で，ニア・ネイティブにはなれないことを認識し，一生劣等感に悩まされる必要はない。SeidlehofferやJenkinsの提唱する世界共通語としての英語（ELF）では，英語を話しているとき，発音が完璧でないからといって，自分の人格を否定するようなことがあってはならないと主張している。

② 英語を変容させ,日常的に使いやすくする。たとえば,母国語の発音や文法の影響がでても無頓着で,コミュニケーションの道具として,英語を使用することに徹するタイプ。たとえば,知らない英単語は,母国語ですませるようなタイプである。これは,カチュルの外心円の国の人たちに見られる態度で,英語使用に関して劣等感はないし,卑屈にならない人たちである。拡大円の我々はみならうべきであろう。

筆者の観察では,規範保存型のタイプは発音学の教員に多く,一般人は2番目のタイプの人間がアジアには多いと思われる。最近の研究では,英語を日常的に使いこなしている英語使用者のコーパスができており,Vienna-Oxford International Corpus of English (VOICE) と呼ばれている。VOICE を構築している Seidlehoffer は英語を共通言語 (English as a Lingua Franca, 以下 ELF と略) として扱うことを提唱しており,ELF では,以下の語彙や文法の逸脱は容認しようといっている。

1　三人称単数現在の s の省略　例."She look very sad."
2　定冠詞と不定冠詞の省略と付加
3　汎用性の高い動詞 get, make, have, do を必要以上に使用すること
4　集合名詞を複数形で使用すること,例　informations, staffs, advices, furnitures, softwares
5　〜について議論するとか,〜について勉強するのような表現に,不必要な前置詞をつけること "discuss about" or "study about."
6　付加疑問文の単純化で,すべての場合に isn't it? or no? ですます。

Adapted from Seidlhofer (2004 : 220)
Cited by Jenkins (2005 : 5)

発音については,Jenkins 教授が ELF core として,以下の項目は教えるべきであるが,無視してもよい発音もあると提唱している。

Traditional　　　　　　ELF pronunciation targets for production

Potential English Pronunciation features	Traditional Br-Eng-based pronunciation syllabus (used for EFL/ESL)	Lingua Franca Core (recommended for ELF)
1 子音	RPの24の子音	/θ/, /ð/以外の子音かつ [ɫ]は容認
2 子音クラスター	すべての語の位置で	語頭と語中
3 母音の長さ	長母音と短母音の区別	長母音と短母音の区別
4 母音の質	RPの24の質の区別	一貫性があれば地域的な特性を許容 L2の発音で容認するが, /ɛ/と混同してはならない。
5 弱形	自然さを保つには不可欠	intelligibilityには役立たない
6 Connected Speech	自然さを保つには不可欠	重要ではないし役立たない
7 Stress-timed rhythm	重要	重要でないし, 存在しない
8 Word stress	重要	教えられないし, 柔軟性を削ぐ
9 Pitch movement	話者の態度や文法の明示・暗示に必要	教えきれないし, ネイティブ信仰に結びつくか, 文法依存のピッチとなる
10. Nuclear (tonic) stress	重要	重要

Adapted from Jenkins, 2002, p.99

Jenkins 教授の ELF core では, 英語特有のプロソディーの習得は重要視されず, 核となる語に強勢をおくことのみが重視されている。英語の母音の習得は日本人にとって大問題であるが, 母国語の影響は容認され, 長母音と短母音の長さの違いが重視されていることは注目に値する。子音の習得数も緩和され, 子音クラスターも語尾のものは重視しないという。以上の意見を踏ま

えながら，アジア英語の発音をみていこう。

2 母音

1 長母音と短母音

次のような対の長母音と短母音は，香港，マレーシア，シンガポールでは区別されておらず，短母音のように発音される。ELF coreによれば，この長さの違いは発音されなくてはいけないし，アジア英語を日本人や韓国人がきいたとき，一番聞きとりにくい原因となっている。

(a) /iː/ vs /I/

　例，sheep vs ship, heat vs hit, feel vs fill, heed vs hid, seat vs sit
したがって，発話の状況がよくわからないとき，

- *Did the high heels make her feet sore?*
- *Did the high hills make her feet sore?*

以上の2文は判別できない。同様に

(b) /ɔː/ vs /ɒ/

　例，short vs shot, caught vs cot, sought vs sot, sports vs spots
したがって，発話の状況がよくわからないとき，以下の2文は判別できない。

- *Our uncle is short.*
- *Our uncle is shot.*

(c) /ɑː/ vs /ʌ/

　例，cart vs cut, heart vs hut, lark vs luck, cart vs cut
この識別は香港では比較的できるようであるが，シンガポールやマレーシアでは発話の状況がよくわからないとき，以下の2文は判別できない。

- *If he calms down, we can discuss his problem.*
- *If he comes down, we can discuss his problem.*

(d) /uː/ vs /ʊ/

　例，pool vs pull, hoot vs hood, food vs full, wooed vs wood, cooed vs could
発話の状況がよくわからないとき，以下の文のpullとpoolは同じように

短母音として発音される。
- *Pull the door to the swimming pool.*

日本人，韓国人，タイ人にとっては，短母音と長母音の長さの区別はできるが，質の違いは訓練しないとできない。しかし，ELF core では，長さの違いに注意するようにいわれているので，日本人や韓国人，タイ人にとっては問題ない。

2　2重母音を短母音として発音

マレーシア，シンガポール，香港では，以下の2重母音を短母音として発音する傾向がある。

(a)　/ei/を/e/と発音

例，pen vs pain, pepper vs paper Delhi vs daily の区別が困難
- *Tell me where the pen is.*
  Tell me where the pain is.
- *Pass me the pepper.*
  Pass me the paper.
- *Do you read the Delhi newspaper?*
  Do you read the Daily newspaper?

香港では/ei/は/ɪ/となることも多く，例えば，lake, take, pain, rain. は［lɪk］，［tɪk］，［pɪn］，［rɪ2］と発音する人もいる。マレーシアで，mail を［mel］，steak を［stek］と発音されることがあるが，発話の状況をはなれると理解するのに，時間がかかることがある。

(b)　/oʊ/ を /o/ と発音

例，*code* vs *cod*
- *The baby has a new coat.*
- *The baby has a new cot.*

例，joke, soak, loan, bone の2重母音は［o］で，photo［foːto］，slow［sloː］などは，日本人も韓国人もこのような発音になることが多い。

(c)　/eə/を/e/と発音

例，*belly* vs *barely* の区別が困難

例，hair [he], pair [pe]
このように，2重母音を短母音で置き換えることは ELF core でも認められていないので，教場で教えるべき点となる。

3 その他の母音

シンガポール，香港，マレーシアでは，*bat* vs *bet* の/æ/を/e/と発音することも知られている。この傾向は韓国英語でもみられる。以下のような文で，この対立が明示されないと，聞き手にとって理解が難しい。

- *My father is 'Dad'.*
- *My father is dead.*

- *How much is your salary?*
- *How much is your celery?*

このように，ELF core は，英語を第2言語とするユーザーや外国語として学習している学習者にとって，世界共通語としての使用を激励してくれる枠組みであるが，ここでまとめた発音の困難点は ELF core でも，学習すべき項目と考えられている。

3 子 音

セクション 0.0 で述べたように，ELF core では，/θ/と/ð/は学習すべき重要項目となっていない。この二つの子音を習得していないと，/θ/は [t] と発音され，/ð/は [d] と発音されるようである。実際，マレー英語や香港英語，シンガポール英語ではこの傾向が見られる。

- 1. 'th' vs 't'

three vs *tree*; *thin* vs *tin* の'th'と't'は，[t] と発音されるので，次の二つの文では，文脈がはっきりしていないとき，'thigh'なのか'tie'なのか判別ができない。

- *Why is your thigh dirty?*
- *Why is your tie dirty?*

- 2. 'th' vs 'd'

there vs *dare* も同様に［d］と発音され，次の二つの文では，文脈がはっきりしていないとき，'these'なのか'Ds'なのか判別ができない。
- *I got these last semester*
- *I got Ds last semester*

英語を習い始めのとき，このような「いいかえ」は日本人，韓国人では観察される。このような言い換えは，発話の状況がわかっていれば，理解可能なものなので，ELF core に含まれていないのだろう。

- 3. 'r' vs 'l'

例，*parrot* vs *palate* ; *rice* vs *lice*

これは韓国人と日本人にとって難しい対立であるが，アジア英語共通の問題である。インドでは，/r/はそり舌音で発音される。/r/はさまざまに発音されるが英語容認発音（RP）の［ɹ］ではなく，Jenkins (2001) は米語標準発音（GA）にふくまれる［ɻ］を推奨しているので，語の末尾や子音の前で/r/を発音すればよいことになる。また，milk や middle の/l/は dark l とよばれ，RP では［ɫ］と発音されてきたが，Estuary English では母音化され，［ʊ］と発音される傾向にある。それ故，ELF でも［ʊ］を容認している。笑い話でよく次のような文が提示される。2番目の文はジョーク以外には考えられない。
- *Would you like some fried rice?*
- *Would you like some fried lice?*

- 4. Final 'p, b, t, d, k, g'

香港英語ではこれはあまり問題ないが，マレー英語やシンガポール英語ではグロタルストップ［ʔ］で代用する場合がある。
- 'p' vs 'b'
- *Where did he leave his cap?*
  Where did he leave his cab?

- 't' vs 'd'
- *Are you his mate?*
  Are you his maid?
- 'k' vs 'g'
- *Is she your prized pick?*
  Is she your prized pig?

これらの対立は ELF core に含まれており，英語学習者には習得必須の項目である。
次のような子音が重なっているとき，子音クラスターというが，最後の t はグロタルストップを使うか省略されることも多い。

- scrip (t)
- promp (t)
- fac (t)

/f/と/v/，/θ/と/ð/，/s/と/z/，/ʃ/と/ʒ/の4対の子音では，無声音と有声音の違いがあるが，香港英語では，Hung 教授によれば，無声音で発音されることが多いという。また，香港英語では /v/ という音素はなく，[w] や [f] で代用されている。/l/と/n/はかなり自由にいいかえている。たとえば，'nine'は'line'のように発音され，'night'は'light'のように発音される。このような傾向は中国南部の地域，福建省でも見られる。ELF core としては，学習により矯正されるべき事柄である。

4 Supra-segmentals（超文節的特性）

ELF core では，英語のリズム，プロソディーに関係する部分は，随分軽減されている。上記で述べたが，もう一度以下にまとめる。

5	弱形	intelligibility には役立たない
6	Connected Speech	重要ではないし役立たない
7	Stress-timed rhythm	重要でないし，存在しない
8	Word stress	教えられないし，柔軟性を削ぐ

9.	Pitch movement	教えきれないし,ネイティブ信仰に結びつくか,文法依存のピッチとなる
10.	Nuclear (tonic) stress	重要

シンガポール英語では,文末の単語を強調する傾向がある。たとえば,

- *She did it carefulLY.*

しかし,一般には,強調すべきところは文末にないことが多い。

- *She CAREfully removed his stitches.*

ELF core 10 で示されているように,強調すべき部分に強勢をおくべきである。文中で新情報や対比を強勢で強調することで,話者は聞き手に重要項目を知らせている。次の例では,聞き手 A は誰がトムの車を買ったのか知らないので,話し手 B は John に焦点 (Focus) を当てるために,強調構文を用い,しかも,John に強勢をおくことで,新情報を強調している。

 A：Who bought Tom's car?
 B：It is JOHN who bought it.

次の例でも,［新しい］は対比項目であり,聞き手の注意を引くために強勢がおかれる。

 A：I need to borrow your book.
 B：Which book?
 A：Your NEW book.

しかし,シンガポール口語英語 (SE) では常に文末に強勢がおかれる傾向が強いので,新情報や対比項目が強調されないことになる。以下,強勢を置く個所を大文字で示した。

 ELF：it was JOHN who did it.
 SE：it was John who did IT.

また,同じ語が 2 回用いられているとき,2 回目はアクセントを置かないか,代名詞を使用するが,何回同じ語を用いても,強調する傾向もある。

- *I went to the shop to buy CAKES but they'd run out of CAKES.*

複合語 (compounds) では,分類の基準になっている最初の語が強調される。

ARMchair
WHITE house（ホワイトハウス）vs white HOUSE（白い家）
DANCING girl（踊り子）vs dancing GIRL（踊っている少女）
FISHING boat（釣り船）vs fishing BOAT（釣りをしている舟）

しかし，アジアの口語英語では，この規則はあいまいになっている。

He loves this armCHAIR (compound)

名詞と動詞では強勢の位置が異なるが，アジア口語英語では区別しないことが多い。

　例，RP：*CONvert*（名詞）*conVERT*（動詞）
　　　INcrease（名詞）　incrEAse（動詞）
　アジア：conVERT（名詞も動詞も），incrEAse（名詞も動詞も）

また，3シラブル以上の長い語の場合に，強勢の位置が英語母語話者の場合とずれることが多い。終わりから2番目のシラブルを強調すべきだが，終わりから3番目のシラブルを強調したり，3番目のシラブルを強調すべきところを最後から2番目のシラブルを強調することがある。

最後から3番目のシラブルを強調すべきところを最後から2番目にしている
　例

RP：COLleague	SE：colLEAGUE
RP：CALendar	SE：caLENdar
RP：INculcate	SE：inCULcate
RP：COMpetent	SE：comPEtent
RP：informative	HK：informative
RP：communicative	HK：communicative
RP：television	HK：television
RP：camera	ME：camera
RP：manager	ME：manager

最後から2番目のシラブルを強調すべきだが，最後から3番目のシラブルを強調している例

　NS：angelic　　　　　Asia：angelic
　NS：acidic　　　　　　Asia：acidic

NS : ter<u>ri</u>fic　　　　　　Asia : te<u>rri</u>fic
NS : cour<u>a</u>geous　　　　Asia : courag<u>e</u>ous

以上，3シラブル以上の語のストレスの位置をみてきたが，長いシラブルの語はどこに強勢がこようと，誤解の原因にはならないといわれている。

　最後に，英語母語話者の英語は *Stress-timed* であるが，アジア口語英語は *Syllable-timed* といわれている。たとえば，次の文では下線部が強調され，リズムが生じるが，アジア口語英語では，すべてのシラブルが同じように強調され，スタカット効果が生じる。

　　　Jane has <u>four</u> to <u>last</u> the <u>winter</u>.

中国語，タイ語は明確な音調言語（tone languages）で，tone によるアクセント付加の傾向があり，ピッチアクセントの日本語，マレー語，韓国語とは異なるプロソディー上の問題点をはらんでいる。ELF core では，リズムが重視されていないことは，アジアの英語使用者にとって幸運なことである。

謝　辞

早稲田大学オープン教育センターの科目「オンデマンド講義：World Englishes and Miscommunications」より，例文を取り出している。以下の講師の方々の知見を参照しながら，アジア口語英語の特徴について簡単にまとめさせていただいた。

Part 1　Theoretical Background :

Prof. Michiko Nakano	Introduction
Dr. Larry Smith	English as an International Language (1)
Dr. Anne Pakir	Direction for English Language Education
Dr. Jennifer Jenkins	English as a Lingua Franca
Dr David Block	Identity in the second language learning research
Dr Claire Kramsch	When you speak a foreign language, are you a different person?
Dr. Anne Pakir	English as a glocal language
Dr. Larry Smith	English is an Asian Language

Part 2　Singapore/Malay/ Philippine English
　　　　Dr Anne Pakir and Dr. Low Ee Ling　　Singapore English
　　　　Dr Azirah Hashim　　　Malay English
　　　　Dr Danilo T. Dayag　　　Philippine English
Part 3　India/Thai English
　　　　Dr Tej K. Bhatia　　　India English (1)
　　　　Dr Ravinder Gargesh　　India English (2)
　　　　Dr Sudaporn Luksaneeyanawin　　Thai English
Part 4　China/Hong Kong/ Taiwan English
　　　　Dr Tony T. N. Hung　　Hong Kong English
　　　　Prof Xiong Xueliang　　China English
　　　　Prof. Andy Leung and Prof. David Dai　　Taiwan English
Part 5　Korea/Japan/Iraqi English
　　　　Dr Kyung-ja Park and Dr Hikyoung Lee　　Korea English
　　　　Dr. Kyutae Jung　　　Korea English
　　　　Prof. Yoji Tanabe　　　Japan English (1)
　　　　Dr. Michiko Nakano et al. Japan English (2)
　　　　Dr. Abdullatif Al-Jumaily　Iraqi English

注

(1)　English as a Lingua França (EFL)
(2)　カチュルは世界の英語話者を3つの円で表現し、ネイティブスピーカーは内心円、植民地政策の影響で土着化した英語を話す外心円、日本、中国、韓国のように英語が外国語である国々を拡大円とした。

参考文献

Jenkins, J. *The Phonology of English as an International Language*. Oxford University Press : Oxford, 2000.

Jenkins, J. *World Englishes*. Routledge : London, 2003.

Jenkins, J. English as a Lingua Franca : Past Empirical, Present Controversial, Future Uncertain, Ed. J. A. Foley, *New Directions in the Teaching of Oral Communication*, SEAMEO Regional Language Centre, Singapore, 2005.

Seidlhofer, B. Closing a conceptual gap : the case for a description of English as a lingua franca. *International Journal of Applied Linguistics*. 11/2, 2001, pp.133−158.

Seidlehoffer, B. Research perspectives on teaching English as a lingua franca. *Annual Review of Applied Linguistics*. Vol. 24, 2004, pp.209−239.

20　中国の「英語ブーム」を考える

　　　　　　　　　　　　　　　　　　　　　　　　劉　　　傑

　2001年は中国が大いに盛り上がった一年であった。第29回オリンピック大会の開催地が北京に決まり，中国は念願のWTO加盟も実現させた。かつて資本主義社会と距離を置いてきた社会主義国家が世界のスタンダードに合わせ，新しい世界秩序の形成に参画するべく軌道修正をした。国際社会における中国のプレゼンスの増大は中国社会内部の激しい変動を引き起こし，その現象の一つは英語ブームの勃興である。国民的な「英語熱」は教育政策や教育現場の問題に止まらず，中国人の幸福感，中国と世界とのかかわり方，漢字文明の未来などをめぐる論争にも発展し，中国の進む道を考える上で重要なキーワードとなっている。本稿では，中国における英語ブームの現状とその本質を考えてみたい。

1　歴史の回顧─ロシア語から英語へ

　中国人の英語学習は，今でこそ国民的ブームの形で過熱気味になっているが，1970年代までは国策の一部分として，主に学校教育を通じて行われたものである。つまり，中国の英語教育は，一般大衆の間に英語を普及する形で始まったのではなく，エリートの養成という目的でスタートした。しかも78年の開放政策開始まで，中国の英語政策は極めてイデオロギー的であった。英語教育は，完全に中国政府の方針にコントロールされ，語学教育の在り方は，中国の国内政治と国際戦略を映し出す鏡と言って良い。
　ところが，皮肉なことに，英語をはじめとする外国語教育は国策の一部分

ではあったが，それに関する法規や長期構想などは存在しなかった。多民族国家の実態を反映して，中国の法律と法規は，普通話（北京語をベースとする標準語）の普及を呼び掛けるとともに，各民族固有の言語と文字の自由も保障しているが，外国語については特別な配慮をみせなかった。外国語教育はもっぱらその時々の国際情勢に対応する形で整備される程度に止まっていた。

　1949年に建国した中華人民共和国は，冷戦の始まりとともにソ連への「一辺倒」政策を決めた。国際社会での立場が弱かった中国は政治的にも，経済的にもソ連のバックアップに全面的に依存することに活路を見出そうとした。ソ連も大量の技術者や専門家を中国に派遣し，この新しい共産党政権を支えた。ソ連から送り込まれた教育関係者だけでも1200人を越えたと言われる。50年代初頭，中国の大学教育で使用された教材はソ連の教科書を翻訳したものか，それを参考にしてリライトしたものであった。主要大学にロシア語学科が設置され，大学ではロシア語を履修する学生が急増した。一方，英語の必要性が認められなくなり，英語を履修する大学生はほとんど見られなくなった。その影響で，中学生の英語学習意欲も低下し，教師と学生の視線は一斉にソ連に向けられた。

　英語教育を続ける中学が減少したため，教員の需要も少なくなっていった。1953年7月，教育部はついに英語教員を養成する師範大学の英語学部を中止する決定を下す。それまで8校の師範大学に英語学部が設けられていたが，そのうち華東師範大学（上海）以外のすべての師範大学の英語学部は閉鎖された。1954年から，中学では英語の授業が廃止され，生徒が高校に入ってからやっと外国語をかじり始め，しかもほとんどの高校ではロシア語以外の外国語を教えない。今まで英語を教えていた教師はロシア語の先生に転向するか，その他の科目の担当を余儀なくされた。1950年代の半ばころ，中国の中学，高校及び大学の英語教育はほぼ壊滅状態に陥ったのである（何東昌編『中華人民共和国重要教育文献』高等教育出版社，1993年）。

　このような事態が長く続いたら，弊害が出ないはずはなかった。やっと問題の重大さに気づいた教育当局は，1956年から高校の英語教育の拡充を開始し，翌57年には外国語教育の復活をはかった。しかし，政策的には英語

とロシア語の比率配分を1対1と決め，ロシア語を英語と同等に重視する姿勢を変えなかった。

1960年代に入り，中ソ間のイデオロギー対立が決定的になり，それまでの蜜月時代は幕を閉じた。ソ連はほとんどの専門家や教員を引き上げ，中国を困らせた。バックアップを失った中国は独自で国家建設の道を探らなければならなくなった。その時，過分にロシア語を重視した教育方針の弊害が一気に噴出した。ある統計によると，1964年から66年にかけて，政府部門におけるロシア語の専門人材の求人数は3700人であったのに対し，ロシア語専門の大学卒業者数は7600人にも上り，ざっと3900人もの専門人材の余剰を作り出した。

一方，英語の専門人材に対する求人数は11600人であったのに対し，大学から社会に送り出された卒業者数はわずか6400人程度に止まり，およそ5200人の人材不足が生じた。つまり50年代初頭からのソ連への「一辺倒」政策が外国語教育にも大きな影を落とし，国家の人材戦略に重大な支障をきたしたのである。

中ソ関係の変化は，中国に外国語教育の見直しを促すきっかけとなった。1964年，国務院（内閣）は直属の機構として「外国語計画委員会」を設置し，この委員会によって「外国語教育7か年計画綱要」が策定された。綱要は大学英語教育を「専門英語」と「一般教養英語」に分け，これらを充実させる方針を打ち出した。また，数か所の外国語大学，通訳者・翻訳者の育成機構などの新設も決めた。綱要は初めて英語を大学の外国語教育のなかで第1外国語として位置づけ，ロシア語の縮小を打ち出した。

1964年に策定された方針に基づいて8校の外国語学校が新設されたのは重要なことで，この措置は，英語の人材不足の窮状を改善することに貢献した。たとえば，北京外国語大学の付属外国語学校は全寮制の学生を小学校3年生から募集し，高校卒業まで普通の小中学校の科目を履修させると同時に，週10コマ以上の外国語の授業を受けさせた。各学年では英語クラスの学生が最も多く，その他には，フランス語，ドイツ語，スペイン語，日本語，ロシア語のクラスもあった。そのなかで中ソ関係の変化を反映して，ロシア語への関心は急激に後退した。このような外国語学校を設置した目的

は，優秀な語学能力を備えた学生を大学に送り込むためであった。とりわけ，英語の人材が極度に不足していた時代であっただけに，この方法は高速な人材育成に貢献した。

しかし，人材育成の失策による被害を取り戻すには，1年や2年程度の政策転換では効果が現れない。最低でも数年ないし10数年の時間を要する。そのため，英語能力を備えた人材を本格的に世に送り出すようになったのは，70年代に入ってから，正確に言えば，文化大革命が終了した後（1976年）のことである。

1979年，中国教育部は外国語教育の強化策を発表し，英語教育を外国語教育の中心に据えることとした。この方針を契機に，英語とロシア語との逆転現象はさらに進んだ。英語とロシア語を履修する中高生の比率は，1950年代初期は1対9であったが，1963年には1対3に減少し，21世紀に入ってからは約2億人の中高生のうち，ロシア語を履修する生徒は35万人程度になっている。ちなみに，日本語を学んでいる中高生は12万人前後と言われている。

2 格差のなかの英語ブーム

中国に本格的な英語ブームをもたらした要因として次の3つのことが考えられる。一つは留学制度の復活，もう一つはWTOへの加盟，そして三番目は北京オリンピックの開催決定である。

19世紀後半，中国は優秀な青年をアメリカ，ヨーロッパおよび日本などに送り，先進的な思想と技術を積極的に吸収した。中国に戻った留学生たちは政治，外交，学術の分野で中心的な役割を果たし，20世紀の中国近代史を作り上げていったと言っても過言ではない。しかし，20年代以降，中国に戦乱が頻発し，30年代に入ると，15年間に及ぶ日本との戦争に悩まされた。その間，留学生が断続的に海外へ学びに出掛けたが，その規模は限定的なものであった。1949年の新中国建国後は，ソ連への関心は高かったが，欧米への留学はほとんどなかった。

1978年，近代化を実現する決定的な要素は人材であると認識した中国政

府は本格的に留学生を海外に送り出す政策を推進した。近隣の日本も重要な留学先であったが，若者に最も人気なのは何といってもアメリカであった。

　30年間に及ぶ閉鎖的な体制が続き，外国の情報はほとんど中国に伝わらなかった。開放政策は国民に外国の文化に接する機会を与えたものの，多くの学生にとって，アメリカをはじめ，資本主義の先進国に留学し，この目で中国との違いを確かめてくることは夢であった。ところが，留学生として選抜されることは容易なことではなかった。

　80年代を通して，中国の留学政策は政府派遣の方法で進められた。専門知識のほか，英語力も選抜する際の重要な基準であったことは言うまでもない。このことが英語ブームに火をつけた。70年代末から80年代初頭の時期は，やっとラジカセや白黒テレビが一般の市場に出回ったころであったが，これらの商品が飛ぶように売れたのは，ラジオやテレビの英語講座を聞きたい人が多かったからである。大学の受験生の間では，外国語大学や，一般大学の外国語学部が圧倒的な人気を呼んだ。英語を学ぶ熱気は80年代の留学ブームを支え，現在，いわゆる「新華僑」「新華人」として海外で活躍している中国系の人々の多くは，80年代の英語ブームのなかで英語を身につけ，留学生として海外に渡った人たちである。また，中国の政治，経済を支えている中堅エリートもこの時代に海外に留学し，90年代後半，「台頭する中国」が叫ばれるなかで帰国した人々である。

　中国のWTOへの加盟は，第2の英語ブームのきっかけとなった。長い交渉の末，中国のWTO加盟申請が受け入れられたのは，2001年のことであった。このとき，中国の経済改革はすでに軌道に乗り，世界経済も中国を抜きにして語れない時代に突入していた。資本主義の市場経済体制が定着し，外国企業による中国への本格的な進出もすでに始まっていた。かつては「金儲け」は堕落の象徴だったが，今では金持ちは人々から羨慕の視線を注がれる存在となった。外資系の企業に就職することは豊かになる近道と思われ，英語ブームはさらに高まった。多くの企業では就職，昇進の条件として，英語能力を求めるようになり，より良い職に就くために，学生が大学での勉強以外に語学学校に通ったりするのも珍しくなかった。

　このような現象は中国に新しいビジネスを生み出した。「英語培訓班」（英

語能力の集中養成コース）といわれる語学学校が各地に設置され，どこも入学率100％超の盛況を呈している。書店では英語の参考書が書棚に充満し，語学資格試験のコーナーには豊かさを夢見る若者が群がる。社会主義計画経済の体制から一気に市場原理に基づく競争社会に様変わりした中国では，英語はまさに成功につながる欠かせない手段となったのである。

英語ブームにさらに拍車をかけたのは念願のオリンピック開催地に北京が選ばれたことである。中華人民共和国建国以来，これほどの大規模な国際的な行事を開催するのは初めてのことである。20数年に及ぶ高度経済成長の結果，中国は世界で最も注目される国になった。近代以降，列強による侵略を甘受してきた中国は，やっと自信を取り戻すようになった。予測では，北京オリンピックの波に乗って，2020年ころには，中国は世界最大の「観光目的国」になるという。中国は本格的な国際化の時代を迎えようとしている。この流れを受けて，ここ数年の間，学校教育の範疇を越えて，全国民的な英語学習ブームが生まれた。たとえば，サービス業の従業員の採用試験に英語が取り入れられ，タクシーの運転手も自主的に英語を学び始めた。四角い漢字に固執し，「中華思想」を頑なに守ってきた中国人は，アルファベットの魅力にとりつかれている。

国民的な英語ブームが生まれた現在，教育の現場においては英語教育の在り方についての議論も熱を帯びてきた。

中国教育部は1986年と1999年の二度にわたって「大学英語教育大綱」を策定している。それによると，大学の英語教育の目的は「比較的高い水準の読解力と，一定水準の聴解力，初歩的な会話と作文能力」を備えた学生を養成することである。つまり，英語は専門的な知識を獲得するための手段として位置づけられているのである。

しかし，2001年以降の英語ブームが示すように，このような教育方針はもはや時代のニーズに応えられないことは明らかである。時代はコミュニケーション・ツールとしての英語を求めているのである。

2002年以降，教育部は大学の英語教育の改革に着手した。教育部高等教育局長（大学教育担当）は「読解力中心の英語教育を，総合的な実践力の養成に転換すべきである。聴解力とコミュニケーション能力の養成を英語教育

の最も重要な内容にしなければならない」と発言し，改革の必要性を訴えた（蔡基剛「外語能力培養與我国外語政策」『外語與外語教学』2003年第5期）。この新しい方針に従って，中国は大学を中心に英語教育の在り方について検討を重ねてきたが，改革の最大の障碍（しょうがい）は，地域間及び大学間に存在する英語教育の格差である。

　まず指摘すべきは，沿岸部大学と内陸部大学との間の格差である。2002年，教育部は357か所の大学を対象に英語教育と英語教員に関するアンケートを実施した。それによると，外国語教育に資金をもっとも集中的に投下している上位30の大学は，ことごとく沿岸部に位置している。浙江大学は50ものマルチメディア教室を備えた英語教育棟を3100万元かけて建設し，学生はパソコンとプロジェクターなどの設備を利用して学ぶことができる。上海交通大学も数千万元を投下して，近代的な研究室と多目的ホールを備えた英語教育棟を完成させた。一方，内陸部では，英語の教員すら十分ではなく，一人の教員が200人以上の学生を担任するケースも珍しくない。大学の教育水準を総合的に採点してみると，最高点100点を獲得した大学もあれば，わずか3.5点の評価しか得られない大学もあった。

　沿岸部の「重点大学」は国家からの手厚い支援を受けるほか，企業からの援助も続々と入ってくる。一方，内陸部の大学は経済発展の比較的遅れた地域に位置し，利益優先の企業からの支援もほとんど受けられない。厳然たる格差が存在するなかで，全国規模でコミュニケーション能力重視の英語教育に改革することは容易なことではない。結果的には，改革をすればするほど格差が広がり，大学全体の英語教育のバランスが崩れていく。中国の英語教育改革はこのようなジレンマを抱えているのである。

　英語教育の格差は大学から高校，中学及び小学にも広がっている。教育部が定めた「英語教育基準」では，高校卒業生に対し，3000の単語と500の慣用句を身につけるように求めているが，上海の教育委員会は独自の基準を作成し，高校を卒業するまでに5000語から7000語を身につけ，60万語以上のリーディングを完成しなければならないと義務づけた。また英語学習の開始学年を3年生から1年生に変更し，6歳の入学時から英語を学ぶことをスタンダードとした（「文滙報」2000年11月24日）。上海の動きは北京や広

州などの大都会にも影響し，いま沿岸地域の学校では英語中心の教育プログラムが組み込まれている。

一部の地域での英語教育の充実は，大学の英語教育にも影響を与えている。英語の基礎を十分に身につけた学生は大学に進学してから，もはや基礎的な学習を必要とせず，一年生から実践的なコミュニケーション能力の訓練に入ることができる。つまり，高校までの英語学習の格差は，大学における英語学習の格差を生み，一部のエリート学生と大半の一般学生との間の格差を広げた。

さらに，一部の内陸部において，小中学校の英語教育がほとんど成り立っていない地域もある。教員，教材，施設などの不均衡は，中国の英語教育の格差を多層的で複雑なものにしている。しかもこのような格差は中国の経済発展の格差と連動するような形で今後も拡大していく傾向にある。このような問題を抱えながら，コミュニケーション重視の英語教育への方向転換は果たして順調に進むのか，課題は山積している。

3 英語ブームをめぐる論争

さまざまな問題を抱えながらも，英語重視の学校教育と国民的な英語ブームはますますヒートアップしている。いま，多くの小中学校及び高校は，英語を「語文」（母国語としての中国語）と同等のレベルに位置づけ，語文同様週6コマの授業を行っている。大学入試の配点も語文と同じレベルである。英語は学位やプロモーションを申請する際の必須条件とみなされ，一部の地方政府は，公務員を目指す人に一定の英語能力を要求するようになった。しかし，格差の大きい中国の英語教育の現状のもとでは，このような動きは果して現実的だろうか。事実，中国では，どの程度まで国民の英語力を高めたらいいのか，英語の普及と語文教育の向上は両立できるのだろうか，などをめぐって激しい論争が繰り広げられている。

過熱気味の英語ブームを疑問視する意見の一例を紹介しておこう。共産党系の理論雑誌『求是』が2004年6月に掲載した論文「わが国の外国語教育の位置づけの再検討」は，過度な英語への傾斜にブレーキをかけるために執

筆されたものである。論文は，多くの場面で，英語能力を人物評価と人材登用の基準にしている傾向を批判し，このようなやり方では，逆に人材登用の機会を逃し，政府や企業並びに学界に重大な損失をもたらすと指摘した。論文は13億の人口を有する中国では，英語を使って仕事をする人間はあくまでも極少数であり，少数の英語の人材を集中的に育成すれば十分であり，国民的ブームを起こしてまで老若男女に英語を学ばせることは資源の浪費以外のなにものでもないと喝破した。

若者の「語文」能力低下への不安と，中国の伝統文化衰退への危機感が，英語ブームへの批判を引きおこしたもう一つの理由である。たとえば，「昨今の外国文化の浸透と一部で見られる民族の言語と文化への軽視は，危険水域に達している。一部の学生は，英語でいい成績をとっているが，語文能力はまことにお寒い限りである。かなりの数の大学生や大学院生は在学中，大量の時間を英語学習に費やし，専門科目の勉強を疎かにした。若者たちは西洋のクリスマスやバレンタインデーを大々的に祝うが，中国の伝統的な祝日をまったく無視している。一部の人間は多少の英語が話せることを誇らしく思い，場面と状況を弁えずに英語の片言を口にする。国民の間に欧米崇拝の思想が蔓延し，民族虚無主義にも近いレベルに達している」(劉永厚，李燕姝「語言，文化以及中国的英語熱之思考」『北京第二外国語学院学報』2004年第4期)というような主張をぶち上げる論者もみられた。

山東省のある大学は「言語帝国主義が中国の言語と文化に与えた影響」という研究プロジェクトを立ち上げ，大学生に対するアンケートを実施した。アンケートの結果を分析して得た結論は，①半分以上の学生の英語学習の動機は良い就職先を見つけることであり，好きで英語を学んでいる学生は22％に過ぎない。②英語の必要性を過度に強調した結果，若者は西洋の生活習慣を身につけ，中国の伝統文化を軽視し始めた。③父母との同居を美徳とする中国人の家族観が英語の浸透ともに崩壊した (王芳，国文「英語浸透対中国語言文化影響的問巻調査及結果分析」『濰坊学院学報』2007年5月号)，というようなものであった。

就職目的の英語学習を非とする価値判断の正当性はさておき，英語ブームを「言語帝国主義」や「西洋による文化侵略」に関連づけて論ずることも気

になるところである。
　一方，このような根強い反対意見に対し，一部の論者は冷静さを保つように呼びかけている。彼らは言う。

「中国は数千年の悠久なる歴史を持つ国であることを考えれば，英語は中国語に取って代わるようなことはまずあり得ない。長い閉鎖的な時代を経て開放政策に切り替えたあと，国民が先進国との距離を自覚するようになり，外国の珍しい物事に魅力を感じるのも当然である。昨今の国民的な英語ブームは，このような背景のもとで発生したものである。しかし，中国の経済成長が一定の水準に達したころには，英語ブームの熱気も降温するだろう。」
（張丹「従眼下的英語熱談起」『21世紀話題』2003年第1期）

　国民的関心を集めている英語ブームを外国に対する珍しさとして理解し，中国経済が強くなれば，英語ブームも下火になるとする推測は，中国の英語熱の本質をつかんでいるとは思はない。問題の核心は，中国語を母国語とする13億の人間が，3.5億人が母国語としながらも世界の通用語となっている英語を本格的に学び始めたことである。長い歴史と世界一の人口を持つ漢字文化と英語文化との摩擦や衝突は今後も絶えることはない。中国の言語と文化に自信と誇りを持っている中国人が，世界の通用語となった英語とどう付き合っていくのか。名実ともに地球上の大国を目指している中国がどのように世界とコミュニケーションをとっていくのか。中国語と英語との関係をめぐる中国人の苦悩と模索はまだまだ続く。

21 アメリカ人と日本人のコミュニケーション
――異なるものから学び，対立を超えた理解へ

花 光 里 香

1 はじめに

　1988年の夏，初めてアメリカの地を踏んだ。シカゴのオヘア空港に降り立ち，最初に経験したカルチャーショックは空港のトイレだった。階段の横にスロープがあり，車いす使用者のためのトイレが整備されていた。今でこそ日本でも徐々に当たり前になりつつある光景だが，当時は車いすマークのついたトイレを見るのは初めてだった。数ヶ月後，留学先の小さな街で，車いすに乗ったままバスに乗る女性を見かけた。運転手の操作で乗車口の階段があっという間にスロープになり，女性は1人で乗り込んだ。助けが必要なときは，乗り合わせた客がそれぞれ手を貸していた。「違い」を受け入れる国なのだ，と感じた。

　それ以来，アメリカと日本のさまざまな文化の違いに向き合い，相互理解への道を探ってきた。同時に，異文化を超えて分かち合える思いに胸を熱くしたこともあった。アメリカ人も日本人も同じ人間同士，共有できることはたくさんある。しかし，両文化の間には多くの相違点もあり，それを知らないことがコミュニケーションギャップを生み，問題を引き起こすことがある。本章では，アメリカと日本に焦点を絞り，実例からふたつの文化の違いを明らかにし，異文化への理解を深めるとともに円滑なコミュニケーションの方法を考えていきたい[1]。

2 自己開示

「専攻は何?」留学中に初対面の人にまずそう聞かれることが多く,はっとしたことがある。質問に答えると,その分野に関してさまざまな視点から意見を問われ,少々当惑した。日本で聞かれる最初の質問は,「どこの大学?」だったからである。

初対面の人やあまりよく知らない人に,自分のことを話す場面がある。自分について自発的に相手に話すことを,「自己開示」という。西田 (1994, 2002) によると,アメリカ人が相手のことについて知りたいのは,相手の気持ちや考え方,価値観に関する情報である。一方日本人が知りたいことは,相手の年齢,学校や会社など所属しているところ,学年や職位,出身地や現在住んでいる場所などであるという。好みや考え方に関する話は,相手の背景を知った後に開示される[2]。初対面のアメリカ人から,こちらが聞いてもいないのに,普通よく知らない人には話さないようなことまでことまでいろいろと聞かされ,困惑した経験はないだろうか。それは,「自己開示」の度合いが異なるからなのである。

「自己開示」をするには,自分のことを知っていなければならない。しかし,私たちは自分自身のことをどれだけ知っているのだろうか。自分が知っている自分,自分が知らない自分,人に知られている自分,人に知られていない自分がどのように関係しているかを示すのが,次ページ図1のジョハリ・ウィンドウである[3]。この図を用いて,初対面のアメリカ人と日本人の自己開示の度合いを比べてみると,アメリカ人は日本人に比べると1の部分が大きく,日本人は3の部分が大きいといえるだろう。

バーンランド (1975) の調査では,アメリカ人は日本人に比べて自分の意見や気持ちを相手に話すことが多く,自己開示の度合いはかなり高いという。しかも,相手がよく知らない人の場合でもこの傾向は存在すると考えられる[4]。また,グディカンストと西田 (1984) によると,親しくない相手に対する日本人の自己開示はアメリカ人よりも少ないが,親しい相手に対する自己開示は両文化に差はないという[5]。

	自分で知っている部分	自分は知らない部分
人に知られている部分	1 オープンな部分 （共有している）	2 盲目な部分 （抑制されている）
人に知られていない部分	3 隠れた部分 （否定している）	4 未知の部分

図1　ジョハリ・ウィンドウ

出典：Barnlund, D. C. *Public and Private Self in Japan and the United States*. Tokyo：Simul Press, 1975. p.30.

　日本人はアメリカ人と話していると，ずいぶん立ち入ったことを聞くなと感じたり，自分のことばかり話す相手を不快に思うことがあるかもしれない。しかし，アメリカ人の方は，日本人は心を開いてくれないと思っているかもしれないのだ。両者の不満は自己開示のプロセスと度合いが異なるためだということを思い出し，相手に対してすぐに否定的な判断をしないよう心がけたい。

3　説明する文化―謝る文化

　「悪いことをしたら謝りなさい。」このしつけは万国共通だろう。しかし，日本人の謝る姿は海外で理解されないことがよくある。1992年アルベールビルオリンピックのフィギュアスケート日本代表伊藤みどり選手は，得意技のトリプルアクセルでまさかの転倒，銀メダルに終わった。演技を終えた彼女のインタビューの第一声は，「どうもすみませんでした」だった。いったい誰に謝っているのか。その後 ABC News は，このときの映像を含め「日本人の謝罪」と題して特集を組んだ。また，1997年自主廃業した山一証券の社長は，会見で涙を流して謝罪した。大人の男性が泣きながら頭を下げる姿に，アメリカのメディアは首をかしげた。
　逆に，謝らない外国人に日本人が反感を抱くケースもある。2006年東京都のマンションで，高校生がエレベーターに挟まれて死亡する事故が起きた。製造元のシンドラーエレベーターは，事故の直接的な責任を否定した。

同社のスイス本社幹部らが記者会見を開き，頭を下げて情報開示の遅れについて謝罪したのは，事故から9日後のことであった。この事件に関して，謝罪が遅いと不快感を抱いた日本人は少なくないだろう。また，2007年には横綱朝青龍が怪我で休場中に，母国モンゴルでサッカーをする姿を報道され引退の危機と騒がれた。「『スミマセンの儀式』が日本で生きる鍵なのを，彼はわからなかった」[6]など，謝罪会見を早く開いておけば事態の悪化は防げたという意見が多い。相撲英字誌の編集主幹も，不祥事を起こした企業の幹部や政治家がマスコミの前で泣きながら陳謝する文化のある日本で，自らの行為について公の場で謝罪しない朝青龍が許されることはないだろうとして，「日本では，涙が非常に重要な意味をもつ」と述べている[7]。

　涙まで流すかどうかはともかく，日本人がとりあえず謝るのに対し，アメリカ人はなかなか謝らない。バーンランドとヨシオカ (1990) の研究では，相手の気分を害した場合，アメリカ人はどうしてそうなってしまったかを説明する傾向にあるのに対し，日本人はさまざまな謝罪の仕方を相手によって使い分けていることが明らかになっている[8]。アメリカ人にとっては，失敗の理由や埋め合わせの方法などに関する説明が謝罪に伴わなければならないのだ。交通事故のように重大な責任が問われる場合には，自分の方から謝ることはまずないという。これに対し日本人は，責任がこちらにあるか否かにかかわらず，少なくとも人に迷惑をかけたと判断したときにはひとまず謝る。コンドン (1984) によると，アメリカ人は「日本人は，謝る必要のないときでさえいつも謝っているように思われる。ときに謝罪は相手に対する気遣いに思えるが，特に大人が謝る姿は卑屈になっているように見えることもある」と感じている[9]。日本人の謝罪は罪を認めることではなく，公の場で形式的に謝ることで責任から逃れ，人々からの非難を避ける手段なのだと，アメリカ人には思われるかもしれない。日本人は反射的に謝ってしまうことも多いが，アメリカ人と接するときは，本当に謝る必要があるのか，自分に不利益や相手に対して誤解が生じないか，謝る前によく考えることが大切である。

4 触れる文化―触れない文化

アメリカの大学で，詩を作る授業を取った。言葉は外国語，しかも一定の規則で韻を踏まなければならない。創作は困難を極め，宿題がどんどんたま

異性の友人　　同性の友人　　母親　　父親

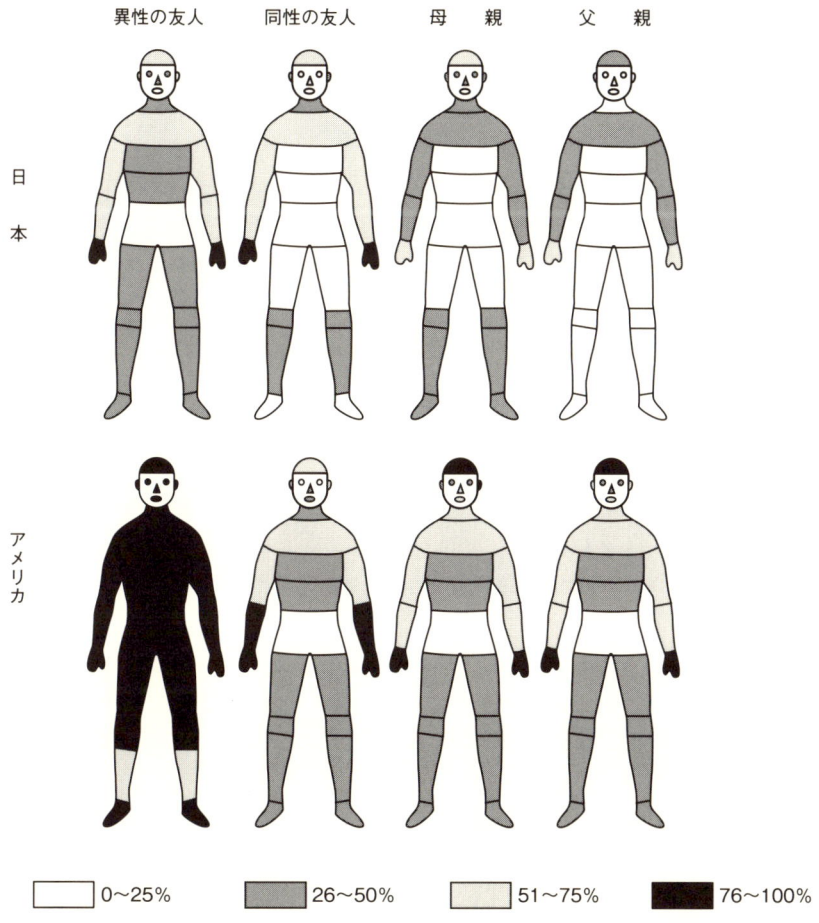

日本

アメリカ

☐ 0〜25%　　26〜50%　　51〜75%　　76〜100%

図2　身体的接触

出典：Barnlund, D. C. *Public and Private Self in Japan and the United States*. Tokyo : Simul Press, 1975. p.107.

っていった。そんなある日，やっと出来上がった詩を授業で読み上げると，教授が立ち上がってこちらへ近づいて来た。どうしたのかと思っていたら，"Congratulations！（おめでとう！）"という一言とともに抱きしめられた。他の学生たちが拍手をする中，戸惑いながらもとても嬉しかったのを覚えている。教授は当時60代，男性であった。日本ではない光景だが，留学中，どんな言葉より思いを分かち合えたのはhug（肩を抱き合うこと）だった。アメリカ人はよくhugをする。親子や夫婦，恋人や親しい仲間同士の挨拶だが，性別や年齢に関わらず，嬉しいとき悲しいときお互いを抱きしめて気持ちを分かち合う。

バーンランド（1975）は，アメリカ人と日本人の大学生を対象に，母親，父親，同性の友人，異性の友人といるときにどのくらい相手の体に触れるか，または触れられたかを調査した。その結果，前ページ図2に見られるように，アメリカ人が相手に触れる量は日本人の2倍であり，特に父親と異性に対する接触度は日本人の2倍以上であることが明らかになった[10]。

今では「ハグ」という単語も日本に定着し，若い世代では触れることに抵抗がなくなってきているようだが，世代や相手の性別や年齢によっては，触れたり触れられることに抵抗がある日本人も多いだろう。アメリカ人から，「冷たい」，「打ち解けない」などの印象を持たれることがあるかもしれない。そのような場合には，文化の違いを言葉で説明するのもひとつの方法だが，試しに一歩相手に近づいてみてはどうだろうか。そして，分かち合いたい気持ちがあれば，相手がするように思い切って触れてみよう。言葉では伝わらないことが，きっとわかるはずだ。

5　雄弁は金―沈黙は金

イギリスのテレビ番組で，"BANZAI"というクイズバラエティーショーを見たことがある。過激な日本のバラエティー番組を真似して制作されたというこの番組の中に，"Silent Interview（沈黙のインタビュー）"というシリーズがあった。ある有名人に何か質問をして，それ以降レポーターは決して話さない。質問に答えても言葉を返してこないレポーターに，有名人たちが何

秒間つき合ってくれるのかを当てるクイズである。その日の有名人は『スター・ウォーズ』シリーズでも活躍するハリウッド俳優サミュエル・L・ジャクソン，正解を含む選択肢は1）1～30秒，2）31～45秒，3）46～60秒，4）61秒以上の4つである。彼は黙り込むレポーターに何度か言葉をかけたものの，苦笑して24秒で立ち去った。日本人の態度を皮肉った企画であるらしいが，異文化では日本人の沈黙に戸惑う人がいるということは確かなようだ。

「口は禍の門」「口と財布は閉めるが得」「沈黙は金，雄弁は銀」など，日本には黙っていることの重要性を感じさせる諺がある。Wayne (1974) の調査によると，アメリカ人は沈黙を「悲しみ」「批判」「後悔」「困惑」など全て否定的に解釈したのに対し，日本人の多くは解釈が肯定と否定の中間に位置していたという[11]。また，西田 (1989) の研究では，ディスカッションで話すチャンスをつかめず発言できなかった留学生に対するアメリカ人学生の反応のうち，6割弱が批判的であり，好意的だったのはわずか1割強という結果が出ている[12]。

アメリカでは「沈黙は金」ではないことを認識し，相手に失礼にならないよう心がけることが必要である。言葉が出てこないときには，「もう少し考えさせてください」「時間をください」などつなぎの表現を使って，考えをまとめる時間をもらおう。日本人は，答えに困って気まずさや恥ずかしさを隠すために笑うことがあるが，これはアメリカ人にとって不可解な行動である。わからないときは照れ隠しに笑ったりせず，「わかりません」とはっきり言うことが誤解を招かない秘訣である。

6 権力格差

Stan, Kathie, Con は，それぞれ Stanly, Katharine, Conrad の愛称である。友人の名前ではない。留学中にたいへんお世話になり，今でも連絡を取り続けている教授たちだ。アメリカの大学では，同じ学問を志す上で学生も教員も平等であり，一般的にお互いを名前で呼び合い対等に議論する。しかし，自分の親ほど年の離れた先生を名前で呼ぶことにはなかなか慣れず，長い間姓

にDr.をつけて呼んでいた。自然に名前で呼べるようになったのは，自分も大学の教壇に立つようになってからである。先生方はそのことに気づき，「やっと名前で呼んでくれた」と言って笑った。しかし，20歳以上も年上の先生に「私たちは友だち」だと言われると，嬉しい反面ある種の照れくささにも似た感情が今だに消えたわけではない。

　この感情は，権力格差の度合いによって説明することができる。権力格差は，ホフステード（1995）による大規模な調査から明らかになった4つの文化の次元のひとつである。調査は53の国や地域で働くIBM社員を対象に行われ，およそ10万人のデータが分析された[13]。権力格差とは，国の制度や組織の中で，権力の弱い人が，権力が不平等に分布している状態を受け入れている度合いである。権力格差の大きい文化では，生徒は教師に敬意を払い，授業は教師の主導権のもとに行われる。生徒は教室で求められたときにだけ発言し，教師に反論することはない。もちろん，生徒は教師を名前で呼ぶことはなく，必ず「先生」と呼ぶ。他の特徴として，子どもは親に敬意を払い従順であり，会社で上司と部下はお互いを不平等な存在であると考えている。年配であるほど尊敬され，地位が高い人には特権があり，高級車など地位を表すものを持つことは当然のこととして受け入れられる。これに対し，権力格差の小さい文化では，生徒と教師は平等であり，生徒の自主性を重んじた生徒中心の授業が行われる。生徒は教師と議論し，教師に反論することもある。親子は対等な存在であり，会社では部下も上司も平等である。組織における上下関係は役割上のものであり，便宜的な意味で作られているにすぎない。年配より若い上司を好み，特権や地位を表すものを嫌う。

　ホフステード（1995）の調査結果によると，アメリカの権力格差の大きさによる順位は38位，日本は33位であった。日本よりも権力格差の大きい国や地域が全体の半分以上にものぼることに驚かされるが，アメリカと比較すると日本は権力格差の大きい国だと言える。アメリカでは，子どもは早くから自立し，生徒と教師が対等に意見を交わし，今日部下だった人が明日は上司になる可能性がある。日本でも，子どもの個性を重んじる教育が進み，会社によっては終身雇用制度や年功序列は過去のものになりつつある。今こうした調査を再びしたら，両文化の順位はもう少し近くなるかもしれない。

7 個人主義—集団主義

——「有罪に投票の人は挙手を。」議長の言葉にすぐ7，8人の手が挙がり，続いて数人の手が挙がる。「11人が有罪だな。では無罪は？」議長の問いに，8番陪審員の手がゆっくりと挙がる。——これは，『12人の怒れる男』というアメリカ映画の一場面である。1957年にベルリン映画祭で最優秀作品賞を受賞したこの作品は，父親の殺人容疑に問われた少年の評決をめぐって，12人の陪審員たちが熱い議論を繰り広げる，迫力と緊張感にあふれる名作だ。議論が長引き迷惑そうな他の陪審員の声をよそに，ヘンリー・フォンダ演じる8番陪審員はただひとり被告の無罪を主張する。

この映画をモチーフに作られたのが，『12人の優しい日本人』という作品である。「もしも日本に陪審員制度があったら」という架空の設定のもとに，陪審員として集められた人々の姿をコミカルに描いている。冒頭に紹介した場面を比べてみよう。——「では，無罪だと思う人。」議長の言葉に数人の手が挙がるが，他の陪審員たちはお互いの顔色をうかがいながら1人2人と手を挙げ，結局全員の手が挙がる。「では，全員一致で無罪と決定致しました。」——解散後，陪審員たちは「だけど，本音言うと殺してるんですよね」などと言いながら帰ろうとする。そのとき，陪審員の1人が「話し合いがしたい」と言い出し物語は展開していく。

日本人にとって，自分だけが他の人と違う行動をするのは勇気がいる。個人を重んじるアメリカ人に対して，日本人はグループの一員であり，自分が属する集団の調和を維持することを大切にしてきた。映画『12人の優しい日本人』にあるように，自らの主張よりも人間関係を重んじ，他の人たちと同じ行動をとる傾向がある。

前述のホフステード（1995）が2つめに明らかにした文化の次元は，個人主義と集団主義である。研究結果によると，個人主義的傾向が最も強い国はアメリカであり，日本は53の国や地域の中で22位だった。日本よりも集団主義的傾向が強い国が多いのも意外だが，アメリカと比較すると日本はかなりの集団主義である。個人主義者を理解するために，集団主義者はどのよう

なことを学ぶ必要があるのか。トリアンディス（1995）があげている個人主義者の特徴や行動パターンをわかりやすくまとめてみる[14]。

1. 個人主義者たちは自己アピールが強いため、そうした文化を持たない者には高慢に映ってしまう。
2. 個人主義者たちのコミュニケーションスタイルは情熱的で表現豊かであるが、そうした方法を通常用いない東アジアの集団主義者に対して誤解を生むことがある。
3. 面白さに重きを置く。楽しいかどうかが重要である。
4. 決断は早いが、意志決定が少人数によってなされるため、目的を達成するのに時間がかかることがよくある。
5. 一貫性、特に態度と行動が一貫していることをとても重視する。そうでないと「偽善者」呼ばわりされる。
6. 本音と建て前を使い分けることがあまりない。
7. 義務感からよりも、興味から行動に移すことが多い。
8. ギブアンドテイクの関係では、交換条件が明確に伝わっていなければならない。
9. 人間関係が続くのは、比較的短い期間だと思っている。

以上の内容を逆にすると、アメリカに比べると集団主義である日本人の価値観が見えてくる。「自分に厳しい」、「楽しみよりも義務感を優先」などストイックなものが目立ち、アメリカ人の方が楽しい人生を送っているように見えるが、日本人にも誇れるものはたくさんある。一見非効率に見える長い会議も、合意が得られればその後の行動は早い。時間をかけて人間関係を築くので、相手に何かを望むときにはその場の交換条件などなくても協力が得られる。ある視点から見た短所は、別の視点から見ると長所になるのだ。そのことを両文化が常に考えていれば、文化の違いを限りなくプラスに変えていくことができるのではないだろうか。

最近の日本人の大学生は、同年代のアメリカ人よりも個人主義だという研究結果もあるが[15]、これからの日本人は、グループから孤立することを恐

れずに，意見を出し合い建設的な議論を交わすことができるのか。『12 人の優しい日本人』が作られた頃には，裁判に一般人が関わることなど物語の中だけだと思っていた人も多いだろうが，日本にも裁判員制度が 2009 年に導入される。陪審員制度とは制度そのものも構成人数も異なるとはいえ，「優しい日本人」が「怒ら」なければならない場面もきっと出てくるだろう。

8 女性らしさ―男性らしさ

「父子家庭が多いのかと思いました。」スウェーデン旅行から帰ったばかりの学生が言った。学生の話によると，街で子どもと一緒にいる父親の姿が目立ったというのだ。その光景がよほど珍しかったのか，学生はスーツ姿でベビーカーを押す父親たちの姿を写真に撮ってきた。

ホフステード (1995) が 3 つめに明らかにしたのは，文化のひとつの次元として男性らしさと女性らしさがあり，その社会を特徴づけているということである。男性らしさを特徴とする社会では，生活の中で男女の役割がはっきりと分かれている。男性は自己主張が強くたくましい存在で，お金や物を重視する野心家であり，競争を勝ち抜き成功を目指す。生徒はいちばんであることを期待されるので学校での失敗は致命的であり，教師にも優れた才能が求められる。職場で重視されるのは，同僚間での競争と業績であり，上司に求められるのは決断力と自己主張である。一方，女性らしさを特徴とする社会では，男女の役割はあまり区別されず，必要なときどちらかがその役割を果たす。男性も女性も謙虚でやさしく，弱者へのいたわりを持ち，あたたかな人間関係と生活の質を大切にしている。学校では平均的な生徒であればよいので失敗はたいしたことではなく，教員に求められるのは親しみやすさである。職場で大切なのは，連帯感と仕事の質であり，上司には直感と意見の一致が求められる。先に紹介したホフステード (1995) の調査によると，日本の男性らしさの度合いは 1 位であり，アメリカは 15 位だった。1 位の日本との差は大きいが，調査した国や地域の中では比較的男性らしさの度合いが高い国である。参考までに，学生が「父子家庭の多い国」と勘違いしたスウェーデンは最下位の 53 位であった。福祉国家として知られるスウェー

デンのことを考えると，うなづける順位である。
　世界の大手企業などで組織する世界経済フォーラムは，社会進出での性別による格差の度合いを評価した「男女格差指数」を毎年発表している。128カ国を対象に行われた2007年の調査で，男女格差が最も小さいと評価されたのはスウェーデンであった。アメリカは31位であり，日本は91位と先進国の中で最も評価が低く，前年の80位からも大きく後退した。幹部への登用や賃金などの待遇，議員数や官僚ポストへの任命という政治への参加から女性の社会進出の現状を見ると，日本は「後進国」であるという。しかし，変化も確実に起きている。かつては女子しか履修しなかった家庭科の授業を，今では男子も一緒に受けるようになった。「保母」という言葉が「保育士」になり，保育園で働く男性もいる時代だ。「主夫」を務める男性も，以前ほど珍しくなくなった。最も男性らしさが強い国は今も日本なのか，気になるところである。

9　不確実性の回避

　「日本語で道を聞いているのに，日本人は『ノー，ノー』と言って逃げてしまうことがあります。」アメリカ人の留学生から聞いた話である。日本語が上手な彼は金髪に青い目，日本人がイメージする典型的な外国人である。日本人が逃げる理由は，どうやら英語ができないだけではなさそうだ。
　4つめの文化の次元としてホフステード（1995）が明らかにしたのは，不確実性を回避する度合いである。不確実性の回避とは，不確実で未知の状況にどのくらい脅威を感じるかということであり，曖昧なことに対する不安の度合いともいえる。
　不確実性の回避が弱い社会と強い社会の基本的な違いは，確実でないことを人生の自然な営みとして受け入れるか，脅威として取り除こうとするかである。受け入れていればストレスは低く，曖昧な状況でも危険についてよくわからなくてもそれほど不安を感じない。このような社会では，安全なものと危険なものに対する区別は緩やかで，どの考え方が良くどの考え方が悪いといったことに関して，子どもたちは家庭で厳しく言われない。従って，未

知の状況や知らない人，よくわからない考え方に対して寛容に育つ。服装や髪型など外見を気にせずに，誰とでも同じように接することが求められ，違いに興味を持つようになる。学校は独創性を育てる自由な学習の場であり，教師が「わからない」と言っても受け入れられる。職場の規則は絶対に必要なものだけに限られ，必要なときには一生懸命働くが暇なときはくつろいで過ごす。奇抜なアイディアが受け入れられるので，革新を生む文化が育つ。一方，不確実性を避ける社会では，曖昧な状況やよくわからない危険を恐れる。子どもたちは家庭でタブーについて厳しく教わり，違うことは危険だと考えるようになる。学校では，ひとつの正解を見つけ出すことが重視され，教師は正解を全て知っている専門家である。社会の法律や規則は不確実要素を取り除く方法なので，守られることがないような無意味なものを含めて，職場には規則が必要だとされている。その結果，人々は規則正しく正確に仕事をするが，常に忙しく働いていないと気がすまず，くつろぐことに不安を感じてしまう。

　ホフステード（1995）の調査では，日本の不確実性を回避する度合いは全体で7位と高く，43位に位置するアメリカとはかなりの差が見られた。不確実性を強く回避する社会では，自分と違うことは避けるべき危険であり，それが外国人嫌いや少数派の抑圧につながっていく。先ほど紹介した，見るからに自分と異なる外国人に日本語で道を聞かれて動揺してしまう日本人の例は，不確実なものを避ける行動だと考えられる。また，日本人は曖昧な表現をよく使うが，そのことが曖昧なことに対して不安に思うことと矛盾しているように思われるかもしれない。しかし，状況によって言葉にさまざまなメッセージををこめる高コンテキスト文化の日本では，同じ文化を共有していれば相手の意図を察することができるため，表現が曖昧であってもメッセージは曖昧ではないと言える。

　この章の冒頭で，アメリカは違いを受け入れる国だと述べた。それは，アメリカでは不確実なことに対する不安が日本に比べると少なく，違いを脅威としてとらえない価値観を人々が持っているからなのである。

10 おわりに

　アメリカ文化を語る上で忘れてはならないのは，アメリカ人の多様性である。ヨーロッパ系，ヒスパニック・ラテンアメリカ系，アフリカ系，アジア系など，さまざまな人種的文化的背景を持つ人が「アメリカ人」として暮らしている。従って，全てのアメリカ人を「アメリカ人」としてくくることは，私たちを「日本人」としてその行動様式や価値観を一般化すること以上に難しい。同じアメリカ人でも，アフリカ系アメリカ人はヨーロッパ系アメリカ人に比べて感情表現が豊かだろうし，ヒスパニック・ラテンアメリカ系アメリカ人は時間に対して緩やかな感覚を持っていることが多い。また，アジア系アメリカ人は，他の人種を背景に持つアメリカ人と比べると，日本人と価値観を共有する部分もあるだろう。

　アメリカと日本の違いに焦点を当てて事例を紹介してきたが，異文化は国の違いだけに存在するものではなく，性別や年齢，育った地域や受けた教育なども異なる文化を形成する。この章の冒頭で車いす使用者の例を紹介したが，障害を持つ人と持たない人も異文化に生きている。そう考えると，私たちはさまざまな異文化を持つと同時に共有する文化も多い。つまり，同じヨーロッパ系アメリカ人でも，性別や世代，個人的経験の違いなどによって，異なる価値観を持っているというわけだ。統計分析の結果など客観的なデータによって比較すると，傾向として一般的な日本人との違いが認められるだけであり，その傾向を全てのアメリカ人に当てはめないように注意したい。

　日本をよく知るコンドン（1984）は，アメリカと日本をThe Odd Coupleと呼び，両文化の違いを指摘すると同時に，大切にしている同じ価値観もあること，お互いの違いから学び合うことによって他にはない関係を築ける可能性を示唆している。自分と似ている人とは，お互いそれほど努力をしなくても理解し合えるので一緒にいて楽ではある。ただ，2人とも同じ方向を向いている分，ある意味狭い世界で生きていくことになる。一方，自分とは異なる価値観の持ち主との関係は刺激に満ちているが戸惑うことも多く，度重な

る対立を解決するために多くの労力を使う。しかし，異なる相手と向き合うことは，相手から学ぶと同時に自分を見つめ直すことでもあり，世の中をさまざまな視点で見ることを教えてくれる。共に歩んでいくには努力と忍耐，そして時間が必要だが，対立の先にある理解は2人により深い絆を与えてくれるに違いない。

注

(1) その他の事例及び解説は，花光（2006）「言語・非言語コミュニケーション」『ヨーロッパのことばと文化』pp.263-283 を参照。

(2) 西田司『異文化と人間行動の分析』多賀出版，1994 年
　　西田司，W. B. グディカンスト『異文化間コミュニケーション入門：日米間の相互理解のために』丸善株式会社，2002 年

(3) Luft, J. & Ingham, H. *The Johari Window : A Graphic Model of Interpersonal Awareness*. Los Angels : University of California Extension Office, 1955.

(4) Barnlund, D. C. *Public and Private Self in Japan and the United States*. Tokyo : Simul Press, 1975.

(5) Gudykunst, W. B. & Nishida, T. Individual and cultural influences on uncertainty reduction strategies. *Communication Monographs*, 51, 1984, pp.23-36.

(6) 「朝青龍，モンゴル帰国で大騒動　ホリエモンとの共通点」（AERA No.40）2007 年 9 月 10 日 p.69。

(7) *Perspectives*（ニューズウィーク日本版）2007 年 9 月 12 日 p.9。

(8) Barnlund, D., & Yoshioka, M. Apologies : Japanese and American Styles. *International Journal of Intercultural Relations*, 14, 1990, pp.193-205.

(9) Condon, J. *With Respect to the Japanese*. Yarmouth, ME : Intercultural Press, 1984, p.33.

(10) Barnlund, D. *Public and Private Self in Japan and the United States*.

(11) Wayne, M. The Meaning of Silence in Conversations. *Patterns of Communications in and out of Japan*. Ed. ICU Communication Student Group. Tokyo : ICU Communication Department, 1974.

(12) 西田ひろ子『実例で見る日米コミュニケーション・ギャップ』大修館，1989 年。

(13) G. ホフステード著，岩井紀子・岩井八郎訳『多文化世界』有斐閣，1995 年。

この研究は特定の企業の社員を対象にした。主に仕事に関する価値観を調査したもので，データは長期的に収集されてはいるとはいえ30年ほど前のものである。一般化するには注意が必要だが，その調査の規模と数少ない実証的研究から得られたデータであることから，文化を相対的に比較できる研究結果としてよく引用され高く評価されている。

(14)　Triandis, H. C. *Individualism & Collectivism*. Boulder, CO : Westview Press, 1995, p.158.

(15)　Matsumoto, D. *The New Japan*. Yarmouth, ME : Intercultural Press, 2002.

参考文献

D. バーンランド著，西山千，佐野雅子訳『日本人の表現構造　新版』サイマル出版会，1979年。

J. コンドン著，近藤千恵訳『異文化間コミュニケーション』サイマル出版会，1980年。

E. T. ホール著，國弘正雄他訳『沈黙のことば』南雲堂，1966年。

─────，日高敏隆，佐藤信行訳『かくれた次元』みすず書房，1970年。

今井康夫『アメリカ人と日本人：教科書が語る「強い個人」と「やさしい一員」』創流出版，1990年。

西田ひろ子『実例で見る日米コミュニケーション・ギャップ』大修館，1989年。

西田司・W. B. グディカンスト『異文化間コミュニケーション入門：日米間の相互理解のために』丸善株式会社，2002年。

岡部朗一『異文化を読む：日米間のコミュニケーション』南雲堂，1988年。

髙木哲也『謝らないアメリカ人　すぐ謝る日本人』草思社，1996年。

八代京子・町恵理子・小池浩子・磯貝友子『異文化トレーニング』三修社，1998年。

22 国際化と英語教育

照屋 佳男

1 国際化とグローバリゼーション

　国際化という語は我が国，我が国民と英語圏をはじめとする諸国家，諸国民との間の相互理解の促進を含意しているという認識を，本論考は出発点とする。ここですぐに思い浮かぶのは，国際化とグローバリゼーションという二つの語の間に存する意味の違いである。辞書を覗いてみよう。国際化：自国本位の排他的・独善的な態度を捨て，互いに異質性を認め合いながら他国と共存する世界にすること。グローバリゼーション：世界的規模に広がる（広げる）こと。また，その結果，政治・経済・文化などが国家の枠を超えて地球規模で広がり，世界が同質化すること（『新明解国語辞典　第六版』）。
　辞書におけるこの適切な国際化の定義から見えてくるのは，他国との共存がうまく行われることと，互いに異質性を認め合うこととは矛盾しないということである。ところで共存がうまく行われることは，相互理解が深まることに通じる，そして相互理解は，互いに異質性を認め合うのを土台としているのであり，互いに異質性を認め合うとは，互いに自らの独自性，固有性に重心を置くことを認め合うということで，こういう風な重心の置かれ方を認め合うことを通じてはじめて相互理解はまともに行われ，深まるようになるのである。グローバリゼーションという語がまだ人々の口に上っていず，専ら国際化という語が流通していた頃，人々は，この語が主として含意しているのは相互理解であると把捉していた。

一方，地球規模での同質化と同義であるとされるグローバリゼーションから察せられるのは，同質性しか認めないという方向付けが支配的な力を振るうということで，そういう場合には，相互理解は行われ難いということである。

　ところで互いに異質性を認め合うのを土台にして行われる相互理解が深まる場合には，ニュアンス，雰囲気，フィーリング，文脈，そしてそれらと決して無関係ではあり得ない語の正確な使用などが頗る重要な役割を担うようになり，一方，相互理解に比重が置かれない場合には，文脈や雰囲気やニュアンスや語の正確な使用などは，二の次にされる。

2　読解力

　上の論述から導出され得るのは，国際化という語が生きた力を持つことに相応じる英語教育があり，グローバリゼーションが文字通り世界を席捲することに相応じる英語教育があるということである。前者においては英文，なかんずく英語圏の文学作品の読解力の涵養に重点が置かれ，後者においては，力点は，英会話を中心とする実用英語の習得に置かれる。その字面とは裏腹に，諸外国や諸国民との間の相互理解の深化を阻む働きをするグローバリゼーションが力を得るにつれて，英米の文学作品の読解力の涵養は脇へ押しやられ，実用英語が中心的な地位を占めるようになり，今や，文科省の音頭とりもあって，猫も杓子も，もっと英会話を，と口にし出し，英語教育とは英会話教育のことだと主張される場合さえある。そして英語の修得はスキルに尽きるという見方が抜き難いものとなる。英会話の上達にとっても，英文の読解力の向上は不可欠であるという見方は，英会話を苦手とする者の偏見とあっさり片付けられてしまう。

　読解力の涵養において雰囲気やニュアンスの的確な把握は決定的に重要な役割を果たすと言えるが，それは読解力が真のコミュニケーションと切り離され得ない関係にあるからであり，読解力の向上は会話力の向上と，実のところ，密接に連関する。情報を過度に重視するグローバリゼーション下で，英会話偏重の英語教育者は，雰囲気やニュアンスや語の正確な使用の軽視を

22 国際化と英語教育

特徴にしているから，情報の表層性が人々の意識に上(のぼ)ることは殆どなく，ただ情報や意思が伝わりさえすればいい，その余のことは等閑視しても構わない，とする謬見に人々は傾きがちである。謬見というのは，最も深いコミュニケーションの成立を本質的特徴とする優れた芸術作品（文学作品）が明示しているのは，相互理解において決定的に重要なのは，情報であるというよりは，むしろ雰囲気や文脈やニュアンスや語の正確な使用である，ということだからである。

グローバリゼーションの英語教育に抗するような観点から書かれた四つの優れた著作（『英語の読み方』『日本人の英語』『続日本人の英語』『心にとどく英語』）をこれから取り上げることにしよう。

『英文の読み方』で行方昭夫氏は，「英語で書かれた新聞や本を読むときも英語で会話をするときも必ずそこには文脈や話の背景，相手との関係性などの『コンテクスト』がある」[1]という見方を提示し，こう述べている。

> 昨今は「話す，聞く」に重点を置いて学ぶ人が多いようですが，何よりも「読む」ことをゆるがせにしては決して本当の英語力は身につかない，と私は考えています[2]。

> 読む力が中途半端な人が会話力だけ超一級だとか，会話は全く出来ないけれど読みなら問題なしということは，余程の例外を除いてあり得ないと思います[3]。

「文脈や話の背景，相手との関係性」は，雰囲気やニュアンスを除外しては考えられないし，主として文学作品の精読を通じて培われる読解力によって雰囲気やニュアンスが的確に捉えられる時，語の正確な把握が必ず参与しているのであり，英会話がコミュニケーションを旨としている限り，英文読解の鍛錬は，英会話の上達にも資することとなる。

ここで言えることは，英文の読解が深く正確に行われることと，国語の読解すなわち日本語という異質なもの，英語からすると異質なものに深く根を下ろすという形で行われる読解とは矛盾しないということである。この二つ

の読解という営為において，意識化の度合いが低いのを本質とする土台（ニュアンスや雰囲気や文脈，そして語の正確な把握）への立脚が共通の要素として存在する。そしてここから言えるのは，日本の文学作品の読解力の涵養と矛盾しない英文読解力の涵養，すなわち英語圏の文学作品の読解力の涵養は，英語及び日本語の総合的力の養成に繋がらずにはいないということである。行方氏はこう言っている。

　　コンテクストを把握した上で，書き手の気持ちや言外に込められた意味など英文の裏の裏まで読み解き，それを活かした日本語に直せる力こそが，総合的な英語力の何より重要な基礎だと確信するようになったのです[4]。

英文をその「裏の裏まで」読み解く時，日本語は意識に上らず，否定されているが，この否定は深く読み解かれた英文が日本語に直される時には，いや応なしに日本語の力強い肯定に転ずるのであり，その肯定は，既述の通り，日本語の総合力の高まりに通じることとなる。このような否定肯定の意味合いについては後段で改めて取り上げることにする。

ところで行方氏が「意味が分かればそれでよし」とする姿勢に「英文の『こころ』を読み込む」姿勢を対置する時，我々は，行方氏によって文学作品（あるいは文学的作品）の読解が殊のほか重視されているのを感ぜずにはいられない。なぜ文学作品の読解が重要なのであるか。T. S. エリオットの次の言葉が幾分参考になろう。

　　文学的遺産を大事にしなくなっている国民は野蛮になる。文学を生み出すことを止めている国民は，思想と感受性において活気ある働きをしなくなる。或る国民の文学は，その生命を国民の話し言葉から得ている。そして文学は，国民の話し言葉に生命を与えるのである。こうして文学は国民の意識の最高の状態，国民の最も偉大な力，国民の最も繊細な感受性を表わすものとなるのである[5]。

読解を通じて味わわれるのを通例とする文学が,「国民の意識の最高の状態,国民の最も偉大なる力,国民の最も繊細な感受性を表わす」ということは,文学を通じて最高のコミュニケーションが引き起こされるということであり,最高のコミュニケーションが成立する時,雰囲気や文脈やニュアンスが果たす本質的に重要な役割は,意識の最高の状態――意識化の度合いが高いことを決して意味せず,むしろ意識化の度合いが低いことを表わす状態――から必然的に生ずるところのものである。そのような意識の最高の状態を培ってくれるのが文学であり,文学作品の読解の積み重ねは,コミュニケーション,相互理解,一般に人間関係という基底的事実に深く根を下ろすように人々を仕向ける。そして文学の言葉が国民の話し言葉と相互依存的な関係にあるということは,会話を通じて深く豊かなコミュニケーションが図られる場合に,文学がその影響を及ぼさずにはおかないということを必然的に含意する。

　英文読解における「深読み」,文脈や雰囲気の参与する「深読み」に相当するものは,英会話や英作文においても深く豊かな人間関係に資するコミュニケーションの成立となって現われる。行方氏が「ぐっと人間味を持ったものとして英文を読めるようになる」という句を用いる時,深い人間関係に通じる「深読み」の喜びがおのずから読者の胸に伝わってくるのであって,英会話を含む英語の習得が「深読み」と決して無関係でないことを読者は了知するに至る。

　英国の小説家 E. M. フォースターによれば,純然たる情報(例えば「電車の線路の傍らに掲示される STOP という語」[6]の担う情報)の対極に位置する純然たる雰囲気(例えば抒情詩によって醸し出される雰囲気)との間には,様々に異なる情報伝達の度合いと雰囲気醸成の度合いを反映した事例――情報伝達の度合いが低下すれば,それに反比例して雰囲気醸成の度合いが高まるといった風な様々な事例――が考えられるが,それはさておきフォースターの見るところでは,言葉の機能は,情報を伝えることと,雰囲気を創り出すこと,この二つに尽きる。フォースターは,深みそしてそれと緊密に結びついた内的秩序は,およそ雰囲気と無関係には生じ得ず,一方情報を主体とする新聞や広告には深みや内的秩序は備わっていないという意味のことを語る。

ここから推論できるのは、情報のレベルに留まる英語の習得は、真のコミュニケーションという観点からすると、大いに欠けるところがあるということである。然るに、グローバリゼーション下で威勢を振るっているのは、情報機能であり、雰囲気醸成の機能は、殆ど見向きもされない。それにちょうど見合って、情報機能中心主義のグローバル英語とでも称すべき実用英語が地球規模で広がり、読解力の鍛錬によってもたらされる英語、すなわち深みと正確さを旨とする英語は、コミュニケーションを阻害するものと看做されさえし、読解力の鍛錬、とりわけ文学作品の読解力の鍛錬は、英語教育においていよいよ蔑ろにされるということになる。

このような状況の意味するところは、国境を越えて人々が自由に往来し、至る所で英語が世界の共通語として用いられているにも拘らず、相互理解や人間関係は一向に深まらないということである。

3 マーク・ピーターセンの「日本人の英語」

マーク・ピーターセン氏の『日本人の英語』、『続日本人の英語』、『心にとどく英語』には、英語を母語とする人々をいらいらさせるような日本人の英語が丁寧に取り上げられていて、読者はいや応なしにグローバリゼーション下の我が国の英語教育が、相互理解やコミュニケーションに役立つものには必ずしもなっていないということを痛感させられる。国際的な相互理解に資するような英語力の涵養は、英文読解力の涵養と無縁には為され得ないということがピーターセン氏によっても暗示されている。ピーターセン氏の場合、古今の英米文学作品の深い読解と古今の日本文学作品の深い読解の両立を通じて、英語表現がこの上なく磨かれるに至っているだけでなく、日本語の表現も驚嘆すべきレベルに達しているのであり、ピーターセン氏が英文読解力は会話や作文においても決してゆるがせにできないものと認識しているのは、次のような発言に窺える。

英語の「the 感覚」を養うためには、正しい文章を「読んで、読んで、読むこと（read, read, read）」がむろん何よりである[7]。

そしてピーターセン氏にとって，英語を通じての相互理解や人間関係の維持は，定冠詞や不定冠詞の正しい使用と深く結ばれているのであり，ピーターセン氏には，ただ情報が伝わりさえすればいい，あるいは意思が伝わりさえすればいいという底の英語習得を肯定する姿勢は微塵も感じられない。「洗練された英文」という印象与えこそすれ，「幼稚な感じ」をおよそ与えない英語表現が身につくようになったら，日本人が外国人，とりわけ英語を母語とする外国人に与える印象は格段に良いものになると信じているピーターセン氏が日本人に求めているのは，「通常の国際英語」に他ならない。それは雰囲気やニュアンスや文脈や文体や語の正確な用い方を度外視しない英語である。それは，良好な人間関係に絶えず気を配って用いられる英語である。それは「定冠詞・不定冠詞の使い分け」の根底的重要性に気づき，これを「常識的解釈」に任せず，冠詞は「さほど気にしなくても通じる」などと考えるのが「完全な誤解」に通じる場合のあることを胸に刻んだ上で用いられる英語である。

　語の正しい使用や文法や雰囲気などは，経済の自由競争における規制のごときもので，撤廃されるべきものと看做しているかのような印象を与える日本の或る社会科学者の英語表現が，『日本人の英語』で，俎上に載せられている。日本の英字新聞に発表されたこの学者の文章に触れて，ピーターセン氏は「支離滅裂」な感じを受け，the の誤用に「いらいらさせられ，筆者の考えが確実でないような不安に駆られ，主旨を理解するのが困難になる」と述べる。定冠詞 the，「単なるアクセサリーのようなものではなく，意味的カテゴリーを決め，その有無が論理の根幹をなす」[8] the の無茶苦茶な使用にいらいらさせられるとは，国際化の核心をなす相互理解が阻まれるということの表徴である。

　このような「自由競争」を特徴付けるのは，どれだけ「心にとどく」かではなく，どれだけ多量に情報や意見を発信するかということであり，かくして語の正しい使い方やニュアンスや雰囲気などは一顧だにされない一種「弁舌爽やかな」英語使用が幅を利かせるようになる。ここで我々は，白洲次郎の言葉を思い起こさずにはいられない。

一定の教育の課程を通ってきた英国人の英語というものには，一種のアフェクテイションがあってなかなか味のあるものだ。アフェクテイションとは「恰好」とでも訳したらいいのかな。つまり弁舌爽やかにスラスラ喋る，ということの反対だ。ちゃんとした英国人は，非常に澱みなく喋るような雄弁な人には，反射的に疑惑心をもつ傾向がある[9]。

　雰囲気醸成の働きをするこの味わい深い「アフェクテイション」は，人間関係重視に発するものであり，ここにはピーターセン氏の説く英語表現観と共通するものが感じられる。
　我々にとって大切な一点は，ピーターセン氏の言う英語表現，すなわち雰囲気，微妙な心理，文脈，丁寧さ，よき人間関係などに意が用いられ，冠詞のみならず副詞や前置詞や助動詞の正しい使い方を身につけるのが疎かにされない英語表現は，文学的英文の読解の積み重ねと無関係には生じようがない，ということである。
　ピーターセン氏が英語表現力の涵養に役立つ英文として具体的に差し出しているのは，主として米国映画の人間味豊かで秀抜な台詞の数々であるが，それは，同様に人間関係重視の観点から取り上げられる日本映画の台詞と映発し合っており，我々はその背後に英米文学作品の深い読解に重心を置きつつ，日本文学作品の読解に専心するピーターセン氏の姿を思い浮かべることができる。象徴的な事例は，ピーターセン氏が，サイデンステッカー訳の『山の音』(川端康成著)を米国で大学在学中にアメリカ文学の傑作のごとくに読み，日本文学研究の道に入る決意をしたということに関わるものである。氏が現在『山の音』を原文で読む時の読解の深さは *The Sound of the Mountain* を読んだ時の深さとまさに釣り合っている。ピーターセン氏において英米文学作品の読解に徹することと，日本文学の作品の読解に徹することとは，雰囲気やニュアンスや語の正確な使用といった意識化の度合いの低い基底的事実に根を下ろしているという一事によって可能になっているのであり，読解力の高まりは必然的に表現力(英語表現力，日本語表現力)の高まりに収斂し，二つの言語の表現において，氏はまさに達人の域に達するとい

うことになる。

　繰り返すようだが，ピーターセン氏の並外れて高い表現力は，すばらしい和文英訳力となって現われるだけでなく，驚嘆すべき英文和訳力となっても現われる。舌を巻くほどにすばらしい和文英訳，英文和訳を前にして，日本人たる我々はピーターセン氏の英文和訳に相当する和文英訳，和文英訳に相当する英文和訳をピーターセン氏と同程度に為し得るか，と自問してみると，答えは明らかに否である。ピーターセン氏の英文和訳が秀逸であるということは，氏の日本語表現が秀逸であるということに直結している。例を一つ挙げてみる。

　たとえば，待ち合わせの喫茶店に，いつものようにだいぶ遅れて現われた人に謝られて，That's okay. I've been hoping for the chance to finish this book. (いいんだ，前からこの小説を最後まで読むチャンスがほしかったんだ。)と，茶目っ気を込めて言ったとする。この時，まずは，「別に怒っちゃいないよ」というメッセージは一応伝わるが，その反面，こうした表現は，どれほど皮肉が入っているのかがいささか曖昧なだけに，またまた遅れてきた相手への小さな「罰」として，わずかな不安を与える，といった役割まで果たす言い方でもある[10]。

　こういうすばらしい日本語表現力の持ち主たるピーターセン氏が，日本人による英文和訳の間違いを適切に指摘し得るところには何の不思議もない。そしてピーターセン氏によって指摘される映画やビデオの字幕上の誤訳の例は，我々に英文読解力向上の必要をいやが上にも認識させる。映画『卒業』の中の you're the first thing for so long that I've loved が「君が好きだ。本当だよ‥‥‥。昔から好きだった」と訳されているのを取り上げて，「本来のニュアンスとはずいぶん違う印象を与える。これでは逆に陳腐な口説き文句にしか響かなくなる」[11]と言っているが，「本来のニュアンスとはずいぶん違う印象を与える」はいわば弱語強意であり，「本当に久しぶりなんだ，自分が好意を持てるものに出会ったのが」という正しい訳が為されないというのは，決して小事ではなく，意思の疎通や人間関係が阻まれるほどの

大事であると受け止められねばならない。
　「ニュアンスのひどく違う」英文和訳が堂々と行われる例があまた存在するというのは、英文読解力の低下、英語表現力の低下、そしてそれと無縁ではない人間関係力の低下を暗示しているであろう。グローバリゼーション下の人間関係軽視の風潮、ニュアンスや雰囲気の違いに鈍感になるのをよしとする風潮が、英文読解力、英語表現力の低下と決して無関係ではないということをピーターセン氏の著書は、我々に感受せしめるのである。
　『心にとどく英語』の中の「"care"は人間関係の要」と題された最終節でピーターセン氏が次のように述べる時、我々は人間関係重視が英語表現力の涵養において果たす役割の大きさに、改めて気づかせられるのである。こう書いている。

　　I love her because she's someone who cares. と言うと、人間としての「彼女」に対する最高の誉め言葉になる。
　　考えてみたら、『カサブランカ』のリックとイルザ、『ローマの休日』のジョーと　アン等々の、この本で取り上げた映画の登場人物たちも、people who care がかなり多かった。そして彼らが people who don't care にぶつかることによって、ドラマや　コメデイーが生まれたのである。人と人との関係とは、そうしたものだろう[12]。

4　否定の力

　人間関係の中心に「思いやり」があり、その「思いやり」が、己れのアイデンテイテイの否定を呼び起こすほどに深いものになるというのはあり得ることであり、深い思いやりにも似た英語への没入から日本人としてのアイデンテイテイの否定が起こったとしても、それは別に驚くには当たらない。ピーターセン氏は、『続日本人の英語』の中で発している注目すべき言葉、「アメリカ人が日本語を沢山覚えても、日本人と話すとき、英語の感覚、あるいは、アメリカ文化の感覚を頭から追い払えず、生外人のままで喋ったら、大体失敗と終わる」[13]という言葉が、ここで思い合わせられる。日本人

が英語や英語圏の人に向き合う場合にもそのままあてはまるこの言葉の意義深さは，アイデンテイテイの否定が含意されているという一点に見いだされるのである。既に明らかなように，このような否定によって，生日本人の感覚が頭から追い払われ，「英語の環境」への道が整えられるのであり，これに関してピーターセン氏は，「日本にいながら英語の感覚に馴染む事は，年齢をと問わずに十分できると思う。必要なのは没頭することだけである」と語り，更に，「単に，日本語にどう訳すかという以前に，その表現の内側に入り込むことが必要だろう」と述べ，夏目漱石は，英文読解を限りなく行う形で，英語表現の内側に深く入り込んだからこそ，「きちんとした」英語表現を為しえたと受け取れる発言を行っている[14]。

　英語表現の内側に深く入り込むとは，日本人としてのアイデンテイテイの否定，日本に固有のもの（国語）の否定，外来のもの（英語）の肯定を意味することとなるが，このような否定は，固有のものの消滅を意味しないということが肝心要の一点なのだ。力強く存在しているもの，固有性を保って生きているものが，否定の対象になる時，否定は，否定されるものの有り余る程の存在を前提として行われる。その場合，否定されたものの再発見，再肯定は行われ得るし，また行われねばならないが，再発見，再肯定の契機となるのは，否定において決して消え去ることのない基底的な雰囲気やニュアンスの重視という姿勢である。換言すれば，消滅を免れているそのような姿勢の想起が切っ掛けとなって，一遍否定されたものの再発見，再肯定は行われるのである。再発見を通じて，否定以前に為されていた肯定よりも強い肯定が行われるようになるのは，怪しむに足りない。このような再発見と再肯定は，意識化の度合いの低い基底的なものが，その意識化の度合いの低さゆえに，外来のもの，すなわち新たに受容され，没入の対象になった外来のものによって排除されることなどなく存続するというそのこと故に，起こるのである。

　上の論述を一歩進めてこう言うべきであろう。意識化の度合いの低い雰囲気やニュアンスや文脈などが無視されない限り，英語世界への沈潜と日本語世界への沈潜とは矛盾しない，つまり文学的和文世界への沈潜と文学的英文世界への沈潜は，ニュアンスや雰囲気が最大限重んじられるという点で通底

している，と。

　「神は細部に宿り給う」という言葉があるが，その細部を本論考は雰囲気やニュアンスの重視と解し，繰り返すようだが，「細部」がしかとその位置を占めている限り，「細部」は，否定を潜り抜けて存続し，アイデンティティの再発見，再肯定の契機となる。

　「細部」が等閑に付されることのない真の国際化においては，固有のものは認められ，存続するのだが，そういう観点を失却すると，英語教育の分野において，既に見たように，一方で実用英語原理主義が発生する。そして他方では，極端な場合には，『太平洋戦争と英文学者』で宮崎芳三氏が取り上げているように，文学的英文読解の重視される英語教育は「ものの見方の根基にかかわる思想教育」[15]などと決めつけられ，英語教育は日本人としてのアイデンティティを消失させるとする謬見が一世を風靡するようになり，読解に力点の置かれた英語教育の軽視を通じて，英語教師が失職するという事態にも似た事態が招来されかねない。グローバリゼーション下でよく顔を出す見方，たとえば，一にも二にも国語だ，という言い方で表出されるアイデンティティ重視の姿勢は，「細部」と全く無縁の実用英語教育が英語教育の中心とみなされるに至っていることへの反動の産物であり，このようなリアクションにおいては，残念ながら，英文読解の根底的重要性は視野の外に置かれ，「細部」に思いが致されることはない。

　以上，我々は，雰囲気やニュアンスや文脈の重視といった「細部」を不可欠の要素とする英語教育こそが，相互理解を旨とする国際化に役立つという観点に立って，文学的英文の読解の鍛錬に焦点を合わせて論じてきたのであるが，意識化の度合いが高く，従って抽象的であるより他はない生(なま)の状態にあるもの，否定を一度も経ていないものの固守，つまり生(なま)のアイデンティティの固守によって「細部」が救い出されることはないと，ここで，結びとして言っておくべきだろう。そして「細部」は，真の相互理解，真の国際化が行われる上で必須であるという観点から，蔑ろにされてはならない，ということも，くどいようだが，言っておくべきだろう。「細部」が生かされている限り，我々は生のアイデンティティの否定を安んじて受け容れ，文学的英文読解に徹底的に没入でき，それを通じて英語総合力の向上を図ることができ

るのである。

　繰り返すようだが，文学的英文世界への沈潜と文学的和文世界への沈潜とは両立するのであり，文学的和文世界の「細部」は，文学的英文世界の「細部」と響き合う関係にあるのである。

注

（1）　行方昭夫　『英文の読み方』岩波書店，2007。p.2
（2）　同書　p.3
（3）　同書　p.5
（4）　同書　p.5
（5）　Eliot, T. S. *The Use of Poetry and the Use of Criticism*, London : Faber and Faber, 1933, p.15
（6）　Forster, E. M. *Two Cheers for Democracy*, London : Edward Arnold, 1951, p.87
（7）　マーク・ピーターセン　『日本人の英語』岩波書店，1988。p.28
（8）　同書　p.22
（9）　白洲次郎　『プリンシプルのない日本』新潮社，2006。p.21-22.
（10）　マーク・ピーターセン　『心にとどく英語』岩波書店，1999。pp.82-83.
（11）　同書　p.107
（12）　同書　pp.186-187
（13）　『続日本人の英語』岩波書店，1990。p.35
（14）　同書　p.182
（15）　宮崎芳三　『太平洋戦争と英文学者』研究社出版，1999。p.13

23 英語の未来

矢野安剛

1 はじめに

英語がイギリス人の北アメリカおよびオーストラリアへの移住，アジア・アフリカでの植民地政策，産業革命，超経済大国アメリカの出現などで世界共通語として普及したことは前にも述べた（矢野 2006, 145）。現在，英語は約3億5千万人が母語として使い，4億が第二言語として国内で日常的に使い，7億5千万が外国語として使う（Crystal 2003, 61）。総計15億，世界人口の25パーセントにのぼる。しかも，世界における英語の使用の80パーセントは非母語話者同士である（Carter 2003, 97）。英語がアメリカやイギリスの英語圏文化から離れたところで独自の変化を遂げ，母語話者が担ってきた「正しい英語」の基準の提供という役割に変化が起こりつつある。

言葉は時代とともに変わる。元来「馬鹿な」を意味した nice が「気持ちのいい」に変わり，「陽気な」の意味の gay が「同性愛者」に使われるようになり，18世紀のフランス貴族のエレガントな社交の場だった salon が今はヘアドレッサーや美容師の仕事場である。

言葉は場所によっても変わる。なぜかイギリス英語の potato chips がアメリカ英語では French fries である。なぜかオーストラリア人は sheep のことを jumbuck という。南アジアの英語では「詰まらぬ人」は a small potato ではなく a small radish from an unknown garden と言うし，強調したいときは Cut it into small small pieces. のように繰り返す（Kachru and Nelson 2006, 157-8）。

東南アジアでは She is an onion-skinned girl. のように繊細なことを onion-skinned と表現するし，どきどきするのは I have butterflies in my stomach. ではなく I have a mouse in the chest. と言う。「いとこ」に性別を持ち込んで This is my cousin sister, Jane. と言ったりする。また，postpone の反対語を造って Let's prepone our meeting to Wednesday. と言ったりする（Honna 2002）。さらに，外国語としてしか英語を使わない中国でも，彼らにとって重要な「面子」（mien zu）の概念が出てきて，商取引で You are losing my face. Please stand my face. などと言う。日本人の英語にも，自分たちが決めたことなのに，「～のように決まりました」と言う日本語の発想が滲みでていて，It was decided to close down the factory. と受身形を多用し，意識的に動作主を隠すのかと非難されたりする。中東の回教徒の使う英語には宗教的な信条が表現されている。次は寄付依頼の手紙の冒頭である。

In the name of Allah the Beneficent, the Merciful, the Master of the Day of Judgment, I greet you in the Name of Allah, the Beneficent, the Merciful, to whom all the Praise and the most Beautiful Name belongs. I am from Saudi Arabia...

英語は世界に広まり，インド，シンガポール，ナイジェリアなどでその地域ごとの社会文化や伝統に同化し，制度化され，独特の表現や意味をもつ英語の種（variety）に発展してきている。いずれアメリカ語，インド語，ナイジェリア語のような別々の言語に分岐していくのだろうか。そうなるかも知れない。ラテン語の先例がある。かつてラテン語はローマ帝国の栄光とともに当時の国際語として広く普及した。その軍事力，技術力，統治力などの強大な先進文化を学ぶ手段として世界中がラテン語を学んだ。だが，帝国の滅亡の後，やがてイタリア語，フランス語，スペイン語，ポルトガル語，ルーマニア語に分岐して行ったのは歴史が示す通りである。

だが，当時と違い，交通手段とコミュニケーション手段が世界をつなぐ今日，ヒト，モノ，カネ，情報，サービスなどが常時大量に世界中を移動し，人々は常時世界中とコンタクトしている。その頻度と量は莫大なもので，国

や人々の相互依存の度合いをかつてないほど深めている。当然，共通語の役割は重要になり，トップを行く英語は国際的な相互理解度の高さを求められている。それがまた，英語の国際化に拍車をかけ，標準化を促進させてもいる。では，この地域的分岐と国際的共通化の2つの相反する動きがどのように調整されていくのだろうか。

2 広域地域標準語

　経済のグローバル化とともに国際共通語としての英語はますます重要になってきた。では，現在基準になっているアメリカ標準英語およびイギリス標準英語に勝る単一の国際標準英語というものが構築されるべきなのだろうか。それは望ましいことでも，必要なことでも，実現可能なことでもない。むしろ，将来は「共通語基本部」(Lingua Franca Core) みたいな共通分母が各地域で「一般英語」(English for General Purposes：EGP) として学ばれ，地域の特徴をもつそのような英語が，他地域との接触を通して，地域間相互理解度の高い地域標準英語に育つだろう。国際英語とはそのような地域標準英語の集合体と見ている。最終的にはネイティヴとかノンネイティヴなどの別なしに個人の英語運用力の問題に帰すると予測している。とは言え，現在の母語話者，第二言語話者，外国語話者という区分から個人英語へと移行するには何十年という長い時間が必要であろう。最終的な個人の英語に帰するまでの過渡的状態として，「広域地域標準語」というものを私は提案している (Yano 2001, 126)。それは，ヨーロッパ，アジアなどの広域地域の共通語としての標準英語である。
　これらはネイティヴ・スピーカーの英米英語，ヨーロッパ英語，アジア英語，スペイン語圏のラテン英語，中東および北部アフリカのアラブ英語，サハラ砂漠以南のアフリカ英語である。これらの地域と地域の間のコミュニケーションよりも，それぞれの地域内でのやりとりがその量，質，頻度においても圧倒的に多い。地域内標準化が地域相互の共通化に先行するのは道理であろう。
　ヨーロッパを例にとると，欧州連合 (EU) は「母語＋2外国語」教育政策

English as an International Language

- Native-speaker English
- Euro-English
- Asian English
- Arab English
- Latin English
- African English

Regional Standard English（Yano 2001, 126）

を取り，バイリンガル／マルティリンガルの子どもが育ってはいるが，現実には英語が事実上の共通語である。1998年の時点で，英語の母語話者はEU市民の16%に過ぎないが，47%が英語が使えるというデータがある（矢野 2006, 154）。およそ10年後の今日，英語のできるEU市民はもう50%を超えていよう。ヨーロッパに旅すると，ヨーロッパ諸語の訛りがあり，あきらかに英米の母語英語とは違うが，国際理解度の高い「ヨーロッパ英語」（Euro-English）が形成されつつあるのを感じる。テレビやラジオのユーロ・ニュースや新聞・雑誌から，ビジネス，会議，通りでの英語にまで，目にし，耳にする英語はネイティヴでない我々の目や耳に優しい，分かりやすい英語である。

　アジアでも，東南アジア諸国連合（Association of Southeast Asian Nations : ASEAN）の公用語は英語である。キリスト教文明を背景にした英米の母語英語とは異質のアジア化された英語，「アジア英語」（Asian English）が確立されつつある。それぞれの文化を担ったマレーシア英語，タイ英語，フィリピン英語の上層語（acrolect）の集合体であり，地域内相互理解度が高いが単一のアジア標準英語ではない。シンガポールにある「地域英語センター」（Regional Language Centre : RELC)はASEAN加盟国の英語教師を養成し，再教育しているが，その指導者はアジア人で，ここでも英語のアジア化に拍車がかかっている。シンガポールでは小学校1年から全科目が英語で教えられており，子どもたちは学校だけでなく，町でも，家庭でさえ英語を使いはじめている。教育手段に英語を使う学校が増え，英語の母語化（nativization）が進んでいる。

　このようなヨーロッパやアジアという広域地域では，英語が英米文化ではなくそれぞれの文化を理解し，表現する手段として使われ，多文化交流の手段となっていることに注目したい。それは取りも直さず「国際語としての英語」（English as an International Language）の在り方だからである。

3　ネイティヴ・スピーカーの変化

　日本人の英語学習者は「ネイティヴに近い」（near-native）とか，「ネイティヴのような」（native-like）英語運用力を目標にしている。だが，英語の母語話者（native speaker）とはどういう人を言うのだろうか。「英語を使う社会で子どものころに英語を自然に，苦労せずに身につけた人」（Cook 2003, 28）というのが伝統的な定義である。だが，経済のグローバル化および交通機関の発達と世界に張り巡らされたコミュニケーション網のお陰で人々は世界中を移動し，常時世界中とコンタクトしている。生活自体も非地域化（deterritorialize）し，ハイブリッド化し，多言語・多文化に触れて育ち，多面的アイデンティティーをもつ人が増え，その活動は国境を超える。

　英語のネイティヴ・スピーカーにも，まだ数は少ないが，外国生まれ，外国育ちが確実に増えている。外国で仕事をする英米人の急増に伴い，家庭や学校で学ぶ英米文化と住んでいる社会の「異文化」を同時に身につけた子どもたちが育っている。さらに，ドイツ人技師とマレーシア人がアラブ首長国連邦で出会い，結婚し，英語で生活している例が報告されている（Crystal 2003, 6）。その子ども達は両親の「外国語としての英語」を母語として育ち，ドイツ文化，マレーシア文化，アラビア文化の理解・表現手段として使う。アメリカやイギリスのような英語を使う社会という地域的条件に合わな

いネイティヴ・スピーカーの急増であるが，多文化理解・表現の手段としての英語の話者であり，「国際語としての英語」の立場から見れば，英米文化しか知らない大方のネイティヴ・スピーカーより優位に立っていると言える。先日，東京でのある学会で17年振りにポーランドのエスペランティストに再会した。彼女は日本人技師と結ばれ，ドイツ在住であるが，家庭での言語はエスペラントである。子ども達は人工言語であるエスペラントを母語として育ち，ポーランド，日本，ドイツの文化の理解・表現手段としてエスペラントを使う。そのような子どもが世界に200名ほどいるという。英語は国際的に使われはじめて久しいが，英米文化のみの媒体から多文化の媒体として機能しており，エスペランティストの子どもたちのように母語化された（nativised）英語を使う人口が増える可能性は高い。

　また，アジアやアフリカの第二言語地域では，英語が公用語として日常的に使われ，教育の手段に採用されているだけでなく，英語で育ち，英語を母語と同じように使う人も多い。「機能的ネイティヴ・スピーカー」（B. Kachru 2005, 12 and 25）と呼ばれ，ネイティヴと同様の運用力を備えている。いずれ，ネイティヴ／ノンネイティヴの区分はさして意味のないものになるだろう。

4　国際語としての英語の未来

　力をもつ国の言葉が普及することはローマ帝国とラテン語で見てきたが，20世紀のアメリカの強大な経済力とそのグローバル化をバックに英語も国際語に発展した。いまや世界中の小学校のカリキュラムに英語が組み込まれてきている。いずれ，英語は外国語という特殊技能ではなく，誰もが備える基本的技能になると予測されている（Graddol 2006, 120）。つまり，ノンネイティヴの皆が英語の基礎的運用力を身につけ，英語と母語のバイリンガル（English-knowing bilingual）になる時代が来るということである。そうなれば，ネイティヴ・スピーカーは正しい英語の基準（norm）とモデルの提供者としての任務を離れ，インド英語やナイジェリア英語と同様，アメリカ英語やイギリス英語という地域英語（local variety）の話者に過ぎなくなる。上述

のようにネイティヴ／ノンネイティヴの区分は意味を失うだろう。

　では，世界中の誰もが学び，使う基礎英語とはどのような英語か，その基準はどんなもので，誰が作るのか，という問題が残る。それは世界の人々に学びやすく，使いやすいことが第1の条件となろう。そのためには，できるだけ規則的であること，他言語との共通点が多いことなどが望ましい。その基準を作っていくのはネイティヴ・スピーカーだけでなく，使用者みんなであり，じっくりと時間をかけて変えていけばよい。たとえば，発音であるが，つづりはもともと発音を反映したものであったが，長い年月を経てなかには両者が乖離した語が増えた。ウスターソース（Worcester sauce），ナイト（night），スルー（through）などがそうである。発音とつづりを一致させることは英語を学びやすく，使いやすくする。だが，If you have a poor memory your chances of becoming a good speller are low. をいきなり If u hav a por memmory yor chances of becumming a good speller ar lo. （Bell 2007）とすると戸惑ってしまう。時間をかけてじょじょに規則化していくのが望ましい。たとえば，発音とつづりを一致させるには，twenty や often の t や park の r は発音するのが望ましい。また，ハイウエーの標識の THRU　TRAFFIC の thru やくだけた手紙の good nite などはいずれ一般化すべき改良である。さらに，可算名詞の複数接辞は現代英文法の規則に即した -(e)s に統一するのが望ましい。oxen は oxes に，men は mans に，羊の複数は sheeps に変える。すでに，colloquium, corpus, formula, syllabus, symposium の複数形を colloquia, corpora, formulae, syllabi, symposia でなく，colloquiums, corpuses, formulas, syllabuses, symposiums と言ったり，書いたりする人が言語学者の間でさえ増えてきた。動詞の現在，過去，過去分詞も V, V-ed, V-en に統一すると使いやすい。そうすると be-beed-been, drive-drived-driven, run-runned, runnen となるが，これはおそらく今世紀中は無理であろう。

　以上の「一般英語」（EGP）の基礎の上に，「目的別英語」（English for Specific Purposes : ESP）が学ばれることになる。ビジネス英語，法律英語，技術英語，医学英語などの専門に特化した職業的な分野での英語運用力がキーになる。学生が社会に出て職業人になったとき，このような専門的な英語運用力が必要になるが，この「目的別英語」の習得は，いよいよ英語圏社会に育っ

たネイティヴか否かは問題ではなくなる。パイロットの訓練を受け，専門知識と専門用語を身につけたのがノンネイティヴ・スピーカーで，場所がブラジル，中国，エジプト，イタリアのどこであろうと関係ない。逆に，ネイティヴ・スピーカーでもその訓練を受けていないと仕事ができないのである。

従来の母語話者，第二言語話者，外国語話者の範疇はいずれ消滅し，個人に帰すであろう。だが，英語圏社会で育ったネイティヴ・スピーカーかどうかという地理的条件に代わって，今後は医者の社会とか，コンピュータ関係者の社会とかのような専門職業によるディスコース・コミュニティー（discourse community）が重要になってくるであろう。すでに現実のものとなっている分野もある。分野の細分化と深化が進む今日，この傾向はいよいよ顕著になる。ネイティヴ／ノンネイティヴの分離壁（divide）がようやく消滅しようという未来に，それに代わって職業的な分離壁が構築されていくのは歴史の皮肉であろうか。

参考文献

Bell, M. Should we simplify spelling? *BBC Magazine*. 10 July, 2007.

Carter, R. A. Orders of reality : CONCODE, communication, and culture. In B. Seidlhofer, ed., *Controversies in Applied Linguistics*. 90−104. Oxford University Press, 2003.

Cook, G. *Applied Linguistics*. Oxford University Press, 2003.

Crystal, D. *English as a Global Language*, 2nd ed. Cambridge University Press, 2003.

Graddol, D. *English Next*. The British Council, 2006.

Honna, N. et at. (eds.) *Sanseido Dictionary of Asian Englishes*. Tokyo : Sanseido, 2002.

Kachru, B. B. *Asian Englishes beyond the Canon*. Hong Kong University Press, 2005.

Kachru, Y. and C. L. Nelson, *World Englishes in Asian Contexts*. Hong Kong University Press, 2006

Yano, Y. World Englishes in 2000 and beyond. *World Englishes*, 20−2, 2001. pp.119−131.

矢野安剛「Euro-English：ヨーロッパにおける共通語としての英語」池田雅之・矢野安剛編著『ヨーロッパ世界のことばと文化』成文堂，2006。pp.145-160.

あとがき

　英語は5世紀にイギリスに入ってきて以来，1500年の歴史のなかでこの小さな島国の言葉から国際語へと発展した。フランス語，スペイン語，ロシア語，アラビア語などの他の国際語を差しおいて，なぜここまで普及したのだろうか。英語が言語として学びやすいからだろうか。言語として優れているからだろうか。そうではない。イギリスやアメリカという英語国民の強大な経済力，軍事力，科学技術力などの力のせいなのである。
　だが同時に，英語はケルト語，ギリシア・ラテン語，スカンジナビア語，フランス語など，接触した言語からいろいろな要素を取り入れる柔軟性をもっていて，あらゆる必要に対応できる豊かな表現力を生み出し，国際語となる要素を内在させていたことも否めない。そしていまや，反英米のアラブのテロリストや社会主義国の中国やヴェトナムなども含め，世界中が英語を学び，政治，ビジネス，教育，科学技術，通信とあらゆる分野に使っている。
　だが，イギリス英語やアメリカ英語がそっくりそのまま世界各地で使われているわけではないし，英米文化を反映する発想，価値観，世界観などが，インド英語やナイジェリア英語にそのまま維持されているわけでもない。言語は移動すれば，現地の言語，文化，風習の影響を受けて，独特の種（variety）に変容する。普及は必然的に多様化を伴い，それが進めば異なる言語に分岐してしまうことは，ラテン語がすでに証明している。英語もいずれインド語，シンガポール語などに分岐するのだろうか。筆者の答えは，NOである。
　交通機関と通信手段の未曾有の進展を遂げた現代は，ローマ帝国滅亡後の時代とは異なる。ヒト，モノ，カネ，情報，サーヴィスは，地球規模で移動し，大量の情報が瞬時に世界をかけめぐる。われわれの活動は国境を越え，各国の相互依存度は高まり，国際的相互理解と共通化が求められている。現在はまさに多様化と共通化，地域化と標準化という二極対立が進行中であるが，共通化および標準化が勝り，今後は誰もがバイリンガルへの道を歩むこ

とになろう。つまり，日本語という国内用コミュニケーション手段と，英語という国際用のコミュニケーション手段をもつバイリンガルという意味である。それはネイティヴ・スピーカーにも言えることで，国内用のアメリカ英語やイギリス英語と，国際語としての英語とのバイリンガルである。

　では，驚異的な経済成長を遂げている新興経済大国 BRICs（Brazil, Russia, India, China）の台頭は，英語の国際的な役割に変化をもたらすのだろうか。ポルトガル語，ロシア語，中国語などが国際語として英語を凌駕するのだろうか。国際語としての英語が定着し，世界中で小学校のカリキュラムに導入されているのが現状であり，今後ますます学ばれ，使われるであろう。そう簡単に賞味期限が切れるとは，考えにくい。

　本書は早稲田大学国際言語文化研究所が刊行するシリーズ＜世界のことばと文化＞の第5巻目であるが，そのタイトルが示すように，現在世界中で使われている多様な英語の諸相を通時的および共時的にさまざまな角度から取り上げた。まさに「多様な英語に対する多様な記述」の試みである。

　最初の5つの章は，ラテン語の影響（1章），兄弟語ドイツ語とのからみ（2章），近代英語の成立に果たしたシェイクスピアの役割（3章），ぐっと時代が下がって，大統領の表現に見るアメリカ英語（4章），ジェンダーに見る表現の変化（5章）と主に母語話者圏での変遷について述べた。

　続く9つの章は，フランス（6章），スイス（7章），日本（8章），韓国（9章），インド（10章），中国（11章，12章），アラビア語圏（13章），メキシコ（14章）と，英語を母語としない国々での英語使用の現状と教育政策を扱った。

　さらに，最後の9つの章は，イギリス国内のスコットランド方言（15章），隣国アイルランド（16章），カナダ（17章），ニュージーランド（18章），ピジン・クレオール英語（19章），アジア地域の英語（20章），日米のコミュニケーション（21章），国際化と英語教育（22章）と続き，英語の未来（23章）で締めくくった。

　こうして概観すると，本書はまとまりを欠く雑多な論文の寄せ集めに見えないこともないが，それはそのまま，今日の英語がもつ多様性の表れとも言

える。「群盲象をなでる」の感があるが，それぞれの切り込み方を楽しみ，またさらなる考察への参考にしていただけるのではないだろうか。

　最後に，ご執筆いただいた先生方，ご支援いただいた大学書林国際語学アカデミーの佐藤巨巨呂理事長，出版の労を取っていただいた成文堂の相馬隆夫氏，そして惜しみないご尽力をいただいた国際言語文化研究所の大場静枝さん，佐川佳之君ほかのスタッフの皆さんに心から感謝したい。
　なお，本書は早稲田大学総合研究機構から出版助成をいただいたことを感謝とともに記しておく。

2008年3月1日

矢野　安剛

❖ 編著者・執筆者紹介

*矢野　安剛（やの　やすたけ）　早稲田大学教育・総合科学学術院教授
*池田　雅之（いけだ　まさゆき）　早稲田大学社会科学総合学術院教授・同国際言語文化研究所長

　小倉　博行（おぐら　ひろゆき）　早稲田大学文学学術院講師
　飯嶋　一泰（いいじま　かずやす）　早稲田大学文学学術院教授
　冬木ひろみ（ふゆき　ひろみ）　早稲田大学文学学術院准教授
　西川　秀和（にしかわ　ひでかず）　大阪大学外国語学部講師
　勝方＝稲福恵子（かつかた・いなふく　けいこ）
　　　　　　　　　　　　　　　　　早稲田大学国際教養学術院教授
　大場　静枝（おおば　しずえ）　早稲田大学国際言語文化研究所客員講師
　小出石敦子（おでいし　あつこ）　早稲田大学文学学術院講師
　ポール・スノードン　　　　　　早稲田大学国際教養学術院教授・同学術院長
　樋口謙一郎（ひぐち　けんいちろう）椙山女学園大学文化情報学部専任講師
　町田　和彦（まちだ　かずひこ）　東京外国語大学教授
　砂岡　和子（すなおか　かずこ）　早稲田大学政治経済学術院教授
　劉　　　傑（りゅう　けつ）　　早稲田大学社会科学総合学術院教授
　阿久津正幸（あくつ　まさゆき）　早稲田大学イスラーム地域研究所客員研究員
　畑　　恵子（はた　けいこ）　　早稲田大学社会科学総合学術院教授
　杉本　豊久（すぎもと　とよひさ）　成城大学文芸学部准教授
　橋本　升治（はしもと　ますじ）　早稲田大学社会科学研究科修士課程修了
　藤本　陽子（ふじもと　ようこ）　早稲田大学文学学術院教授
　大庭　由子（おおば　よしこ）　秀明大学英語情報マネジメント学部教授
　中野美知子（なかの　みちこ）　早稲田大学教育・総合科学学術院教授
　花光　里香（はなみつ　りか）　早稲田大学社会科学総合学術院准教授
　照屋　佳男（てるや　よしお）　早稲田大学名誉教授

（＊編著者・執筆順）

世界のことばと文化シリーズ
（早稲田大学国際言語文化研究所）

英語世界のことばと文化

2008年4月25日　初版　第1刷発行

編著者　矢野安剛
　　　　池田雅之

発行者　阿部耕一

〒162-0041　東京都新宿区早稲田鶴巻町514番地
発行所　株式会社　成文堂
電話 03(3203)9201(代)　Fax 03(3203)9206
http://www.seibundoh.co.jp

製版・製本　藤原印刷
©2008 Y. Yano, M. Ikeda　　Printed in Japan
☆乱丁・落丁本はおとりかえいたします☆　検印省略
ISBN978-4-7923-7083-1　C3036
定価（本体3000円＋税）

世界のことばと文化シリーズ

アジア世界のことばと文化	砂岡和子・池田雅之/編著
	A5判/310頁/2800円+税
ヨーロッパ世界のことばと文化	池田雅之・矢野安剛/編著
	A5判/310頁/2800円+税
北欧世界のことばと文化	岡澤憲芙・村井誠人/編著
	A5判/271頁/2800円+税
イスラーム世界のことばと文化	佐藤次高・岡田恵美子/編著
	A5判/318頁/2800円+税
英語世界のことばと文化	矢野安剛・池田雅之/編著
	A5判/362頁/3000円+税

続刊予定
国際化の中の日本語と日本文化
ラテン・アメリカ世界のことばと文化
ロシア・東ヨーロッパ世界のことばと文化